SUCESSOS E FRACASSOS DA EDUCAÇÃO BRASILEIRA

Produção Editorial
EQUIPE QUALITYMARK

Direção Editorial
SAIDUL RAHMAN MAHOMED
Editor@qualitymark.com.br

Editoração
RODRIGO BARBOZA

Capa
RODRIGO BARBOZA

Arte da Gravura
FREEPIK.COM

Dados Internacionais de Catalogação na Publicação (CIP)
(Câmara Brasileira do Livro, SP, Brasil)

Castro, Cláudio de Moura
Sucessos e fracassos da educação brasileira / Cláudio de Moura Castro. -- Rio de Janeiro : Qualitymark Editora, 2024.

ISBN 978-85-414-0451-8

1. Educação 2. Educação - Brasil 3. Qualidade do ensino 4. Políticas educacionais I. Título.

24-237332 CDD-370.981

Índices para catálogo sistemático:

1. Educação : Brasil 370.981

Eliane de Freitas Leite - Bibliotecária - CRB 8/8415

2025
IMPRESSO NO BRASIL

Qualitymark Editora Ltda.
Rua Carlos Machado, 155 / Sala 207
Polo Cine e Vídeo - Jacarepaguá
CEP: 22775-042 - Rio de Janeiro - RJ

www.qualitymark.com.br
E-mail: sac@qualitymark.com.br
Tels.: (21) 3597-9055 / 3597-9056
WhatsApp - 21 981989843

CLAUDIO DE MOURA CASTRO

SUCESSOS E FRACASSOS DA EDUCAÇÃO BRASILEIRA

QUALITYMARK

Decifrador de enigma

Cristovam Buarque
Professor Emérito da UnB - Universidade de Brasília.

Há décadas, os educadores e educacionistas prestam atenção ao que diz e escreve Claudio de Moura Castro sobre um enigma brasileiro: a má qualidade e inequidade da educação em um país com tantos fatores positivos para educar seu povo – um idioma comum, território contínuo, geografia amigável, sem guerra civil, política ou religiosa, Estado organizado e com recursos fiscais, setor industrial capaz de construir, equipar e abastecer as escolas; além de contar com grandes educadores capazes de entender o problema e definir rumos para superá-lo. Por isso, cada novo trabalho do Claudio é recebido por todos que se interessam pelo tema e entendem o papel da educação como vetor do progresso.

Neste seu novo livro, ele aprimora e aprofunda suas análises sobre as causas de nosso fracasso, sem deixar de lembrar nossos sucessos, e aponta como superar o atraso e a injustiça na qualidade e na equidade. Mais uma vez, com sua competência, independência e coragem intelectual, oferece uma leitura agradável, sem preconceitos, nem dogmas, para explicar a efígie e indicar caminhos. A organização do livro cuida de cada tema específico: o "ensino técnico", os "desperdícios do ensino superior", o "uso da ciência na arte de ensinar", as "dificuldades para fazer as mudanças necessárias", os "desafios de decifrar o mundo". Cada um dos capítulos é uma lição com seu olhar arguto, suas décadas de experiências – livros, palestras, artigos, ensaios, ações – e visões originais que, muitas vezes, surpreendem mesmo a especialistas e incomodam aos prisioneiros nostálgicos de ideias tradicionais.

Ele aponta os obstáculos que impedem o país ter educação entre as melhores do mundo e com a mesma qualidade para todos brasileiros, independente da renda e do endereço. Sugere caminhos para a educação oferecer o mapa que orienta na busca da felicidade pessoal e ensinar as ferramentas para participar da construção do Brasil eficiente, sustentável, justo, democrático. Todos com acesso aos dez ensinamentos básicos necessários: falar e escrever bem o idioma português; ser fluente em pelo menos mais um dos idiomas usados internacionalmente; conhecer os fundamentos da matemática, ciências, geografia, história, artes; debater, com competência, os temas de filosofia, política, antropologia e sociologia relacionados aos principais temas do mundo moderno; saber usar as ferramentas digitais; dispor de, pelo menos, um ofício que permita emprego e renda; adquirir solidariedade com os compatriotas, com a humanidade e com a natureza; querer participar da construção de um mundo melhor e mais belo, com desenvolvimento sustentável; ser capaz de obter educação continuada até o final da vida nestes tempos de incertezas e rápida mutação; se quiser, disputar vaga em curso superior de qualidade em condições iguais com todo brasileiro, independentemente da renda e do endereço.

Há décadas Claudio inspira, especialmente no que se refere à importância do ensino técnico profissionalizante na formação básica e como implantá-lo em nossa rede de ensino, e identifica o que nos impede dar este salto: o limitado papel do MEC, sem poder operacional para a promoção da educação municipalizada; o conservadorismo e corporativismo dos sindicatos de professores; a obsessão por diploma de ensino superior como direito, não como conquista graças ao talento adquirido na escola; a partidarização e ideologização dos textos e trabalhos de educadores; a falta de vontade política de nossas lideranças. Desnuda o ponto raramente identificado: a mente brasileira que não valoriza e, em consequência, não elege prioridade à educação. Ele nos lembra que já tivemos abolicionistas, desenvolvimentistas, democratizadores, mas não estadistas educacionistas que liderem a formação de uma nação educada. Esta é a causa central que Claudio de Moura Castro aponta para desvendar o enigma da má qualidade em uma realidade facilitadora da educação.

A população brasileira não aceitaria que a bola de futebol redonda só fosse usada por poucos que pudessem comprá-la e que a maioria fosse obrigada a jogar com bola gratuita quadrada, mas aceita que a escola dos filhos dos ricos seja melhor que a de seus filhos: aceita que o sistema educacional tenha escolas redondas e escolas quadradas, umas poucas "escolas casa grande" e as outras "escolas senzala". Não há luta nem reivindicação por um sistema nacional no qual todas as escolas sejam igualmente boas pelos padrões internacionais e acessíveis com a mesma qualidade a todos. A qualidade e a equidade educacional não são bandeiras atraentes aos eleitores e não há líderes tentando convencê-los para elas.

Criou-se sentimento coletivo de que não somos vocacionados para o campeonato mundial de educação, e que é natural a desigualdade no acesso à educação conforme a classe social do brasileiro, e ainda não nos convencemos de que educação de base com qualidade para todos é o vetor determinante para o progresso da nação: economia, justiça, liberdade, estabilidade, sustentabilidade.

Este sentimento nacional é a principal explicação para o enigma educacional que Claudio decifra e orienta como superar. Por isso, este "sucessos e fracassos da educação brasileira" deve ser lido pelo prazer de um bom texto, pelo deslumbramento com a realidade apresentada, pelo aprendizado com as informações e pelo otimismo que passa ao mostrar que falta muito, mas já demos prova do muito que sabemos e somos capazes de fazer.

Índice

Capítulo 06

Capítulo 07

Capítulo 08

Capítulo 09

Capítulo 1

Brasil e sua educação: sucesso ou fracasso?

Este capítulo inicial trata de temas aparentemente desconexos, mas, como se verá, estão bem entrelaçados. O quadro mais amplo é a trajetória do Brasil, seguida da inevitável pergunta: nos saímos bem ou mal? Apesar dos humores negativos do presente, a trajetória do Brasil é surpreendente.

Por séculos vegetamos, pobres e atrasados, embora ocorressem alguns soluços de prosperidade – açúcar, ouro, borracha e café. Adiante, ao fim do século XIX, começamos a crescer muito, em confronto com os nossos vizinhos. Começamos a escapar do atraso e da pobreza do passado. Um bom pedaço do país se industrializou. Em tempos recentes, após longa mediocridade nos campos, tornamo-nos uma potência de primeira grandeza na agricultura. Porém, ainda sobrevive um frondoso Brasil, velho e atrasado. É uma herança triste da nossa história.

Para entender essa dualidade, é necessário passar em revista nossas origens: os povos que formaram o país e construíram a nação em que vivemos. O quadro encontrado sugere como é árdua a tarefa de modernizar um país tão grande e tão heterogêneo.

Cumpre mencionar, ao contrário do que alguns pensam, embora seja fraquinha, nossa educação não está piorando. Pelo contrário, em certos níveis, houve grandes saltos. Em outros, no entanto, os avanços têm sido glaciais.

Fruto de nossa história, convivemos com grandes desigualdades e estas interagem com a precariedade da nossa educação. Aliás, a grande distância entre ricos e pobres pode ser uma das dimensões mais negativas da nossa sociedade. E não podemos subestimar as dificuldades de reduzi-la.

Por muito que nos esforcemos por decifrar a realidade, resta um mistério impenetrável. Como é possível explicar a dinâmica extraordinária de um país que tinha tudo para não dar certo? Que forças recônditas fazem andar uma sociedade vira-lata como a nossa? Fica o enigma.

Os elusivos meandros da História: quem apostaria no Brasil?

Usando como pano de fundo uma comparação com a Argentina, registramos o extraordinário salto da economia e da sociedade brasileira. Isso aconteceu de um século e tanto para cá. O inimaginável se materializou: em vários indicadores relevantes, o Brasil alcançou a Argentina que tanto nos ofuscava. A grande transformação do país é o tema deste capítulo, não apenas desta seção. Com efeito, a história real foi mais inverossímil do que qualquer ficção.

Imaginemo-nos em 1900, quando alguém compara o Brasil com a Argentina. Quem apostaria que o futuro do Brasil fosse mais brilhante que o da Argentina? Se eu estivesse lá, após uma análise desapaixonada, não arriscaria meu dinheiro! Mesmo os poucos otimistas brasileiros achariam um delírio essa ultrapassagem.

A beleza da história é ter tantos desenlaces inesperados quanto desfechos que conseguimos antecipar. E como já se disse, nada mais desafiador do que tirar dela lições.

Há os desfechos previsíveis. Um par de anos antes, o generalato alemão estava certo da derrota. Hitler continuou delirando.

Alguns breves momentos mudaram o curso da história. O que seria da Civilização Ocidental se Dario não fosse contido nas Termópilas? Ou se Churchill não fosse Primeiro-Ministro da

Inglaterra, quando boa parte do exército inglês estava encurralada em Dunquerque?

Há surpresas. Um terrorista de opereta (e mau atirador) assassina um Príncipe em Sarajevo, precipitando uma das guerras mais estúpidas registrada pela história. E quem previu a queda do Muro de Berlim? Ou a destruição das Torres Gêmeas?

E há falsas surpresas. O milagre do Japão, da Coréia e da China? Erraram muitos, por ignorarem que já eram civilizações multimilenares e particularmente bem-sucedidas em inúmeros domínios. Crises de pouco mais de um século mascararam sua força latente.

Enfim, chegamos a um paradoxo carente de boas explicações. Quem estudasse a Argentina e o Brasil, em 1900, que prognósticos faria?

A Argentina tinha tudo para dar certo. Lá estava a melhor terra do mundo, amplos recursos naturais e uma imigração europeia massiva. Três prêmios Nobel ilustram a força da sua elite intelectual. Era o centro cultural e artístico da América Latina. Possuía uma indústria pujante, fabricando aviões, já na década de 40. Na época da Primeira Guerra, sua renda per capita era 4,7 vezes a brasileira. Nesse início de século, era um dos países mais ricos do mundo, mais do que a França ou a Alemanha. Não havia como parar a Argentina.

O Brasil foi colonizado pelo país mais atrasado da Europa Ocidental. Recebeu a imigração maciça de africanos que estavam na Idade do Bronze. E dos indígenas locais que estavam na Idade da Pedra. Em tudo por tudo, era um vira-lata. No século XIX, os visitantes ofereciam descrições melancólicas de pobreza, atraso, corrupção e desperdício. Chamou-lhes atenção a recusa dos homens brancos de trabalhar. E o ouro não enriqueceu o país.

Nos anos 70, ainda tínhamos que importar um terço dos alimentos consumidos. Os livros de história em que estudamos mostram um século XX cinza, anticlimático e medíocre. O livro do Conde de Affonso Celso, *Como me ufano do meu país*, era um brado, porém na contramão. Tanto assim que o termo "ufanismo" ganhou logo uma conotação pejorativa. Vindo de fora, o primeiro toque de otimismo foi o livro de Stefan Zweig, já em meados do século XX (*Brasil, país do futuro*).

Se eu vivesse em 1900, apostaria na Argentina, se é que encontraria alguém disposto a perder seu dinheiro escolhendo o Brasil. Mas estaria vastamente enganado.

Entre 1870 e 1989 – em termos absolutos – nenhum outro país do mundo cresceu tão rapidamente quanto o Brasil. Montamos uma indústria poderosa, um agronegócio espantosamente bem-sucedido e uma democracia que muito tropeça, mas sempre volta a se levantar. Nossa renda per capita está próxima à da Argentina. Os indicadores de saúde e nutrição deram saltos espantosos. Aos trambolhões, nosso povo começa a ver as luzes da civilização.

Por razões recônditas, há mais de 50 etnias convivendo em um mesmo território, sem que explodissem conflitos raciais de relevo. Embarcaram todos no caldo de cultura brasileiro, com ínfimos encontrões.

Essa explosão de dinamismo da nossa sociedade está muito além de minha capacidade de compreensão. De onde vem essa energia? Esse *élan* vital? Mistério!

Tampouco entendo por que a Argentina travou nos últimos 50 anos. Na década de 70, visitei, com admiração, as escolas públicas de Buenos Aires. Hoje, os nossos escores capengas no PISA se igualam aos argentinos.

Ainda assim, não exageremos. A geração escolar de hoje, *grosso modo*, empata com a da Argentina. Mas, nas gerações anteriores, os muitos que lá estão ainda vivos receberam um ensino amplamente superior aos nossos. Portanto, para a sociedade como um todo, o capital humano argentino permanece muito maior. Ainda é um país com um cabedal intelectual muitíssimo mais amplo que o nosso. Mas o seu ambiente político bem pior do que o nosso.

Seja como for, tendo tudo a seu favor, a Argentina conseguiu se atrapalhar. E, faz bom tempo, marca passo.

Aí estão dois árduos quebra-cabeças para entreter os historiadores nas próximas décadas. Um país tinha tudo para continuar a crescer, mas empacou. O outro parecia caso perdido, mas não era. É desafio demais para um autor. Assim sendo, este livro se contenta com o caso brasileiro.

O Brasil está dando certo?

Aqui explicitamos a ideia central deste capítulo e que é também o pano de fundo para o livro. Vivemos um momento de grande pessimismo. Será que é justificado? Será que somos o fracasso por muitos trombeteado? Antecipando a resposta, nem tanto. Sem contestar as críticas que levam a tanto pessimismo, não podemos deixar de reconhecer lados positivos e lisonjeiros do Brasil.

Até o século XIX, o Brasil era uma colônia de Portugal, muito atrasada e pobre – exceto por algumas ilhas ocasionais de certa prosperidade. Em seguida, durante por mais de 100 anos, tivemos um crescimento vertiginoso, maior que qualquer outro país. Porém, nas últimas décadas, vivemos um ciclo de pouco avanço, perplexidades políticas e humores lúgubres. O que dizer diante de tais oscilações? Olhamos para o nosso sucesso de um século e meio para cá? Ou carpimos nossas dificuldades recentes?

As respostas a tais perguntas vêm ao gosto do freguês. Mesmo usando dados incontestáveis, é fácil chegar-se às mais díspares conclusões. De fato, tudo depende de com quem nos comparamos, em que nos comparamos e do intervalo de tempo considerado. Os cenários construídos, todos verazes, podem ir dos róseos aos catastróficos. É um exercício simples: definimos a conclusão desejada e buscamos dados (verdadeiros) para confirmá-la.

Ancorados na mediocridade das últimas décadas, vemo-nos soterrados por críticas pessimistas e, infelizmente, verazes. Mas contrastemos os resmungos de hoje com o que fizemos ao longo do último século e meio. Na verdade, esse é um intervalo de tempo razoável para se avaliar uma sociedade.

Dada a proximidade geográfica, cultural e histórica, faz sentido nos compararmos com a América Latina. Lá, pelo fim do século XIX, éramos um dos países mais atrasados do continente. Poucos eram mais pobres. Horrorizávamos os visitantes ilustres, a começar com os comentários cáusticos de Darwin, ao passar por aqui. Deslumbrou-se com a natureza e escandalizou-se com o atraso das gentes.

O Brasil mudou, e não foi pouco. Estamos hoje dentre os três ou quatro mais bem-sucedidos do Continente. Em algumas áreas, atingimos níveis de Primeiro Mundo.

E ademais, nenhuma nação no mundo que era mais pobre do que o Brasil passou à nossa frente no último século e meio. China, Japão e Coreia não contam, pois eram países altamente civilizados, até suas crises, a partir da segunda metade do século XIX. Como já mencionado, entre 1880 e 1989, nem um só país cresceu mais do que o Brasil.

Contudo, ainda temos indicadores altamente negativos. Com a pandemia, a proporção de pessoas abaixo da linha da pobreza subiu de 26% (1912) para 30% (ainda não voltou aos níveis pré-Covid). Mas, em contraste, a Argentina subiu de 4% para 36%. Chile e Uruguai têm muito menos pobres. Guatemala e Haiti têm quase o dobro. No global da região, estamos próximos da média.

Obviamente, em um país tão grande e heterogêneo, a média esconde mais do que revela. As diferenças regionais sempre foram gigantescas.

A boa notícia é que, em anos recentes, dentre oito países da América Latina, obtivemos a maior taxa de erradicação da pobreza extrema, 3,5%. O Paraguai reduziu em 0,2% e, nos outros países, houve um aumento.

O Brasil era um país agrário e atrasado. Mas se industrializa rapidamente no século XX. Praticamente, de tudo é produzido aqui. Tem uma respeitável indústria automobilística, a nona do mundo. A Embraer é a terceira maior produtora mundial de aviões comerciais. A exportação de minério e aço é muito considerável.

É interessante o caso do petróleo. Antes se pensava que não havia. Adiante, descobriram, mas estava nas profundezas dos oceanos. Ao cabo de muita pesquisa e investimento, conseguimos explorar esse petróleo, tornando o país autossuficiente e até exportador. A faina foi tão árdua que a Petrobras se tornou a empresa mais competente do mundo em exploração de petróleo em águas profundas.

Para acender o primeiro alto forno, nas Minas Gerais de 1900, foi preciso trazer carvoeiros da Toscana. De fato, nem a feitura desse produto banal dominávamos. Apenas à entrada do século XX conseguimos fazer cerveja, que há seis milênios foi inventada na Europa. Matarazzo ficou rico, pois não sabíamos fazer banha de porco. No fausto das fazendas do vale do Paraíba, a manteiga consumida vinha da Dinamarca. No pós-guerra, importávamos pentes de plástico.

Tivemos uma vigorosa Revolução Industrial. E na contramão das afirmativas peremptórias de que "nossa indústria acabou", continuamos a ser um país altamente industrializado, com uma produção diversificada e, em alguns casos, competitiva mundialmente.

Porém, as façanhas na manufatura foram ultrapassadas pelo que aconteceu na agricultura. Na década de 70, importávamos um terço dos alimentos consumidos.

Nas origens da nossa Revolução Verde, está a criação da Embrapa, na década de 70, com o sólido apoio do Ministro A. Paolinelli. Associada às universidades agrárias, criou no Brasil a primeira agricultura tropical que é, ao mesmo tempo, altamente produtiva e sustentável. Ou seja, enriquece o país e não causa danos ao meio ambiente – se for bem conduzida. Nenhum outro país tropical obtém os resultados do Brasil. E para alguns produtos, nossa produtividade já é a mais elevada do planeta. Para vários produtos, já é possível obter duas safras anuais, feito impossível no Hemisfério Norte. Nossos eucaliptos "turbinados" crescem quatro vezes mais rápido do que as florestas nórdicas.

Hoje, em dez produtos alimentares, estamos entre os três primeiros exportadores. E somos os primeiros em soja, café, suco de laranja e açúcar. Estima-se que a agricultura brasileira alimenta da ordem de um bilhão de pessoas! O país tornou-se a grande fábrica de comida do mundo.

Nossos indicadores sociais eram catastróficos. No Rio de Janeiro, ao início do século XX, as pessoas viviam, em média, 25 anos. Morriam de peste, de varíola ou de sífilis. Era tão grave a situação que os navios estrangeiros estavam proibidos de ancorar lá. Em contraste, o brasileiro médio hoje vive 73 anos. É três vezes mais longevo do que era em 1900!

A mortalidade infantil era uma vergonha nacional. Ao início dos anos 90, conversando com um Ministro no Quirguistão, ele se escandalizava com os números do seu país. Não tive coragem de revelar que os nossos eram ainda mais altos. Mas, aos poucos, foi caindo. Em 1990, era 47 por mil. Hoje é apenas 13 por mil. Diante de padrões mundiais, é um número bem respeitável.

Durante o Covid, foi vacinada uma proporção maior da população do que nos Estados Unidos. Aliás, a World Health Organization (WHO) já considerava o Brasil um dos países mais competentes em questões de vacinação em massa.

Nossa educação sempre foi fraquinha e assim continua. Éramos uma colônia portuguesa, um dos países europeus mais atrasados em educação. No século XVII, o educador e cientista checo Comenius escreveu o livro que, então, mais iluminou a arte de ensinar. Foi traduzido para todas as línguas e dialetos da Europa, além do árabe, russo e mongol. Não se registrou, na época, uma tradução para o português.

Por volta de 1900, tínhamos da ordem de 90% de analfabetos, enquanto Argentina e Uruguai conduziam programas de alfabetização enérgicos e ambiciosos, visando incluir toda a sua população.

Depois da Segunda Guerra, as realizações no ensino passaram a ser expressivas. Praticamente, universalizamos a frequência à escola. Hoje, em nível de aprendizado, estamos dentre os quatro melhorzinhos na América Latina. No panorama internacional, nada a se comemorar. Mas comparado com o que éramos, o salto foi extraordinário.

Os avanços no ensino superior foram também muito expressivos. Quase nove milhões de alunos é um número bem impressionante para um país que criou sua primeira universidade na década de 30. Ainda assim, a educação permanece o nosso Calcanhar de Aquiles.

Porém, temos um grande sucesso a comemorar. Em poucas décadas, foram criados milhares de mestrados e doutorados. O avanço da pesquisa e da pós-graduação foi nada menos do que espetacular.

Formam-se hoje mais de 20 mil doutores por ano. É mais do que produz a França (14 mil) e menos do que a Alemanha (28 mil). O Brasil oferece da ordem de dois mil programas de doutoramento, e dezenas deles têm padrão internacional. Acusam-se muitos doutorados de serem precários. Com certeza, isso é correto. Mas não podemos ignorar que, na Europa e nos Estados Unidos, muitíssimos são também fracos.

Da ordem de 60 mil alunos concluem seus mestrados. É também um número muito respeitável, considerando que são cursos com mais de dois anos de duração, requerendo tese e sendo avaliados pela Coordenação de Aperfeiçoamento de Pessoal de Nível Superior (CAPES), órgão do Governo Federal do Brasil, ligado ao Ministério da Educação.

O Brasil tinha zero publicações científicas na metade do século XX! Em um par de décadas, o país tornou-se o 14º maior produtor de artigos científicos indexados. Publicamos mais do que toda a América Latina reunida. Não é pouca proeza!

Menciona-se, com frequência, uma gigantesca desproporção entre a abundância de artigos científicos brasileiros e o escasso número de patentes. Nos últimos anos, produzimos entre 60 mil e 80 mil artigos científicos. Nas publicações do tipo *open access* (acesso aberto), publicamos 157 mil artigos científicos, em 2023. Nesse segundo indicador, ficamos em décimo lugar no mundo.

Em contraste, apenas duas mil patentes foram registradas em 2022. Contudo, é de se notar que essa é uma das características mais persistentes nos países de renda média, como o Brasil. Patentes estão ligadas ao desenvolvimento tecnológico, uma atividade muito mais complexa do que publicar *papers* (papéis). É o último estágio do desenvolvimento econômico. Tudo tem que se encaixar, juntando atividades muito independentes uma das outras. Mas, vale mencionar, somos os primeiros na América Latina.

Temos um número respeitável de patentes no petróleo, na medicina e na agronomia. Nossa indústria automotiva é de pouca expressão na concepção de novos modelos, mas altamente respeitável nas tecnologias de processo. Nos anos 90, uma enorme greve na General Motors americana resultou da rejeição, pelos seus sindicatos, das inovações trazidas da filial brasileira (notícia no *Wall Street Journal*, jornal diário internacional com sede em Nova Iorque).

Há os que se escandalizam como o nosso retrocesso tecnológico, diante do recuo de indústrias como a têxtil e a de calçados. Porém, é altíssimo o conteúdo de ciência e tecnologia do nosso agronegócio. Em contraste, é pífia a tecnologia que se perdeu, ao encolherem essas duas indústrias.

Na agronomia, os êxitos são incontrovertidos. Ao visitar o país, perguntaram a Borlaug (engenheiro agrônomo e biólogo americano) o que havia acontecido com a Revolução Verde (que lhe valeu o prêmio Nobel). Eis a sua resposta: "Vocês não sabem? Mudou-se para o Brasil!" Mais especificamente, essa transformação científica e tecnológica tem a pegada da Embrapa que exibe uma das maiores densidades de doutores do mundo.

O julgamento de como anda o Brasil depende dos humores do momento, do colorido político e do nível de conhecimento de cada um. Parafraseando A. F. Schmidt (poeta brasileiro da segunda geração do Modernismo), podemos contemplar o sol e a linha do horizonte. Ou olhar o beco. Nesses momentos azedos de hoje, o beco atrai nossos olhares. Diante do pessimismo presente, tento mostrar que, alargando o horizonte de tempo considerado, nossa trajetória de longo prazo nos tem sido muito lisonjeira.

Respingam em nós as copiosas lágrimas dos que apenas enxergam nossas desgraças. No entanto, mesmo nesses tempos de paradeira na economia, quem se der ao trabalho de olhar as estatísticas que medem qualidade de vida verificará que todas estão melhorando. Esperança de vida, mortalidade infantil, nutrição pregressa, assistência médica, consumo de bens duráveis, escolaridade (incluindo qualidade da educação, examinada em detalhe adiante). Mesmo as mais voláteis, como violência, não estão piorando. Quando o assunto é corrupção, estamos na média mundial. Não deve ser motivo de orgulho, mas tampouco é escandalosa.

Como as críticas ao nosso desempenho abundam nos jornais, nas mesas de bar, nas redes sociais e por toda parte, não preciso repeti-las aqui. Basta afirmar que não as ignoro ou as minimizo. Apenas contraponho o lado mais róseo da equação, igualmente verdadeiro.

Naturalmente, esse bom desempenho aqui indicado não justifica qualquer complacência. É preciso lutar com tenacidade para melhorar e para consertar os erros – que não são poucos. Porém, raiva incontida e visões cataclísmicas não levam à sociedade que desejamos.

Ao longo dos séculos, infindáveis guerras, algumas religiosas, dilaceraram a Europa. Os Estados Unidos tiveram a guerra civil mais sangrenta da história. Trinta milhões morreram de fome na China de Mao. Outros tantos russos na Segunda Guerra. A Polônia não sabe qual vizinho vai invadi-la. Israel e Ucrânia estão em guerra. A Venezuela, com todo o seu petróleo, não consegue acertar o passo. Diante destas crises avassaladoras, por todos os lados, o que são os poucos anos mal vividos pelo Brasil?

Temos uma vasta capacidade para tolerar coisa ruim e muitas situações indesejáveis. É uma das nossas fortalezas. Mas, ao mesmo tempo, é o que deixa inúmeros problemas sem solução. Empurramos com a barriga, para evitar confrontações explosivas.

Há um outro problema que não pode ser esquecido. Como o nosso avanço foi muito rápido, deixou arestas, descompassos e contradições. É inevitável. Alguns gargalos apenas são percebidos quando outros são resolvidos. Sendo assim, são o preço a se pagar pela impaciência no avanço.

Os tropeços são preocupantes, ainda que inevitáveis. Mas pouco adianta choramingar diante das oportunidades perdidas. A mensagem deste capítulo é que os ânimos e disposições andam mais chamuscados do que o próprio país. Na próxima seção, exemplificaremos alguns maus fluidos que perpassam a nossa sociedade.

Lembremo-nos, o Brasil ainda é um país em construção. É injusto compará-lo com uma Europa de dois mil anos ou com um

Extremo Oriente de quatro mil. Elas por elas, avançamos muito e há poucas nações com cenários de longo prazo mais favoráveis.

Desvendando mitos: "No meu tempo a educação era muito melhor!"

Esta seção examina uma cantilena frequentemente ouvida: nossa educação está cada vez pior. Discutir essa afirmativa é oportuna, por três razões. Em primeiro lugar, ilustra o pessimismo reinante, em particular, com a educação. Em segundo, mostra como assuntos sérios são tratados, ao arrepio do consenso científico. Em terceiro, não piorou.

Quantas vezes ouvimos que a educação piorou? Pessoas mais velhas exaltam a qualidade do ensino que receberam em escolas públicas. Eis outra versão da mesma crença: "nossa educação está cada vez pior!". E alguns acusam o nosso ensino superior de graduar gente cada vez menos qualificada.

Serão afirmativas corretas? A primeira compara o que não pode ser comparado. A segunda está irremediavelmente errada. Quanto à terceira, há boas razões para crer que é incorreta.

No presente século, temos testes que medem, com aceitável segurança, o nível de domínio dos currículos oficiais por parte dos alunos. No entanto, antes da década dos 90, nada sabíamos. Sendo assim, para datas anteriores, quaisquer comparações confiáveis estão fora de cogitação.

Mas podemos fazer conjecturas. Quando aquele provecto senhor nos diz que, "no meu tempo, a escola era melhor", está comparando o incomparável. A composição da escola, por classes sociais, no tempo dele era muito diferente, invalidando proposições simplistas.

Para um aluno, por volta da metade do século XX, duas circunstâncias são altamente prováveis. A primeira, trata-se de um cavalheiro (ou dama) de classe média para cima, já que poucos de origem mais modesta frequentavam as escolas. A segunda, a sua professora seria também de classe média ou alta, pois o magistério era, praticamente, a única profissão socialmente aceita para mulheres de famílias tradicionais. Na prática, embora sendo pública, era uma escola da elite para a elite.

Hoje, as escolas públicas matriculam alunos e professores de todas as classes sociais. Portanto, muitos de origem modesta. De fato, lá estão até os mais pobres de todos. São escolas, alunos e professores diferentes dos de então. Que fique claro, foi um enorme ganho. De fato, nos níveis iniciais, praticamente toda a coorte está na escola. Mas sabemos que, mesmo nos países com os melhores sistemas educativos, a classe social de origem é o mais forte determinante do desempenho escolar, gostemos ou não.

Sendo assim, a única comparação adequada da escola "do meu tempo" seria com alunos de classe média para cima, matriculados nas boas escolas privadas, cujos professores são também muito cuidadosamente selecionados.

Considerando os avanços na pedagogia e os recursos tecnológicos disponíveis, dificilmente os alunos "daquele tempo" estariam aprendendo mais que os comparáveis de hoje (no caso, ambos alunos da elite).

A escola pública de hoje não teria com que ser comparada no passado, pois a maioria da sua clientela atual ainda não havia chegado aos bancos escolares.

Sendo assim, a tese de que a educação era melhor carece de sentido, pois não podemos comparar duas escolas diferentes e com alunado também diferente.

Outra afirmativa frequente é que a nossa educação pública "está cada vez pior". Aqui pisamos em terreno muito mais firme. Temos bons testes, desde a década de 90. Passaram a ser comparáveis de uma aplicação para outra, a partir da virada do milênio. Ou seja, não se trata mais de "achar" isso ou aquilo. A resposta é simples, definitiva e está nas séries históricas do Sistema de Avaliação da Educação Básica (SAEB) e da Prova Brasil (exame que mede o desempenho em língua portuguesa e matemática de estudantes do quinto e nono anos de escolas públicas). E, de lambuja, temos o Programa Internacional de Avaliação de Estudantes (PISA), respaldado pela melhor tradição em avaliação escolar existente. Enfaticamente, a educação não piorou.

Há outro erro a se evitar. O Brasil está sempre entre os últimos no PISA, mas isso não quer dizer que temos uma das piores educações do mundo, como dizem alguns. Isso porque apenas uns 70 países participam nesse teste, em um mundo com mais de 200. E os que participam estão entre os melhores. Portanto, há mais de 150 países com educação pior do que a nossa.

Os resultados estão aí. Como grande generalização, não houve qualquer queda apreciável nos escores. Segundo a Prova Brasil, eles cresceram nos anos iniciais do Fundamental. Nos finais, quase nada e o Médio ficou estagnado, por longo tempo. A boa notícia é que, na última Prova Brasil, antes da pandemia, finalmente, o Médio acordou e deu um saltinho. Em certos períodos, o PISA também mostrou um crescimento no Brasil, até bem maior do que no resto do mundo. Em suma, os avanços podem não ter sido grande coisa, mas nada deu marcha à ré.

Sendo assim, a afirmativa de que piorou é totalmente destituída de respaldo estatístico. Não passa de indisciplina intelectual, motivada por antipatia a esse ou a aquele governo. Ou por uma visão de mundo sombria, sob a qual todas as notícias ruins são acriticamente bem-vindas.

Não podemos fazer o mesmo exercício para o Superior, já que o Exame Nacional de Desempenho dos Estudantes (ENADE) não é comparável de ano a ano. Mas podemos fazer algumas conjecturas. Pesquisas (inclusive as minhas com José Francisco Soares, professor emérito da Universidade Federal de Minas Gerais) mostram que da ordem de 70 a 80% do rendimento no ENADE reflete o nível do aluno ao entrar no superior. Ou seja, quem teve bons resultados no Exame Nacional de Ensino Médio (ENEM) tem altíssima probabilidade de obter um ENADE elevado.

Sabemos que não houve queda nos escores do ENEM. Portanto, a "matéria-prima" das escolas médias chega ao superior com um nivel de preparaçao que nao tem variado.

Para que houvesse uma deterioração na qualidade do formado no superior, seria necessário um desastre de maiores proporções nas faculdades, pois apenas 20 ou 30% dos resultados podem ser atribuídos ao que acontece nos quatro anos de superior.

Para dar uma ideia dos números, o estrondoso terremoto do Covid fez baixar o rendimento escolar em algo como 5%. Se alguma crise equivalente houvesse afetado o superior, 5% de 20% (o peso do ENEM no ENADE) traria uma queda de apenas 1%.

E como não há qualquer evidência de catástrofes no superior, cautelosamente, podemos concluir que tampouco nesse nível o rendimento caiu. É óbvio, algumas faculdades afundam, outras sobem. Mas, na média, parece haver uma considerável estabilidade.

Vale mencionar, quando há uma grande expansão em algum nível de ensino, costuma acontecer uma queda no aproveitamento do grupo como um todo. Isso porque entram alunos mais distantes do mundo da escola. Tal aconteceu, por um tempo, na High School americana. Contudo, para nossa surpresa, não se observou tal queda no Brasil. Até que foi uma proeza.

Podemos concluir que, nas três afirmativas, há um descolamento entre a percepção de muitos e os resultados dos testes. Admita-se, são testes imperfeitos e os especialistas gastam suas vidas denunciando suas fragilidades aqui ou acolá. Contudo, para o tipo de análise que estamos propondo, são amplamente confiáveis. Os escores não caíram mesmo.

Estamos diante de uma colisão de opiniões. Confronta-se a observação casual com avaliações baseadas em números cuja margem de erro é pequena e bem conhecida.

O grande mistério é saber de onde vem a ideia de que está tudo piorando. Uma hipótese é que pessoas de classe muito mais baixa estão mais visíveis, por atingirem níveis cada vez mais elevados de escolarização. Ou então, fomos varridos por uma onda de pessimismo. Por causa dela, muitos se convenceram de que tudo está ruim; portanto, buscam congruência entre suas crenças e o mundo real.

Nossa educação é, aproximadamente, a que se poderia esperar da nossa renda *per capita*. Ou seja, grosso modo, países no mesmo nível de desenvolvimento econômico do Brasil estão no mesmo nível de desempenho educativo.

Dito isso, agora vem a notícia ruim. Embora nossa educação não tenha piorado, sempre foi e continua sendo muito ruim. Diante de um aluno europeu, os nossos têm três anos de atraso! As classes médias brasileiras não aprendem mais do que os filhos de operários europeus. Para incluir países como o Brasil, o PISA teve que criar uma última categoria de desempenho, ainda mais baixa.

Precisamos e queremos melhorar. No entanto, para que isso aconteça, devemos ter clareza acerca do mundo real. Acreditar que o ensino piorou leva a diagnósticos equivocados e a um pessimismo tóxico. Mais concretamente, leva-nos a buscar explicações presentes para mazelas que vêm de um passado remoto. O rumo certo é louvar os avanços, tentar entender por que melhorou tão pouco e descobrir o que fazer para remediar a situação.

Ressalte-se, porém, que a preocupação desta seção não é apenas com os supostos retrocessos da educação brasileira. Inclui entender como e por que as pessoas adquirem opiniões equivocadas. Com a polarização política e ideológica dos dias presentes, esse assunto torna-se cada vez mais crítico.

Nossa herança cultural e a penosa construção do Brasil Novo

O Brasil é um país de renda média. Mas não é um país homogêneo, no qual quase todos estão "mais ou menos". Pelo contrário, é uma sociedade onde convivem os píncaros da prosperidade e cosmopolitismo com grupos sociais paupérrimos e exibindo visões de mundo muito distantes das sociedades modernas. Sendo assim, o processo de desenvolvimento econômico tem muito a ver com a transformação daqueles que estão longe das pautas da modernidade. Para isso, precisamos entendê-los.

Em uma pesquisa patrocinada pela Organização Mundial da Saúde (OMS), foi perguntado aos nômades berberes acerca da doença mais temidas por eles. A resposta deixou os médicos perplexos, pois jamais ouviram falar de tal enfermidade. Indagando, descobriram que é uma doença dos camelos. A lógica é meridiana, com suas caravanas cruzando os desertos; se o camelo morre, o mesmo sucederá com seu dono.

Essa é a primeira tese do presente capítulo: os valores de um grupo social refletem e fazem sentido no meio em que vivem.

A segunda tese é que o mundo é feito de mudanças. Mudam-se as pessoas para outros lugares, cujas circunstâncias são diferentes.

Como resultado, os valores originais podem colidir com os do novo ambiente. E os ajustes podem ser lentos e penosos.

A terceira tese é que a velocidade deste ajustamento é crítica. Meses? Séculos? É a diferença entre uma sociedade saudável e bem-sucedida e uma outra incapaz de oferecer a qualidade de vida esperada, além da permanência de conflitos dolorosos.

Essas três ideias poderosas serão apresentadas por meio de exemplos reais, no contexto do Brasil. De fato, a sociedade brasileira é uma amálgama imperfeita e incompleta de grupos sociais diferentes e em diferentes distâncias das sociedades modernas de hoje.

Para entender os nossos retardos e os nossos avanços, temos que mergulhar nas nossas raízes.

Visitemos a nossa matriz tribal

Somos uma sociedade de raças eminentemente mescladas. Dada a forte participação das populações nativas na evolução demográfica do Brasil, justifica-se o esforço de entender a origem de nossas gentes.

Em sua maturidade, David Maybury-Lewis (antropólogo e etnólogo britânico) tornou-se o grande patrono da antropologia brasileira. Muitos alunos da nossa terra estudaram com ele em Harvard. Hoje se tornaram as lideranças intelectuais na profissão.

Antes disso, ainda jovem, foi viver mais de um ano com os índios xerentes, nos fundões do Tocantins. Mais adiante, passou bom tempo com os xavantes. [1]

Os xerentes, lá pelos anos 50, eram uma nação já com algum contato com a sociedade brasileira. Mas ainda viviam quase como sempre viveram. Entender seus costumes é vital para entender o Brasil de hoje, pois não são poucos os traços da nossa caboclada que delatam suas origens tribais.

Como é comum na vida tribal, o trabalho doméstico – e pesado – era feito pelas mulheres. Aos homens cabiam a caça e a pesca – que adoravam. As guerras com outras tribos, ainda vigentes nos seus vizinhos xavantes, já não aconteciam mais.

Era uma vida despreocupada, sem pressas ou angústias. Gastavam um bom tempo sem tarefas muito específicas e gostavam de cultivar pequenas intrigas. Quando acontecia algum desastre natural, a alguém da tribo era atribuída a culpa e este, punido.

Mas como já escasseava a caça, eram obrigados a uma agricultura tosca, principalmente da mandioca. Estes cultivos eram, relutantemente, feitos pelos homens.

Segundo as anotações do antropólogo, nos períodos de trabalho na terra, pediam as mulheres que preparassem seu almoço, para não labutarem na roça de estômago vazio. Ao terminarem de comer, bem mais tarde, vinha a chuva. E, com o mau tempo, não se dispunham a trabalhar na lavoura. O resultado costumava ser, mais adiante, uma severa escassez de alimentos. Nessas ocasiões, o cacique se valia da comida que havia escondido. Ao longo desta transição para o mundo dos brancos, os ajustes tendiam a ser bem penosos.

[1] David Maybury-Lewis, *The Savage and the Innocent* (Beacon Press: 1988).

Um par de anos depois, recém-casado, Maybury-Lewis voltou, desta vez para morar com os xavantes. Levou junto a sua mulher e o filho de oito meses. Fazia grande sensação na tribo aquele menino branco e louro, correndo nu, junto com os indiozinhos. Mas o que causou consternação dentre as mulheres foi o fato de que o jovem Biorn – hoje meu amigo – era disciplinado pela mãe: pode isso, não pode aquilo. Para as outras mães, havia que deixar a meninada livre, para fazer o que lhes aprouvesse, sem conselhos, admoestações ou proibições – e com os inevitáveis acidentes.

Naquelas tribos e naqueles momentos, o estilo de vida vigente, bem como a sua cultura, fazia sentido. Pareciam felizes. De fato, os valores e as atitudes que regiam suas vidas eram congruentes com seu mundo. Seriam mais felizes do que nós? Quem sabe?

Nem tudo, porém, era tão idílico. Como outros estudos demonstraram, a mortalidade infantil era gigantesca. Fala-se de taxas de até três quartos das crianças. Isso era visto como uma fatalidade. Então, por que sofrer?

Em parte, graças a um brutal mecanismo de controle demográfico, as tribos permaneciam com um porte que lhes permitia uma sobrevivência relativamente fácil, pois os recursos da natureza eram divididos por poucos. Pesquisas mostram que as populações nativas semelhantes tinham uma jornada de trabalho bem curta. Para sua sobrevivência, trabalhavam menos horas do que o típico camponês ou operário europeu de dois mil anos para cá. Não se admira que estranhassem os regimes de trabalho propostos a eles pelos colonizadores. Esse era um dos muitos dissabores da vida oferecida pelo mundo dito civilizado.

Em livro recente, J. Scott faz comentários curiosos, comparando dois esqueletos femininos de nove mil anos atrás. A mulher, pertencendo a um grupo sedentarizado, tinha deformações nos ossos das pernas, o que sugeria uma árdua labuta na agricultura. A outra, de grupo não sedentarizado, tinha ossatura perfeita.[2] Qual seria a mais feliz?

Outras pesquisas, com índios mundukurus, mostraram que só sabiam contar até três. Daí para frente eram "muitos! Mas para suas atividades, inteligência matemática não era de muita serventia.

No que segue, sem qualquer rigor científico, tomamos a ideia das múltiplas inteligências, visando confrontar os traços exibidos pelas diferentes sociedades com os desafios do ambiente em que viviam.

Na matemática, os índios são inescapavelmente primitivos. Mas que importa se sua inteligência para se mover na floresta é extraordinária e sua sobrevivência depende dela e não de fazer contas?

As crenças e os valores tribais eram uma resposta adequada ao meio em que viviam e aos aspectos da vida que davam mais importância. Mortalidade infantil e ignorância matemática não estavam na agenda. E a jornada de trabalho amena não podia deixar de agradar.

Está longe dos nossos objetivos passar julgamento na sua vida tribal. Ademais, não cabe falar de cultura superior ou inferior, pois o que conta é o bom ajuste entre hábitos e valores, de um lado, e a natureza do meio em que vivem, do outro. Seria melhor falar de ajustamento ou congruência. Ao descrever sua vida, nosso

---

[2] James C. Scott, *Homo domesticus. Une histoire profonde des premiers Etats* (La Découverte, 2019).

objetivo é deixar claras as colisões culturais, quando começaram a transitar para a nossa sociedade e seus valores começam a se chocar com os vigentes no mundo branco.

No curso da nossa história, centenas de tribos como essa, de uma forma ou de outra, foram se aproximando ou foram engolfadas pela sociedade em que vivemos. Pesa na equação a crescente escassez de alimentos, em um sistema de coleta e caça. De fato, com a colonização, sobrava menos terra para as tribos. E, ao se aproximar da sociedade colonial, as atitudes e os valores entravam em conflito.

De fato, os desajustes nos hábitos e valores constituem-se em um dos mais graves obstáculos a uma verdadeira integração de qualquer grupo culturalmente distante da sociedade maior. Os imigrantes portugueses estavam em casa, falando a sua própria língua. Para se ajustar, os espanhóis, italianos, libaneses, alemães, ucranianos e poloneses apenas precisavam aprender português. Nossas tribos, entretanto, estavam na Idade da Pedra Lascada ou Polida. Boa parte ainda era nômade.

Desde cedo, os colonizadores portugueses deram-se conta de que os indígenas não se prestavam ao trabalho rotineiro, seja nos engenhos, seja nas cidades. Para guerrear, aprisionar gente de outras tribos, não lhes faltava apetite. Tampouco recusavam a empreitada de liderar bandeiras pelo mato adentro. Mas as fainas urbanas e das grandes fazendas, com seus horários, chocavam-se com os costumes milenares.

O tema principal do presente texto é que algo desse desajuste persiste até hoje com seus descendentes, os muitos milhões de caboclos vivendo em uma sociedade minimamente moderna.

O Embaixador Miguel Osório de Almeida tinha um sítio perto de Brasília. Logo descobriu que seu caseiro, um típico caboclo, não recebia ordens da mesma forma que seus subordinados, diplomatas de carreira do Itamaraty. Se mandasse cortar a grama, não obedecia. Era necessário sugerir que a grama talvez estivesse ficando um pouco grande demais. Aí funcionava.

Vale insistir: o foco do presente capítulo não são os indígenas do passado ou do presente. Nossa atenção se dirigiu a eles apenas para tentar captar a origem de muitos valores e atitudes ainda encontradiços em grupos humanos que, muitas gerações atrás, se distanciaram da vida tribal e de uma identidade associada a ela. Pelas mesmas razões, não nos ocuparemos com o espinhoso problema daqueles que estão hoje no meio do caminho – entre a tribo e a cidade – e que são objeto das políticas indigenistas. É assunto delicado e nada tem a ver com os propósitos desta seção.

Nosso interesse, aqui, é que alguns valores remanescentes de seu passado tribal se tornaram disfuncionais na sociedade em que passaram a viver. Eles se mudaram para o nosso mundo – ou foram mudados. Alguma adaptação houve, mas foi capenga. Este é um problema persistente e que nos ocupará ao longo deste texto.

Que fique claro, falamos de grupos humanos que perderam quaisquer referências diretas à sua origem. Faz muitas gerações, deixaram as tribos. Mal sabem de seu passado. Contudo, ainda incorporam percepções, hábitos, atitudes e valores que denunciam sua origem. Chamemos de sertanejos, caboclos, "cabroeira" ou o que seja. Não há um nome oficial, mas isso é o que menos importa. O que conta é que estão no meio do caminho e há uma tarefa ingente de completar esse ajustamento. Aliás, se lhes fosse proposto que voltassem à vida tribal, talvez o desajuste fosse até maior.

O sertanejo e sua transição para a modernidade

O sertanejo é descendente das populações nativas, miscigenadas com os portugueses. Distanciou-se de sua cultura original faz tempo. Porém, ainda não fez a transição completa, adquirindo os valores e comportamentos congruentes com a sociedade moderna que despontou no Brasil, sobretudo, a partir do século XX. Dessa transição tratamos aqui.

Habilmente, no imortal *Os Sertões*, Euclides da Cunha urde um enredo com suspense. Visto da capital da jovem República, o bando de Antônio Conselheiro não passava de um amontoado de vagabundos, de seres inferiores.

Lembremo-nos, vigiam as teorias da superioridade racial branca e havia morado no Brasil o próprio Conde Gobineau, um dos seus mais eloquentes defensores. Vivendo no Rio de Janeiro, trombeteava amplamente as suas ideias. E não nos esqueçamos, fazia parte das teorias a degeneração resultante da miscigenação.

Por ousarem revoltar-se contra o Estado, o bando de Conselheiro merecia uma ação fulminante do Exército Brasileiro. Precisava aprender a lição. Em estilo triunfal, as tropas partem para o sertão da Bahia, planejando uma operação profilática, curta e decisiva.

Mas que surpresa! Por anos a fio, os sertanejos subnutridos e de raça inferior humilharam o Exército Brasileiro. Expedições e mais expedições foram destroçadas pelos seguidores de Conselheiro. Inúmeros oficiais de alta patente morreram nos ásperos campos de batalha, pois não sabiam operar no semiárido. Eram emboscados, nas mais refinadas operações de guerrilha. Até faltaram generais para comandar a tropa. O jeito foi indicar um de Intendência, pois não havia outros.

Em poucas palavras, a sub-raça sertaneja se revela uma super raça na guerra de Canudos. Eram mestres em operar naquele teatro de guerra. Moviam-se sub-repticiamente, resistiam ao calor, à falta d'água e às privações. E garra tinham de sobra. Incompetentes eram as tropas e os oficiais que lá se aventuravam.

Ao correr do texto, Euclides vai, passo a passo, virando o jogo. O grande epílogo, até hoje, ressoa: "O sertanejo é, acima de tudo, um forte.". Desta perspectiva, o livro documenta a existência de uma sociedade cabocla, bem ajustada ao seu meio.

Pelas diferenças do meio ambiente, dos valores, das crenças e dos hábitos, os sertanejos já estavam muito distantes dos seus antepassados tribais. E diante dos desafios de sobrevivência, desenvolveram estilos de vida funcionais naquele ambiente hostil. Justamente, fortaleceram sua resiliência e capacidade de operar, diante das privações que dizimaram os soldados do Sul.

Os sertanejos – em algum momento do passado – ajustaram-se à vida árdua do sertão nordestino. No entanto, os seus valores e hábitos não são ainda os de uma sociedade industrial. Na verdade, adaptaram-se às circunstâncias locais. Não se tornaram operários ingleses da Revolução Industrial. Se isso houvesse acontecido, teriam perecido, diante do ambiente árido e hostil. São um meio do caminho entre sua origem tribal e uma sociedade moderna.

Os samis são uma raça inferior?

Vale a pena examinar um caso bem diferente de preconceito contra grupos sociais que discrepam do mundo onde vivem: os samis da Lapônia. É notório o desdém contra eles nas sociedades escandinavas.

Quase sempre, o preconceito a um grupo social está ligado a alguma "teoria" de superioridade ou inferioridade racial. No caso dos lapões, seu fenótipo é rigorosamente igual ao dos demais escandinavos. Ou seja, o preconceito está despido de qualquer conotação racial. Esse caso nos permite ver de outro ângulo os temas de discriminação, cultura e modernidade.

Vejamos outro mundo bem diferente do nosso. Ao entendê-los, reforça-se a ideia de que grupos humanos evoluem naquelas características que lhes são funcionais em uma situação, mas podem deixar de sê-lo em outras. No Norte da Escandinávia, vivem os lapões, vistos tradicionalmente como atrasados e toscos. Para um país igualitário como a Noruega, é um grande embaraço conviver com a desigualdade e a inevitável discriminação. Até o nome foi mudado, para tirar a imagem negativa que tinha o tradicional "lapão". Agora são "samis".

O fato singular para nós é que, olhando para um lapão, vemos o mesmo aspecto físico de um escandinavo qualquer. Por casualidade, viajando no Noroeste da Noruega, paramos para visitar uma exposição de esculturas. Estava lá a artista, apresentando a sua obra. Como havia pouca gente naquela hora, conversamos longamente com ela. Era uma mulher, não tão jovem, elegante, bem-vestida e de traços clássicos escandinavos. Conversa vai, conversa vem, revelou que era sami. Ela própria, parecia bem integrada, o que não acontece com a maioria desse grupo. E como afirmou, sua etnia é discriminada. Entretanto, a sua aparência sugere que isso não pode estar associado a alguma teoria de superioridade racial ou à praga da miscigenação, como se acreditava no passado. Se há diferenças, são puramente culturais.

Os nossos sertanejos têm uma aparência inconfundível. Já os samis têm o mesmo tipo físico nórdico, com olhos azuis e cabelos louros. Se são discriminados, deve ser pelo seu comportamento pouco congruente com a sociedade escandinava. Ninguém ousa dizer que são "inferiores". Contudo, no fundo, é o que pensam muitos. A diferença é que não se pode atribuir a sua suposta inferioridade a alguma maldição da raça, algum erro no seu DNA. É uma lição para nós brasileiros.

Vale examinar um pouco mais detidamente esse caso, pois ilustra um outro aspecto do tema. Vejamos o outro lado da moeda. Roald Amundsen foi o mais celebrado explorador norueguês. Em uma expedição anterior à sua conquista do Polo Norte, por avarias no seu barco, foi obrigado a passar o inverno em uma aldeia da Lapônia. Sendo assim, conviveu intimamente com os samis.

Segundo seu relato, sem o que lá aprendeu sobre estratégias de vida naquelas latitudes, jamais teria sobrevivido à expedição ao Polo. Com suas próprias palavras, conclui que são um povo de vasta competência técnica para viver naquele meio ambiente. Lá, eles são seres superiores. Sua inteligência para operar naqueles locais é imbatível. Desenvolveram e dominaram as práticas necessárias para viver em climas extremos. Ajustaram-se brilhantemente.

Nosso tema são os ajustes e desajustes entre o meio ambiente, os valores e os estilos de vida. E, principalmente, os problemas resultantes de migrações que levam à sociedade moderna grupos humanos que eram ajustados a outros mundos e deixam de sê-lo ao chegar. Na Lapônia, não teria vida longa quem não pensasse e agisse como os sami. Mas em Oslo, eles são desajustados. E, por isso, discriminados.

Os sertanejos se ajustam à sociedade brasileira?

Nesta seção, exploramos um caso bem interessante de confronto dos sertanejos do Nordeste com um nascente polo de desenvolvimento agrícola de alta tecnologia, a região de Petrolina e Juazeiro. Mostramos a rápida adaptação deles a uma atividade relativamente sofisticada de exportação, voltada para mercados exigentes. E pela pouca distância geográfica, muitos deles devem ser aparentados dos amotinados de Canudos.

E os nossos samis? A graça da comparação com os samis é que, na Escandinávia, encontramos problemas muito parecidos com aqueles enfrentados por descendentes de nossas sociedades tribais. Lá como cá, eles têm o mesmo desafio de ajustar-se. Em ambos os lugares, o processo é penoso e lento. Mas há uma diferença, samis e escandinavos são fisicamente iguais. Ou seja, não se trata de raças ditas "superiores" ou "inferiores". Os problemas ocorrem com gente da mesma raça.

Irrigar as margens do São Francisco? Extravagâncias do Chateaubriand? Levou tempo e ele não sobreviveu para ver o estrondoso sucesso do projeto. O êxito foi impressionante.

Criou-se um agronegócio moderno e recheado de tecnologia, em meio à pobreza e ao atraso do semiárido baiano e pernambucano. Embrapa, empresários e agrônomos do Sul criaram as bases técnicas para o projeto. Mas quem foi pegar no pesado?

São os netos dos primos dos seguidores de Antônio Conselheiro. De fato, olhando no mapa, Petrolina está a cem quilômetros de Canudos. Transformar vaqueiros rudes em operários de explorações agrícolas complexas e exigentes? Não é da noite para o dia. Os desajustes se multiplicaram.

Os seringueiros costumavam colocar pedras nas bolotas de borracha que entregavam aos compradores. Com isso, ganhavam no peso.

Mas o resultado é que comprometeram o seu ganha-pão. Isso porque encorajaram outros locais a obterem o látex, concorrendo com eles. Ou seja, no trato com o mundo dito civilizado, revelaram-se ineptos.

Porém, o seringueiro tem uma inteligência prodigiosa para caminhar dentro da floresta amazônica. Quem já teve alguma experiência de andar nessa selva sabe que não é preciso mais de dez minutos para perder-se irremediavelmente, dada a total ausência de referências. A orientação dos seringueiros é baseada no cultivo de uma memória fotográfica de cada árvore ao longo do caminho. Mal comparando, são como os velhos políticos que se lembram da cara de todos os potenciais eleitores e cabos eleitorais. Neurocientistas localizaram um setor do cérebro – do tamanho de uma azeitona – onde se faz o processamento fisionômico. Será que a identidade das árvores é processada no mesmo lugar?

Andando na floresta, os seringueiros são imbatíveis. Sua "inteligência fisionômica" é superior à nossa. Mas suas estratégias comerciais míopes trouxeram-lhes imensos prejuízos. Mesma sina dos samis.

Ao lidar com o mundo moderno e globalizado, os produtores do São Francisco exibiam o mesmo comportamento imediatista dos seringueiros. Colocavam as uvas murchas no fundo da caixa e no fundo do *container*. Uma coisa é lidar com um pequeno comerciante de látex no interior da floresta amazônica. Outra são compradores profissionais no porto de Roterdã que iam ao fundo do *container* e ao fundo das caixas. Se apareciam frutas inaceitáveis, recusavam o embarque inteiro. Pouco a pouco, as lições foram sendo aprendidas. E assim, muitas outras.

Os samis aprenderam a sobreviver no inverno. Os xerentes sabiam caçar e se protegiam das onças e das cobras. Igualmente, os produtores do São Francisco foram incorporando os valores e hábitos que são funcionais em uma economia moderna e internacionalizada.

No entanto, as lições não são aprendidas do dia para a noite. As piores arestas foram aparadas. Tiveram muitos revezes, antes de dominarem a arte de produzir uvas e mangas em padrões internacionais e a aceitarem as imposições dos compradores.

A lição é clara, se os contraparentes do Antônio Conselheiro se modernizaram em um período aceitavelmente curto, podemos supor que não estamos diante de obstáculos culturais inamovíveis. De fato, esse pequeno caso nos traz uma boa notícia: os sobrinhos-netos de Antônio Conselheiro deixaram de ser jagunços e viraram operários competentes de uma agroindústria moderna.

Impossível transformar camponeses em operários industriais?

Camponeses atrasados podem fazer uma revolução industrial? No caso examinado, muitos duvidavam. No entanto, estavam equivocados. Agricultores pobres viraram excelentes operários industriais em um período curto.

Na segunda metade do século XIX, um sociólogo lastimava-se do atraso cultural da mão de obra do seu país. Como industrializá-lo com uma força de trabalho que não passava de um bando de camponeses rudes? Como estavam longe da eficiência e previsibilidade dos operários ingleses! Sendo assim, duvidava ser possível desenvolver uma indústria com gente tão impermeável às regras do capitalismo moderno.

Falava do Brasil? Nada disso, o sociólogo Schultze-Gaevernitz falava de seu próprio país, a Alemanha. Via seus compatriotas a uma distância invencível dos ingleses. Não conseguiam deixar de pensar como camponeses atrasados. Lograriam abraçar os valores da Revolução Industrial inglesa?

Não levou um século para que isso acontecesse. A mão de obra alemã tornou-se símbolo de seriedade e eficiência, exibindo profissionalismo, competência técnica, dedicação ao trabalho e estabilidade. Segredo da Alemanha? Nem tão secreto. Bom governo, educação sólida e um sistema exemplar de formação profissional, baseado no mestre-aprendiz e complementado por cursos cobrindo assuntos de educação e tecnologia.

Nosso desafio vai na mesma linha. Temos que levar a nossa caboclada a adotar as pautas da modernidade. Isso requer distanciar-se das suas encarnações anteriores de sertanejos, caboclos e seringueiros.

Podemos retoricamente perguntar se deveriam haver permanecido no seu *habitat* tribal ou no sertão. Entretanto, é perda de tempo, pois, na prática, migraram para as cidades, em números espantosos.

Porém, chegando nelas, a equação é outra. Queiram eles ou não, a universalidade do saneamento básico e dos cuidados médicos reduz de forma fulminante a mortalidade (em todas as idades). Ou seja, aparecem muito mais bocas para alimentar, sobretudo, nas classes mais baixas.

No abstrato, seria possível viver na cidade trabalhando pouco e consumindo pouco. No entanto, isso requer renunciar à miríade de consumos propostos em sociedades como a nossa. Como mostram as pesquisas, concordemos ou não, os valores do consumismo foram incorporados, mesmo nas camadas mais modestas da sociedade.

Talvez exagerando, a autoestima dos mais pobres vem da sua capacidade de possuir os objetos materiais sonhados (e.g. tênis de marca, bonés e celulares). E para as classes mais modestas atingirem os níveis de consumo almejados, não há alternativa senão trabalhar mais e melhor. Para embarcar, mesmo minimamente, na economia de consumo, só aprendendo a ser mais produtivo. E essa é uma lição dura de aprender.

Na prática, ao migrar para a cidade, as escolhas tornam-se bem mais estreitas. Como compatibilizar a disposição para o trabalho de um xerente com o sonho de consumo que perpassa nossa vida urbana? A equação não fecha. O grande impasse é a pouca disposição para abraçar os valores da modernidade por parte de muitos. Impera um consumismo do qual eles não escapam. Mesmo que quisessem ser diferentes, a pressão dos filhos para o consumo é irresistível. E, para consumir, é preciso ganhar mais. E para isso, produzir melhor.

O rolo compressor do consumo atropela a todos, ricos e pobres. Nesse ponto, o autor assume uma posição agnóstica, apenas descreve o mundo ao seu redor.

É problemática esta modernidade parcial de uma boa parte da nossa força de trabalho. É verdade, ao longo dos séculos, houve uma robusta transformação dos valores de uma parcela muito grande da população. Sem isso, não seríamos uma nação dotada de um setor moderno, pujante e produtivo.

No entanto, a transição permanece incompleta. Sobram milhões e milhões de brasileiros que, em boa medida, deixaram seus valores antigos, mas não chegaram a adquirir ou consolidar aqueles que são funcionais em uma sociedade complexa e industrializada. E nem falamos da sociedade pós-industrial.

Repetindo, não estamos julgando valores: esses são "bons" ou aqueles são "ruins". Pragmaticamente, a pergunta é se as crenças e atitudes desses descendentes de sertanejos se encaixam ou não na sociedade onde vivem. De resto, são urbanos há muitas gerações.

Faz várias décadas, o antropólogo James Ito-Adler realizou pesquisas no interior de São Paulo. No curso do seu trabalho, coube a ele observar um descendente de japonês entrevistando candidatos para empregos em uma granja de pintos. Eis a primeira pergunta: "você tem relógio?" Se não tinha, terminava ali a entrevista. Segundo o entrevistador, uma empresa funciona pelo relógio, não pelo nascer e pelo pôr do sol. Não vai se ajustar quem não está acostumado à contabilidade constante do tempo. O relógio é um pedacinho da agenda da modernidade.

Que produtividade podemos esperar dos caboclos e sertanejos em uma sociedade industrial? Estamos mal se continuam desdenhando o trabalho rotineiro e têm que ser permanentemente vigiados. Se aparecem um dia e faltam no outro? Se não sabem trabalhar e não querem aprender? Se não tem orgulho da profissão e não derivam satisfação pessoal, diante da obra bem-feita? Se preferem comprar o tênis ou o celular da moda, em vez de possuir boas ferramentas? Se acham que educação vale pelo diploma e não pelo que abre de horizontes e possibilita mais eficácia no trabalho? E se não são capazes de formular um plano de vida, tendo o progresso pessoal como meta?

Repetindo, não é nosso tema discutir uma retórica de revalorização das sociedades tribais. Nosso foco é uma outra realidade, na qual seus descendentes longínquos já perderam a memória da sua identidade anterior. Mas adquirir a pauta completa de uma sociedade moderna é obra para muito tempo. Fisicamente, mergulharam integralmente na nova sociedade, mas sua cabeça é moderna apenas pela metade.

Voltando ao tema central do capítulo, os vários exemplos aqui citados ilustram a plasticidade da nossa sociedade, incluindo-se os nossos caboclos. Ficou claro que podem ajustar-se e adaptar-se. De fato, milhões lograram cambiar seus valores e atitudes ao mergulharem em uma sociedade moderna. Mas é um processo penoso, cuja velocidade não está determinada por alguma vontade superior. E ainda menos, por decreto.

Por tudo que sabemos, essa transformação não acontece por desígnio dos deuses. Pelo contrário, depende de políticas públicas e da atitude da sociedade.

Em particular, sabemos que boas empresas são poderosos agentes de mobilização e modernização. No dia em que entram, os caboclos são levados a imitar os comportamentos de todos. Não leva muito para incorporarem novos valores, atitudes e crenças.

Na década de 50, desci o Rio São Francisco em um dos velhos vapores que lá operavam. Dentre outras figuras curiosas, estava um moço que voltava triunfalmente para visitar o seu vilarejo, à margem do rio. Levava uma caixa de foguetes para comemorar a sua chegada. Havia se tornado guarda noturno de uma das fábricas do Matarazzo. Seu discurso peremptório era um exemplo vivo da modernidade. A transformação foi completa e seus novos valores proclamados com frequência.

Mas como as empresas modernas absorvem um número limitado

de funcionários, restam a educação e a formação profissional. São tais as intervenções que mais alteram a velocidade com que esses grupos sociais se socializam na modernidade. Esta é uma das conclusões mais robustas da pesquisa de Inkeles.[3]

Durante a tormentosa expedição de Roosevelt, descendo o "Rio das Dúvidas", comunicava-se em francês. Seu interlocutor era Cândido Rondon, um oficial do Exército, filho de índia com imigrante português. Roosevelt falava francês porque vinha de uma família rica e educada de Nova Yorque. Rondon, nascido em Mato Grosso e vindo de origem paupérrima, também sabia francês porque resolveu estudar. Formou-se Oficial Engenheiro na Escola Militar do Realengo. Na sua narrativa da viagem, Roosevelt não poupa elogios à seriedade, competência e sofisticação do brasileiro.

Em meio a doenças, fome, assassinatos, perdas de membros da expedição e barcos destroçados, metodicamente, a cada dia, cumpria os procedimentos para medir o volume de água do rio, missão que lhe havia sido confiada. O próprio Roosevelt se exasperava com a sua disciplina férrea. Temos aí um exemplo real, basta ser copiado.

Em conclusão, estamos diante de um desafio gigantesco que é a modernização da sociedade brasileira. Comprar máquinas modernas é fácil. Difícil é mudar a cabeça de um enorme grupo social, cujas origens remotas são tribais e seus valores ainda refletem algo do que era funcional nas suas aldeias. Porém, não responde mais aos desafios de uma sociedade industrial.

Os exemplos citados mostram que o ajuste é possível e acontece,

---

[3] Alex Inkeles, *Becoming Modern: Individual Change in Six Developing Countries* (Cambridg:, Harvard University Press, 1974).

mas a um ritmo modorrento. A educação talvez seja a forma mais eficaz de apressar esse processo. Como hoje sabemos, através de muitos estudos, a escola é tão poderosa para equipar as pessoas com capital humano quanto para alterar seu "perfil socioemocional", como se chamam agora os valores, crenças e atitudes. Essa modernização é o maior desafio da sociedade brasileira.

Coréia ou Brasil, quem pode contar mais vantagem?

Os brasileiros ficam extasiados diante das façanhas coreanas. Saíram da fome e da miséria e construíram uma das sociedades industriais mais sólidas do globo. E que diferença do pobre Brasil!

Porém, não é bem assim. Ao contrário do Brasil, a Coréia é uma civilização antiga e sempre foi muito avançada. Em1905, sua trajetória foi interrompida por meio século, por virar colônia japonesa. Seguiu-se uma sangrenta guerra civil, após a qual o país estava arrasado. O que aconteceu depois foi apenas a recuperação de sua trajetória.

Merece mais encômios do que um Brasil atrasadíssimo e que deu um espantoso salto, a partir do fim do século XX? Fica a interrogação.

A Coréia não passava de um país devastado por uma guerra civil e de educação pouco expressiva. Mas, rapidamente, a Coréia do Sul passou a liderar o globo na cobertura e qualidade da sua educação. Nos anos 50, tinha uma renda per capita menor do que Gana, então um dos países mais pobres do mundo. Hoje, ombreia-se com as nações mais ricas. Não seria o modelo para o Brasil? Vejamos.

Por quatro milênios, a China foi o país mais avançado do mundo. Bem ao lado, a Coréia era quase um prolongamento dela, impregnada da mesma cultura. Tão próximas eram as duas sociedades que, até hoje, em algumas províncias da China a língua é o coreano.

Contudo, em 1905, vai por água abaixo uma bela trajetória, quando a Coréia vira um protetorado japonês, apenas se liberando em 1945. Pior, em 1950, eclode uma terrível guerra civil. Após o armistício, viveu o pior momento da sua história. É com a superação desse momento de caos que tantos se encantam com a Coréia de hoje. De fato, a metade Sul logo saiu do buraco, com muita vontade de recuperar sua matriz histórica e cultural. E o fez, brilhantemente.

Essa segunda fase é a única que conhecemos no Ocidente. Porém, desconhecemos seus feitos do passado. Revisitemos, portanto, alguns marcos da história coreana.

Milenarmente, o budismo preenchia o espaço da fé e da religião. O confucionismo moldava o caráter nacional com seus valores tradicionais, dando legitimidade à disciplina individual e às virtudes cívicas.

Em 372, funda-se uma escola de nível superior, mil anos antes da Europa. A primeira universidade para Medicina e Astronomia foi fundada em 552.

No século VIII, há grandes avanços na Astronomia. Criam-se escolas para desenvolver a mecânica, as ciências naturais, as letras, a jurisprudência criminal, a aritmética e a música. Introduz-se a rotação de colheitas e inventa-se o primeiro pluviômetro.

No ano de 958, a Coréia copia da China os exames de acesso ao serviço público, pelos quais se escolhiam os altos funcionários dos governos provinciais. Uma lei eliminou os privilégios de nascimento. Quem passasse na prova era contratado. A administração pública dava amplos poderes a quem se preparou para mandar, estudando as leis, a história e o confucionismo.

Sendo um país de muita gente e pouca terra, o asceticismo da sociedade sempre foi um traço inevitável. Diante de condições ásperas, havia que fazer o possível e o impossível para sobreviver. É uma sociedade sofrida e traumatizada pelo pesadelo constante da fome. Esse sempre foi um forte incentivo para suas grandes inovações, criadas ao longo dos anos.

No século X, o governo encomenda um manual de boas práticas agrícolas. Por meio da mera distribuição de livros, conseguiu um substancial avanço na produtividade. Por volta de 1200, foi inventada uma impressora com tipos metálicos móveis, três séculos antes de Gutenberg.

Um dos mais notáveis avanços foi a fonetização da sua língua. Em 1446, a Coreia abandonou os ideogramas e desenhou o seu alfabeto fonético. Não há casos similares na história.

Esse é o *curriculum vitae* da Coréia. Mas, em uníssono, somos castigados por comparações: a Coréia tem a melhor educação do PISA e o Brasil, uma das piores. Por que não fazemos como ela? O milagre, ocorrido a partir dos anos 50, é apenas a continuação de uma trajetória de milhares de anos.

Com histórias tão diferentes, não é de se esperar que as soluções coreanas possam ser reproduzidas em terras tupiniquins. E não deve causar vergonha nacional as dificuldades de fazê-lo.

O Brasil foi colonizado por um país europeu atrasado. Entraram no seu caldeirão cultural povos ainda mais primitivos. Faz um século, tínhamos uma renda per capita inferior à de quase todos os países da América Latina. Faz um par de décadas, Bolívia e Paraguai tinham melhores estatísticas educativas do que nós. Hoje, apenas Argentina, Uruguai e Chile estão à nossa frente. No presente, nossos alunos permanecem 12 anos na escola (porém, não atingem ainda as séries correspondentes às suas idades).

Insisto em um bordão que nos ajuda a entender porque estamos onde estamos: o Brasil é um país muito jovem e em construção. De fato, só adquiriu o porte de um país de verdade lá pelo fim do século XIX. Antes era uma colônia desgarrada.

São trajetórias diferentes. Os coreaninhos estudam 15 horas por dia. Refletem milênios de tenacidade, para sobreviver à fome. Nesses misteres, afloram os traços culturais que são frutos das provações sofridas.

O nosso aluno brasileirinho, se for branco, é bisneto ou tetraneto de gente que se gabava de jamais trabalhar. Amplamente superamos essa fase. No entanto, ainda estamos longe da Coréia.

O despertar do Brasil é muito recente, mesmo diante dos vizinhos. E o avanço obtido não pode ser subestimado. Dele podemos ter orgulho. Em nenhum país do mundo, o Produto Interno Bruto (PIB) (absoluto) cresceu mais do que no Brasil, entre 1880 e 1987.

No século XX, não viramos país rico, mas abandonamos a vala comum do subdesenvolvimento. Um grande sucesso.

Começamos muito tarde. A sociedade brasileira é jovem, heterogênea, indisciplinada e cheia de arestas. Não é proibido praguejar contra nossos antepassados, porém não podemos mudar a história.

É frustrante e corrosivo sonhar com uma sociedade que não somos e que não poderemos ser, de um dia para o outro. Não obstante, a complacência é fatal. Temos que calibrar nossos sonhos, na medida certa, para que nos empurrem para frente, em vez de nos acachaparem com quimeras impossíveis.

Por que somos campeões da desigualdade?

Por que o Brasil é tão desigual? Nesta seção, passamos em revista algumas das causas da nossa desigualdade. Simplificando, podemos pensar que foi adquirida em dois processos sucessivos.

Chegaram os portugueses, criaram suas grandes fazendas, com mão de obra dos indígenas locais e, depois, dos escravos africanos. Em boa medida, era uma sociedade bipolar, os senhores brancos no topo, os outros na base e, quase nada, no meio.

No século XX, aprofunda-se a industrialização no Brasil, mas apoiada em uma força de trabalho em que poucos tinham educação. Novamente, vão sendo exacerbadas as distâncias sociais.

As péssimas tradições educacionais que trazemos do passado causavam relativamente pouco prejuízo em uma economia primitiva. Porém, nas sociedades modernas, o capital humano tornou-se muito mais decisivo. Por havermos expandido o ensino muito tarde, essa desigualdade na educação explica nossa má distribuição de renda, até os dias de hoje.

É menos o que fazemos errado hoje e mais o que deixamos de fazer, ao longo de quatro séculos. É árduo recuperar o tempo perdido.

Ouvimos por toda parte, o Brasil é um dos países mais desiguais do mundo. Se todos os brasileiros fossem pobres, não haveria desigualdade. O que distingue o Brasil é o substancial peso do lado rico e dinâmico da sociedade. Daí a forte desigualdade. Conhecer as raízes desta enorme distância social é assunto de grande relevo.

Ao aportar aqui, Pedro Alvares Cabral encontrou tribos em que quase todos tinham um *status* muito parecido. Era o cacique e os índios. Como nômades ou seminômades, ninguém possuía riquezas, pois não havia como transportá-las para a próxima taba. E quase todos cuidavam apenas da sua subsistência. Excelente distribuição de renda, se forçamos o conceito para sociedades não monetizadas.

Por muitos séculos, a base econômica desta colônia portuguesa era as grandes fazendas. Inicialmente, cana de açúcar e gado. Mais adiante, café e outra culturas. Nelas, havia apenas dois grupos sociais. Eram os moradores da Casa Grande e os escravos. Algo parecido se reproduzia nas cidades. É o primeiro grande salto em direção à desigualdade.

De um século para cá, melhoraram amplamente as condições de vida. Todavia, mantiveram-se as distâncias entre pobres e ricos. Tal desigualdade ocorre de forma previsível em processos de avanço econômico semelhantes aos nossos. Ocorreu na América Latina e no Sul dos Estados Unidos.

Já no século XX, essa matriz social vai se transformando, com a crescente industrialização. Mas por uma outra razão, mantêm-se as distâncias sociais: a desigualdade educacional.

Bem sabemos, o progresso traz complexidade em todos os azimutes. Multiplicam-se as dimensões do trabalho, da remuneração e de tudo mais. Porém, persiste a desigualdade educacional,

O assunto é complicado, pois nas sociedades modernas há diversos fatores influenciando a distribuição de renda (heranças, patrimonialismo, transferências e outros). Podemos, porém, simplificar, dizendo que a grande "culpada" pela segunda onda de desigualdade foi a Revolução Industrial que eclodiu há três séculos. Antes dela, afora dentre o clero e a burocracia, pouco adiantava ser educado. As pessoas eram muito parecidas, na sua extraordinária pobreza.

Mesmo nos países europeus, o nível de instrução não importava no mercado de trabalho, fosse de nobres ou artesãos. De fato, para a vasta maioria, a educação era de pouca serventia prática. O "cavaleiro andante" não precisava ir à escola para aprender a cavalgar e manejar sua enorme espada. Para pintar como um mestre flamengo, tampouco.

Os ofícios aprendiam-se com os mais experientes e o crescimento profissional passava longe dos livros, das escritas e das contas. Nessas sociedades tradicionais, ter sucesso dependia, sobretudo, de ser bem-nascido. A mobilidade social era ínfima. E, exceto para os escribas, estudos contavam pouco.

A leitura desenvolveu-se mais cedo nos países protestantes, mas o objetivo era ler a Bíblia, não aumentar a produtividade.

Com a Revolução Industrial, que toma corpo no século XVIII, desaba um vendaval de mudanças tecnológicas. Insidiosamente, o desempenho nas profissões passou a depender mais daqueles conhecimentos aprendidos na escola. Aumentou a proporção de informações adquiridas pela leitura e tornou-se necessário escrever com mais frequência. Por todos os lados, os usos dos números multiplicaram-se. Entender os princípios científicos das máquinas e processos produtivos ficou cada vez mais imprescindível. Mesmo as ocupações simples passam a requerer mais trato com a palavra escrita.

As catedrais góticas eram construídas praticamente sem plantas. Hoje, um reles "puxadinho" não se constrói sem elas, após um hipertrofiado processo burocrático para a aprovação da obra. Isso, para não falar dos desafios da informática. Muito do que era aprendido ao observar os outros ou ao ouvir os conselhos dos mais experientes passou a ser empacotado em livros e manuais.

E no mundo de hoje, além da destreza com o pincel, até um modesto pintor de paredes precisa ler e entender as instruções na lata de tinta, para saber quantas demãos, qual o solvente e a diluição recomendada.

Se todos tivessem a mesma educação, o sucesso continuaria a depender apenas de sorte, berço, esforço ou talento. Mas não é assim. E esse é o cerne da transformação. A escola tornou-se o grande filtro para a vida profissional. No sucesso de cada um na escola, delineia-se o seu futuro. Portanto, a escolaridade adquirida passa a ser o grande determinante da trajetória profissional futura. E, obviamente, da renda.

Quem tem mais e quem tem menos educação depende de fatores como: (i) a existência de escolas; (ii) o acesso às escolas de superior qualidade; (iii) o desenvolvimento cognitivo dos alunos antes mesmo de tomar contato com a escola; (iv) aqueles valores e expectativas que influenciam o grau de esforço devotado aos estudos e ao entrosamento com o mundo da escola.

Passo a passo, a escola vai filtrando quem irá mais longe. E dentro de cada nível atingido, privilegia quem aprendeu mais, dando-lhe mais chances de progredir. Em função disso, determinam-se as trajetórias profissionais mais promissoras.

De fato, como demonstram centenas de pesquisas, quanto mais bem sucedido na carreira escolar, maior a chance de subir as escadas do sucesso e dos proventos. Dentre os mais educados, poucos não têm seu esforço recompensado. E nos dias que correm, poucos têm êxito com escassa escolaridade. Não se trata aqui de gostar, achar ou discordar. É da lógica das sociedades modernas que isso seja assim, nas mais capitalistas e nas mais estatizadas.

Com a preeminência das empresas de alta tecnologia, já não bastam diplomas. Se examinarmos o currículo dos grandes empresários – as celebridades de hoje –, eles vêm quase todos das universidades mais prestigiosas do mundo. Harvard, MIT e Stanford têm presença desmedida.

Se esses raciocínios são corretos – e é difícil discordar deles – na raiz da nossa má distribuição de renda está a péssima distribuição da escolaridade. Portanto, é razoável acreditar que, sem mudar a educação, não lograremos reduzir muito as distâncias entre pobres e ricos.

É uma boa notícia, pois oferece uma receita veraz, clara e simples para lidar com a desigualdade. No entanto, é também uma lastimável notícia, quando consideramos as dificuldades de implementar o receituário.

Se não há escolas para os pobres, a solução é simples: que sejam construídas e operadas. Felizmente, nas últimas décadas, isso aconteceu no Brasil. Assim sendo, praticamente todos se matriculam. Em média, lá permanecendo por 12 anos. Porém, essa é a barreira mais fácil. O grande escolho são as enormes diferenças na educabilidade de cada um e na qualidade da escola a que tem acesso.

As exceções estão nas artes e nos esportes que dependem pouco da escolaridade adquirida. Em uma escolinha de futebol, o pivete talentoso e dedicado pode virar celebridade. E o filho do desembargador pode ficar eternamente "no banco".

Contudo, na educação acadêmica não é assim. Os conhecimentos, os hábitos de trabalho e os estilos de convivência requeridos para o sucesso escolar circulam livremente no entorno do menino rico. Com isso, ele chega à escola já sintonizado com suas exigências. Em contraste, nas famílias pobres, chegar à escola é chocar-se com um mundo desconhecido, senão hostil. Podemos questionar se tal circunstância é justa ou injusta, mas é da natureza dos processos envolvidos.

Paradoxalmente, a origem das maiores dificuldades acontece nas universidades medievais, pois a escola acadêmica nasceu nelas, totalmente voltadas para a nobreza e o clero. Propõe, inicialmente, lidar com temas rarefeitos como Teologia, Filosofia e Direito. Portanto, nasce em berço aristocrático e calibra a sua linguagem para este público. Quando é estendida para os níveis iniciais e, mais adiante, inclui o grande público, retém seus estilos. Isso ocorre, mesmo quando se propõe a abordar assuntos mais práticos ou alunos de origem mais modesta. Não consegue livrar-se de seu atavismo de origem. Daí que as camadas mais modestas tenham grandes dificuldades para entrar em seu mundo abstrato, nos seus malabarismos lógicos e na sua linguagem formal. Esse tema será retomado mais adiante.

Em grande medida, as famílias mais ricas detêm a chave do sucesso educativo dos filhos. A literatura científica francesa falava da família educógena (*la famille éducogene*), ou seja, aquela que acredita em educação e domina as técnicas de apoiar e eficazmente os filhos. Infelizmente, são poucas as famílias pobres que conseguem a mesma proeza.

O resultado é o que todos conhecemos. Como demonstra a econometria, a educação dos pais é o mais forte determinante do sucesso escolar dos filhos. E, por sua vez, esse é um excelente preditor do seu sucesso econômico.

A tese de doutoramento do professor norte-americano Stephen Heyneman (1976), na Universidade de Chicago, é um aparente e interessante contraexemplo. Pesquisando alunos de Uganda, não encontrou correlação entre status dos pais e desempenho dos filhos na escola. Mas isso parece resultar do fato de tratar-se de uma sociedade muito primitiva, onde a escolaridade ainda não tinha impacto significativo no desempenho profissional.

Em contraste, nas milhares de pesquisas sobre o assunto, a correlação é sempre alta, pois vivemos em sociedades em que as posições mais desejadas exigem cada vez mais e melhor escolaridade.

Tudo isso nos leva à conclusão inevitável de que as causas da desigualdade são profundas e bem instaladas. Eliminá-la é tarefa ingente, ainda que inevitável.

Tudo começou na primeira Revolução Industrial. Já estamos na quinta. Cada uma que chega requer mais daquilo que é mais difícil para os pobres de adquirir: educação de qualidade.

Sendo assim, o trajeto é árduo e longo. As soluções são muitas, mas citaria apenas o início mais precoce da escolarização e boas escolas para todos. Não há caminhos fáceis e é preciso pagar o custo político. Ainda assim, é uma guerra que não pode ser evitada.

Na próxima seção, tentaremos explicar por que os mais pobres têm tantas dificuldades na escola.

Por que é tão difícil reduzir a desigualdade?

Abrir escolas e matricular nelas a juventude é o primeiro passo para o progresso. Isso fizemos, ainda que tardiamente. Porém, os passos seguintes são muito mais desafiadores. Reduzir distâncias entre pobres e ricos revela-se uma tarefa hercúlea para a escola e os avanços são lentos.

Na seção anterior, constatamos a suprema relevância da escolaridade para o sucesso em sociedades modernas. Aqui, tentamos esmiuçar por que é tão difícil para os pobres competir com os filhos de famílias mais educadas.

Sociedades muito desiguais, como a nossa, contam com a educação para reduzir as distâncias entre ricos e pobres. Porém, espíritos conspiratórios acusam os ricos de impedir uma boa educação para os pobres. Verdade?

Não é difícil acreditar que os nossos ricos não se empenham tanto na melhoria das escolas dos mais pobres. Mas daí a denunciar uma conspiração deles contra os pobres vai uma grande distância.

Na prática, não precisamos perder tempo com tais versões conspiratórias, pois a distância entre pobres e ricos na escola é determinada por forças muito mais poderosas do que supostas tramas hediondas. Há fatores mais inexpugnáveis, impedindo a redução das desigualdades. E estão vigentes, não apenas em nossas terras tupiniquins, mas por toda parte. Ou seja, imaginar uma conspiração é perder tempo com uma teoria deveras frágil. Por tudo que sabemos, as causas são outras.

Para documentar a ubiquidade e robustez dos fatores que geram a desigualdade, tomemos dois países emblemáticos.

Os Estados Unidos são um dos berços da democracia, a terra sonhada das oportunidades e onde, desde o século XVIII, se acredita e investe pesadamente em Educação. Por muitas décadas, foi o país com maiores níveis de escolaridade. Sendo assim, vale a pena examinar o papel da escola para reduzir as desigualdades.

Foi realizada, em 1966, uma pesquisa gigantesca com escolares, conhecida como *Coleman Report*. Surpresa. Nela observou-se que, ao longo das séries, a desigualdade inicial entre alunos pobres e ricos (ou negros e brancos), em vez de se reduzir, era amplificada pela escola (a única exceção era a Nova Inglaterra, onde a havia uma modesta redução). Ou seja, o caríssimo sistema educacional americano não conseguia sequer impedir a desigualdade de aumentar.

O segundo exemplo é Israel. Além da obsessão da cultura judaica pela educação, o país convive com ameaças externas. Assim sendo, não pode descuidar-se de promover a integração dentro da sua própria sociedade, para melhor enfrentá-las. Portanto, tem todas as razões para tornar mais parecidos os filhos de imigrantes que lá chegam, vindo de sociedades com níveis de desenvolvimento muito diferentes. Em particular, os asquenazes, vindo da Europa, vêm com muito mais afinidade com o mundo da escola que os sefaradim, do Mediterrâneo.

Sendo assim, há razões culturais e de segurança para que as escolas de Israel tentem promover a redução das distâncias entre os dois grupos. No entanto, uma pesquisa da Lear Foundation, na década de 70, mostrou que isso não acontecia.

As distâncias não se reduziam, apesar do espírito igualitário americano e das fortes tradições educacionais judaicas. Essa é uma conclusão alarmante. Que fatores profundos explicam esta impotência da escola para evitar que os alunos se formem ainda mais desiguais do que entraram? Se fosse uma conspiração, seria até mais fácil neutralizá-la.

Parte da explicação está nos valores, nas atitudes e nos hábitos que são moldados no seio da família. Os lares mais educados transmitem aos filhos uma socialização que favorece os bons resultados.escolares. Hoje, falamos também dos fatores socioemocionais. Mas exploramos aqui, apenas, o lado cognitivo.

Desde a Grécia clássica, a escola tem a linguagem como denominador comum. Faz sentido, pois pensamos com palavras. Para estabelecer a comunicação precisa, sob a qual operam as sociedades modernas, usamos palavras, obedecendo a regras estritas. Cumpre sempre mapear diferenças sutis no seu sentido. Na escola, palavras transmitem todos os assuntos do currículo. O ponto de partida das desigualdades é que as famílias pobres ou menos educadas usam a linguagem de forma diferente da escola, esta última chamada de "norma culta".

Em 1995, B. Hart (médico e psiquiatra inglês) e T. Risley (professor queniano) realizaram um estudo em que estimaram o estilo de interação das crianças com os pais. Contaram também o número de palavras já ouvidas, quando as crianças atingem os três anos de idade. Os resultados desafiam a imaginação. Crianças de famílias bem-educadas, ouviram 30 milhões de palavras a mais do que as outras, de origem pobre. Estas, além de conhecerem menos palavras, praticavam uma interação verbal mais tosca e limitada. Não surpreende que, ao chegarem na escola, tinham grandes dificuldades em acompanhar o seu ritmo. São trágicas as consequências de não aprender na idade certa as palavras e sua articulação rigorosa, pois são a matéria prima do pensamento e da vida escolar.

Quem, aos três anos, já ouviu 30 milhões de palavras a mais tem um repertório muito mais amplo. Por exemplo, temor, medo e pavor são manifestações da mesma ideia, em diferentes graus. Um vocabulário estreito perde tais nuances, tornando o pensamento mais impreciso e menos analítico.

Uma tese equivalente é ilustrada por outra linha de estudos. Serviu de metáfora o livro *Mowgli, o menino-lobo* (Rudyard Kipling). Criado pelas lobas, até ser resgatado, Mowgli não aprendeu palavras, é óbvio. Perguntam retoricamente os pesquisadores: poderia aprender a pensar? Segundo os linguistas e psicólogos, estaria totalmente incapacitado para operar como uma criança normal que, desde cedo, lidou com palavras, seu significado e suas conexões. Pensamos com palavras. E se as temos poucas ou vagas, pensamos mal. É uma hipótese muito persuasiva, porém difícil de ser testada empiricamente, pois os casos reais de isolamento na infância dificilmente deixam de ser traumáticos. E, sendo assim, como separar o efeito do trauma do desconhecimento de palavras?

Apenas para ilustrar essa noção, examino o meu próprio caso. Penso razoavelmente bem em português, espanhol e inglês. Em francês, meu pensamento não flui tão bem. Entretanto, em alemão, língua que não chego a dominar, sou bem burrinho. Minhas frases são toscas e sem refinamento. Não consigo dizer exatamente o que gostaria. Penso como alguém que possui ínfima escolaridade.

Há uma terceira linha de estudos, em um campo conhecido como sociolinguística. Basil Bernstein (sociólogo britânico) estudou a forma de comunicação entre pessoas com diferentes níveis de escolaridade. Dentre os menos educados, o que é dito faz sentido apenas no contexto vivido naquele momento. "Me dá esse negócio aí", só é inteligível para quem está presente. Ora, a linguagem da ciência, dos contratos e dos manuais, por necessidade, tem que prescindir de contexto.

Embora os pobres usem a mesma língua, fazem-no de formas distintas. Cedo, as famílias educadas acostumam seus filhos a usarem uma linguagem que não requer o contexto para ser entendida. Na escola, isso vai lhes trazer fortes benefícios, pois assim estão formulados os conhecimentos do currículo.

Na interação com os pais educados, há perguntas e respostas, de ambos os lados. A curiosidade é despertada e alimentada. As crianças tropeçam nos livros espalhados pela casa. Comparados com aqueles criados em famílias de escassa educação, ao atingirem a idade da escola, as diferenças já são gigantescas. Considere-se que filhos de gente educada chegam na escola conhecendo dez vezes mais palavras do que outros de origem modesta.

Que fique claro, quase sempre, pobres e ricos tendem a frequentar escolas muito diferentes. Equalizar sua qualidade é uma obrigação cívica de todos. Porém, trata-se de uma tarefa hercúlea e estamos longe de haver estreitado essa distância.

E como sugere a presente seção, oferecer escolas de excelência para todos ainda é insuficiente. Pelas razões apontadas, há causas mais profundas para a diferenciação do desempenho. Portanto, o desafio é muito mais assustador.

Entretanto, não temos opção senão enfrentá-lo com coragem, determinação e criatividade. Com boas escolas e pré-escolas, a geração seguinte terá melhores chances de ser menos desigual. E há estratégias de curto prazo interessantes, como ensinar aos pais a estimular intelectualmente os seus filhos.

Outra diferença fundamental é a percepção do papel da educação no futuro do filho. Quanto mais alto na sociedade, mais o sucesso escolar é inegociável e maior a centralidade do assunto. Nas classes mais elevadas, mesmo as brasileiras, há uma expectativa de que "é preciso fazer faculdade". No extremo da escala, pais judeus e orientais exercem uma pressão avassaladora sobre os filhos. Não se discute se vai estudar, é um imperativo pétreo. Em contraste, quanto mais modesta a família, mais ambígua é a orientação paterna. Hoje, os pobres frequentam a escola, mas o insucesso é visto como uma fatalidade: "a cabeça dele não dá para os estudos.".

Cedo, muitos jovens de classe mais alta concluem que educação pode ser um fardo pesado, mas é inevitável. É preciso empenho, força de vontade e isso consome muito tempo. Se vacila a dedicação deles, estão aí os pais, com ameaças medonhas. Ou com subornos. Ou com professores particulares. Não é assim com os mais pobres.

Pelas causas mencionadas, parece quase impossível igualar a educabilidade de crianças de diferentes classes sociais. Em sociedades como a nossa, a história da desigualdade é tão antiga quanto o país. É preciso ser realista. Não obstante, temos que nos preocupar com o tamanho da distância. Essa pode e deve ser reduzida.

Aqui entra em cena a necessidade imperiosa de melhorar a qualidade das escolas públicas. Sem isso, não há lei ou fervor político que gere avanços tangíveis.

E como demonstram as sociedades do Extremo Oriente, se ao Estado cabe oferecer uma boa educação, é também preciso um forte grau de dedicação dos alunos e de suas famílias. Ganhar educação não é como ser sorteado na loteria. É apenas uma porta que se abre para um processo longo e penoso de aprender o que está no currículo. Em países como o nosso, ambos os lados são trôpegos.

Infelizmente, isso é verdade até para as nossas elites econômicas. Não se observa a mesma pressão avassaladora, exigindo esforço e dedicação dos filhos. Ao contrário de sociedades avançadas, a malandragem é tolerada.

A mensagem principal desta seção é mostrar que são muito grandes as distâncias entre pobres e ricos ou educados e não educados. E a escola tem dificuldade em reduzi-la. Se fosse apenas uma conspiração dos ricos seria até mais fácil superar. Na raiz do problema está a distância dos mais pobres daqueles estilos de comunicação entre pais e filhos que determinam a educabilidade. Por outro lado, quase tudo na escola flui por meio de palavras – sobretudo, a escrita. E é no trato com as palavras que se diferenciam as crianças, antes mesmo de pisarem na escola.

Capítulo 2

Os árduos desafios de decifrar o mundo

"Cada um tem o direito de dizer o que pensa ser a verdade. E qualquer outra pessoa tem o direito de destroçar suas crenças." (Samuel Johnson)

O presente capítulo lida com as dificuldades para entender o mundo da educação. Muitos de nós perseguimos o desafio de consertar o que está errado. Entretanto, se não partirmos de um diagnóstico correto, a chance de acertar nos reparos fica seriamente comprometida.

A natureza esconde seus segredos. Um cientista é como um detetive, tentando decifrar os mistérios do mundo. Não bastassem as dificuldades intrínsecas da busca pela compreensão, a nossa própria cabeça nos ilude. Ou seja, parte da dificuldade está não em decifrar a natureza, mas em cacoetes ou maus hábitos intelectuais de nossa parte. Tropeçamos nas nossas vaidades e evitamos ter a autoestima chamuscada. Pior, somos presas de ideologias que direcionam o nosso pensamento, obliterando nossa capacidade de livremente observar e pensar.

Sendo assim, não se trata, apenas, de entender a educação, mas de entender, também, como e por que nos equivocamos tanto ao tentar entendê-la. De fato, o caminho é minado por preconceitos, vícios de compreensão e filtros ideológicos espessos demais.

Quando discordam de nós, a primeira reação é de surpresa. Não entendemos como alguém pode duvidar do que dissemos e acreditar em uma outra versão estapafúrdia. Alguns até se enfurecem com isso. Mas quem garante que não estamos equivocados?

A natureza é tinhosa e esconde bem seus segredos. Desvendá-los é o desafio de qualquer cientista. É inevitável, cometemos erros ao tentar decifrá-la. Porém, cometemos outros tantos, pelo fato de que as emoções entram de contrabando no nosso julgamento. Enxergamos a realidade, mas ela vem colorida pelas nossas crenças, superstições, ideologias ou tudo junto. Como disse Saint-Exupery, escritor e ilustrador francês, "é a nossa luta desesperada contra a evidência".

Como nos dizia o psicólogo alemão H. Eisenck: "Sempre tive comigo que o cientista deve só uma coisa ao mundo: a verdade tal e qual ele a vê. Se a verdade contradiz profundamente as crenças estabelecidas, paciência... Na ciência, uma só coisa importa: os fatos.".

Já se vão alguns séculos, desde que o Iluminismo proclamou o império da razão, pelo menos, quando o assunto é importante. Mas confrontados com a quantidade de besteiras em circulação e com as crendices de gente que pareceria lúcida, podemos constatar que os avanços foram menores do que esperávamos. Vivemos em um semi-iluminismo.

De meio século para cá, os princípios do Iluminismo foram reforçados pelo desenvolvimento da pesquisa e de seus métodos. De forma sistemática, estudos bem-feitos mostram quais ideias se aderem à realidade e quais não passam de miragens, carentes do endosso dos fatos observáveis. Nesse contexto, é chocante constatar que, com espantosa frequência, optamos por acreditar em quimeras. O império da razão ainda é frágil.

Sendo assim, exploramos neste capítulo as maneiras pelas quais se geram tolices descoladas da realidade. E, também, como somos pouco cuidadosos, levianamente tomando ideias frágeis como verdadeiras.

A contaminação das ideias pelas nossas crenças

Está diante de nós o permanente desafio de decifrar a realidade. É um laborioso trabalho de detetive, tentando desvendar os segredos da natureza. Podemos, honestamente, equivocar-nos nas explicações. Porém, aqui examinamos os equívocos gerados pela nossa frequente inapetência para ouvir os dados. Em vez disso, preferimos ouvir nossos pares e nossos gurus. O conforto emocional de estar próximos dos amigos e a crença pouco crítica em alguns gurus trazem distorções profundas no processo de captar o mundo real. Ou seja, nossas ideias podem ser contaminadas pelas nossas crenças.

Charles Darwin foi um dos maiores cientistas de todos os tempos. A evolução das espécies é o marco zero da biologia moderna. Hoje, os poucos que discordam dele não têm uma formação científica nas ciências que testam suas hipóteses. Mas, quem sabe, as angústias dele podem também nos ensinar uma outra lição?

Vindo de família religiosa, ele próprio foi ordenado pastor da Igreja Anglicana. Era amigo próximo de teólogos ilustres e de figuras destacadas do clero inglês.

Ao longo de seus persistentes estudos, foi tomando corpo em sua mente o núcleo de ideias que se revelaram centrais na sua obra: a evolução das espécies. Tais ideias, porém, entravam em rota de colisão com as de seus amigos e benfeitores anglicanos, seguidores de uma interpretação literal da Bíblia.

De fato, sua Teoria da Evolução era anátema à igreja dos seus amigos próximos. Aflora, então, o seu dilema: Defender suas teorias e chocar-se de frente com quem estimava e respeitava? Ou calar-se? As alternativas eram defender a sua teoria, brigando com seus amigos. Ou ficar com o conforto emocional de ser benquisto por eles, porém intelectualmente revoltado. Sentia-se tão torturado por esse dilema que ficava doente e tinha que se recuperar em estações de água. Por décadas, adiou a revelação de sua teoria. Porém, após anos de sofrimento, optou pelo que lhe ditava a razão. Entre a razão e a emoção, ficou com a primeira. Ou seja, portou-se como um verdadeiro cientista.

Esse exemplo serve de mote para perguntar como as pessoas costumam formar as suas percepções em assuntos importantes. Comecemos com o dilema de Darwin: razão ou pertencimento? Ele ficou com a razão.

Estudos recentes começam a sugerir quais são os caminhos percorridos pelas cabeças das pessoas para formar suas opiniões. E, infelizmente, muitos optam pelo conforto emocional, distanciando-se do que diz a razão. E, com frequência, nem percebem o colossal equívoco cometido.

O caso de Darwin é muito linear. Sua cabeça estava clara, faltava apenas coragem para enfrentar o vendaval de críticas – o que realmente aconteceu. Contudo, convivemos com situações ou encruzilhadas bem mais confusas. E nem temos consciência dos caminhos que nos levaram a acreditar nisso ou naquilo.

Daí a importância de entender a origem das nossas crenças. Se melhor decifrarmos os nossos mecanismos mentais, mais preparados estaremos para evitar os falsos caminhos para entender o mundo.

Ao que parece, a equação tem mais de um fator ou circunstância. Como mostram estudos recentes, três aspectos se destacam.

O primeiro é uma questão de Psicologia Social. Trata-se da *enorme necessidade que temos de pertencer a um grupo e de sermos aceitos nele*. Como aconteceu com Darwin, foi penoso discordar, era quase como trair os amigos. *Sentimos um impulso emocional e espontâneo* de alinhar nossas crenças e opiniões com as do grupo que frequentamos e com as pessoas que respeitamos. Talvez até seja menos uma pressão explícita de nossos pares (ou gurus) e mais um desconforto de nossa parte ao divergir das ideias nele compartilhadas.

O segundo aspecto é que *damos muito peso às opiniões de pessoas próximas de nós.* Mesmo os nossos valores fundamentais são contaminados pelas crenças de pessoas em quem confiamos, sejam amigos próximos, sejam gurus. Em muitos casos, são formados dentro do nosso grupo primário. Desconsideramos a pesquisa publicada em periódicos confiáveis e prestigiosos e, sem pestanejar, embarcamos na opinião de quem admiramos. E como saber se não passa de um punhado de tolices? Se meu amigo mais sabido acha que é assim, então, acho também. E tudo acontece de forma insidiosa. Não percebemos facilmente a derrapagem. É como se fôssemos hipnotizados pelos nossos amigos e gurus.

Mas que fique claro, há uma hierarquia de credibilidade nas interpretações da realidade. Há grupos que estudaram mais de 20 anos, antes de tentarem deslindar um problema. Interagem com seus pares, igualmente preparados e igualmente prontos para encontrarem falhas em alguma etapa do processo. Os resultados são submetidos a comitês editoriais, antes de serem aceitos para publicação. Além disso, há jornalistas/cientistas capazes de traduzir os resultados em uma linguagem comum. O peso das conclusões ou hipóteses obtidas por esta via é muito maior do que os palpites de quem não tem preparo e não se dedicou longamente a estudar o assunto.

O terceiro aspecto é o chamado *"viés de confirmação"*. Como sugere a expressão, vem depois. Acontece quando a evidência não precede a decisão de que ou em quem acreditar. Dentro do mundaréu de informações disponíveis, inconscientemente, aproximamo-nos daquelas que confirmam nossas crenças. Se contrariam, não lemos, não ouvimos, não prestamos atenção. Por muitos estratagemas diferentes, simplesmente, ignoramos as fontes mais confiáveis. Para arrumar nossa cabeça, temos que descartar o contraditório. Vagamente, podemos ter consciência de havermos traído a razão. No entanto, escondemos isso de nós mesmos.

Não há como negar que esses mecanismos são fatores de estabilidade social e de conforto emocional, ambos relevantes. Se estivermos em permanente desacordo com quem nos cerca, a vida torna-se infernal.

Entretanto, não podemos nos iludir, achando que a razão informou nossa escolha. De fato, tendemos a usar pouco a razão para examinar friamente a realidade. Não questionamos as fontes e a veracidade das informações recebidas. E, ainda menos, perguntamos a nós mesmos por que queremos acreditar nisso ou naquilo. Isso porque a resposta pode ser desconfortável.

Em suma, embarcamos na opinião dos amigos ou na ouvida de alguém que nos parece crível. Porém, esse aconchego emocional é uma formidável barreira ao avanço do nosso conhecimento.

Note-se, isso não é uma perversão sistêmica do nosso comportamento. Não temos tempo e nem ferramentas analíticas para verificarmos tudo que ouvimos ou lemos. Sendo assim, endossar o que pensa o grupo que nos está próximo é perfeitamente racional. Porém, uma coisa é acreditar que manga com leite faz mal ou que "friagem" traz resfriados. Não passam de bobagens, mas de menores consequências. A dificuldade é que quase tudo exige tempo para verificar. E tempo é o mais precioso bem que possuímos. Sendo assim, não comemos manga com leite e seguimos nossa vida.

Contudo, em assuntos de maior relevo, aceitar sem crítica as opiniões dos nossos pares pode ser um erro grave – no caso do presente livro, tratamos dos assuntos de educação. Tomando um exemplo já apresentado, se acreditamos que a nossa educação está cada vez pior, essa noção nos encaminha para problemas atuais, e deixamos de reconhecer outros, pelo menos tão importantes e que vêm de um passado remoto. E as curas são erradas, se for equivocado o diagnóstico.

Cientistas são mais cuidadosos nos assuntos da sua especialidade, pela mesma natureza do seu ofício – e pelo temor de que outros pesquisadores denunciem cabalmente os seus erros. Mas não são isentos desses pecados. Muitas vezes, misturam suas ideias com suas crenças e ignoram o que não se encaixa na teoria. Daí os desacordos, de resto, que podem ser ferozes.

Mas há uma diferença, em contraste com os nossos desacordos no cotidiano. Nas suas tentativas de demonstrar alguma hipótese, os cientistas operam sob regras minuciosas e rígidas, concebidas para determinar quem tem razão e quem se distanciou mais da verdade observável. Na ciência, as controvérsias têm desfecho – mais cedo ou mais tarde.

E o que é igualmente poderoso, ganha prestígio quem demonstra os erros dos outros. O segredo da ciência é não dar impunidade às ideias erradas. Estão aí e podem ser desnudadas. Cedo ou tarde, haverá um outro cientista antipático denunciando o equívoco. Se ele tiver razão, ganha pontos e quem diz besteiras perde credibilidade. Em outras palavras, a ciência até depende da honestidade intelectual de cada um. Mas não apenas dela, depende até mais da competição entre cientistas, cada um tentando fazer desmoronar as teorias do adversário. Daí a ânsia de achar erros ou criticar o trabalho alheio. Até conta pontos na carreira.

Ao longo de décadas, Newton – um dos gênios da Física – e Leibniz – Matemático alemão – se odiavam. Buscar equívocos do rival era um assunto central em suas carreiras. Essa concorrência pode ser tão relevante quanto a honestidade intelectual de cada um.

Porém, na ciência, não dá um passo à frente quem simplesmente afirma que as conclusões do colega estão erradas. Achar isso ou aquilo ou dizer que discorda não leva a parte alguma. A única crítica que pesa é a identificação precisa de erros de procedimento, de amostragem, de lógica, de argumentação e até de erros de conta. Essa é a força da ciência.

Na história tumultuada do que poderia vir a ser a bomba atômica alemã, houve um erro de conta. Justamente, no cálculo da massa crítica de urânio enriquecido, necessária para criar uma reação em cadeia. Eisemberg (físico alemão) errou de propósito, por não confiar na liderança nazista? Até hoje, não sabemos.

Na corrida para desvendar o que veio a ser o DNA, Watson (biólogo norte-americano) e Crick (biólogo molecular e biofísico britânico) descobriram um erro em uma equação proposta por Linus Paulus (químico norte-americano). O concorrente mais sério e consagrado Prêmio Nobel. Congruente com a lógica da competição entre cientistas, naquele momento, decidiram calar-se, para fazer o adversário perder tempo.

Vejamos outro exemplo mais próximo de nós. Ao início dos anos 90, o Ministério da Educação e Cultura (MEC) acreditava piamente que, entre o primeiro e o segundo ano primário, havia uma deserção de 50%. Ou seja, metade dos alunos se evadia. Por casualidade, eu dirigia a área social do Instituto de Pesquisa Econômica Aplicada (IPEA) e atendi a um pesquisador americano, à busca de financiamento para o seu trabalho. O tema proposto por ele havia perdido o interesse no Brasil, mas perguntei se estaria disposto a estudar esse início de escolarização, pois me sentia desconfortável com a versão oficial do MEC. O estudo foi aprovado. Em um par de meses, usou um modelo de fluxos escolares, aplicado anteriormente por Teixeira de Freitas (jurista e estatístico brasileiro) e baseado no trabalho do demógrafo italiano, G. Mortara. Philip Fletcher encontrou um outro resultado para a evasão. E não era pouca a diferença. Em vez de 50%, era 0,7%!

Mas quem diz que o encarregado das estatísticas do MEC aceitou tal revolução nos números? Aferrou-se aos seus, até o fim do governo, quando deixou a posição. A nova encarregada, uma física da Universidade de São Paulo (USP), levou um nadinha para ver o erro do MEC. Por que o velho funcionário não aceitou a nova estimativa? Pelo que se pode conjecturar, ele havia se casado com a explicação antiga, gastou imenso tempo com ela e defendeu-a das críticas. No fundo, defendia a sua autoestima. A nova explicação era um golpe na sua vaidade profissional. Portanto, inaceitável.

Nesse caso, não havia razões ideológicas, religiosas ou políticas. Simplesmente, no passado, ele havia escolhido um modelo de estática comparativa, quando o certo seria um modelo de fluxos, como o usado pelo Fletcher. Preferiu, consciente ou inconscientemente, continuar aferrando-se a uma opção errada. Admitir o erro seria demasiado penoso.

Já que falamos de Darwin, Louis Agassiz, o festejado cientista suíço- americano, não acreditava na Teoria da Evolução. Saiu de Harvard para vir ao Brasil, com o propósito de fazer estudos geológicos que destruiriam os argumentos de Darwin. Não conseguiu. Ou seja, não basta ser famoso para destruir a teoria do colega. É preciso evidência robusta, o que não encontrou.

Mesmo em temas candentes, o processo pode demorar, mas acaba chegando-se a um desfecho. No caso da Teoria da Evolução, não há mais cientistas destacados questionando as suas ideias mestras. Assim caminha a ciência. Mas é preciso entender, como nos dizia T. Kuhn (físico e historiador), os proponentes da teoria velha não mudam de opinião. Apenas, ao morrer saem de cena.

Podemos falar de um ciclo de vida de algumas teorias. Prevalecia uma visão anterior, tranquilamente aceita. Em seguida, espocam as ideias revolucionárias, trazendo turbulências – por exemplo, a Teoria da Evolução. Finalmente, volta à tranquilidade, quando a nova teoria se revela vitoriosa – e os seus opositores estão quietos, nos cemitérios.

Um marcador do atraso de uma sociedade é dar menos peso à razão do que à emoção, pelo menos, em assuntos relevantes. O progresso poderia ser mais célere se tivéssemos mais consolidado o hábito desconfortável de perguntar como formamos as nossas opiniões. O que mostram os fatos? Que peso científico têm as ideias discordantes?

Aliás, o grande tema subjacente deste capítulo não é educação, mas como formamos nossas opiniões acerca dela. Isso é também uma questão de cidadania consciente.

Falamos de Darwin criador de controvérsias que tiveram vida longa. No que segue, continuamos no mesmo assunto, percorrendo vários outros exemplos de problemas encontrados no processo de decifrar o mundo real.

"Caboclinhas", indignações e a nossa imaturidade intelectual

Participando em uma seção do Senado, fiz comentários sobre o efeito positivo de caboclinhas casando-se com cientistas estrangeiros e que passaram a viver no Brasil. Mas isso não passou de um comentário, à margem, após críticas contundentes que fiz ao Plano Nacional da Educação. As caboclinhas geraram um vendaval de indignações. E não se registrou uma só refutação dos meus comentários vitriólicos sobre o plano.

O caso ilustra a contaminação da política e da ideologia em assuntos sérios de educação. O furacão desviou-se de um assunto seríssimo e dirigiu-se ao lado subalterno, uma nota de rodapé, minúscula. Tal incidente ilustra como o filtro ideológico obstrui o exame sério da educação.

No Senado, ataquei furiosamente o Plano Nacional da Educação (PNE). Durante os debates, alguém mencionou um cientista estrangeiro que arribou no Nordeste, porque havia se casado com uma caboclinha local. Em tom de brincadeira e diante da dificuldade de acumular capital humano de qualidade, comentei o papel relevante dos casamentos dessas moças, contribuindo para reforçar a ciência brasileira.

Surpresa! Apesar das minhas invectivas virulentas contra um documento de magna importância, na discussão que se seguiu, nem um só comentário sobre o PNE. Em vez disso, fui crucificado nas redes sociais pela minha tirada sobre as caboclinhas. Sociedades de educadores e físicos protestaram zangadas e ofendidas pela minha proposta.

Como mostra a história, multiplicam-se os exemplos de cientistas e outras gentes importantes vindos para o Brasil, por haverem se casado com brasileiros ou brasileiras. O primeiro caso de nota é a Princesa Leopoldina, geóloga talentosa e que se mudou para cá, como esposa de um caboclinho, o português D. Pedro I. Aqui, fez um trabalho importante na independência e nas ciências naturais.

Mas esse não é o tema desta seção. E tampouco estou sofrendo pelas críticas destas sociedades. Já me acostumei a elas. É o preço de dizer o que penso – aliás, nada garante que esteja sempre certo.

O que interessa é o exemplo do forte protesto, criado por meus comentários sobre as caboclinhas. O público está diante de duas afirmativas. Uma é uma brincadeira sobre casamentos que atraem pessoas úteis para o Brasil. Uma questiúncula na história da ciência. Outra é o PNE, o plano que governaria a educação no país por dez anos.

O primeiro comentário pode ser considerado como racista, como irrelevante ou como de mau gosto. Na discussão presente, importa pouco. Mas, importa ser um assunto que passa longe dos problemas graves do Brasil.

O segundo comentário é uma séria acusação contra a leviandade, inviabilidade e distanciamento entre o PNE e a realidade brasileira. Disse e continuo insistindo, há faltas graves no documento magno da nossa educação. Porém, ninguém se interessou por isso.

Tampouco importa aqui se meus comentários são procedentes, frívolos ou equivocados. Não é esse o tema. O que mais importa é que, pela relevância do PNE, as críticas a ele mereceriam ser discutidas ou até refutadas, se fosse o caso. Ao rever o que foi dito e o que saiu nas redes sociais, não encontrei um único comentário sobre o PNE e minhas críticas a ele. Havia apenas invectivas contra meus comentários sobre as caboclinhas.

Dá o que pensar. Duas sociedades que se pretendem "científicas", ignoram minhas críticas ao plano e concentram suas raivosas baterias em uma irrelevância. Que seja uma piadinha de mau gosto, pouco importa, continua sendo um assunto menor, diante da gravidade da crítica que ofereci. Igualmente decepcionante foi o papel da mídia, também ignorando o PNE e reproduzindo os protestos. A única voz dissonante foi a do então Senador Cristovam Buarque. Entrevistado, descartou a importância do incidente.

Fico me perguntando o que se passa na cabeça dessas sociedades. Onde está a sua capacidade de selecionar os assuntos a merecer seu tempo e energia? Especulando, parece que temas da moda, como racismo, despertam emoções incontidas. E falta energia para os temas de suprema relevância para a educação do país.

Uma segunda suposição é que criticar as minhas críticas ao PNE dá trabalho. Em contraste, ajuntar adjetivos de grande veemência contra o autor dos comentários é bem mais fácil e politicamente "produtivo". É até um belo exemplo de *argumentum ad hominem*, por substituir uma discussão séria por acusações ao seu autor.

Uma terceira opção é que o objetivo foi puramente político-ideológico. "Caboclinhas" gera palavras de ordem, gera indignação nas massas. E refutar críticas é um assunto frio, sem magnetismo. Portanto, não é matéria-prima para mobilização política.

Juntando tudo isso, impõe-se uma conclusão. Política e ideologia contaminam qualquer discussão séria sobre temas de educação – e muitos outros. Como necessitamos de uma interpretação correta da realidade, para embasar as políticas educacionais, todo cuidado é pouco.

A ciência acerta, mas seus caminhos são tortuosos

A presente seção pode ser lida como um apêndice metodológico, diante das divergências na interpretação da realidade, tratadas anteriormente. E como tentaremos demonstrar, para dirimir tais dúvidas, basta usar, rigorosamente, as regras de funcionamento da ciência.

Tendemos a ser descuidados ao formarmos opinião sobre assuntos importantes. Acreditamos em bobagens, abrimos espaço para as emoções – onde não deveriam estar. O óbvio antídoto é a ciência, com suas regras bem definidas de como dirimir as nossas dúvidas acerca realidade observável. Todavia, é preciso conhecer os limites da ciência, ela nada diz sobre valores e julgamentos.

As ciências podem travar, diante de dificuldades. As respostas podem tardar, há ziguezagues na busca, mesmo diante de questões angustiantes – como epidemias. Tais limbos no conhecimento podem criar na sociedade hiatos de balbúrdia intelectual e erupções emocionais.

Que fique claro, não se trata de culpar os métodos da ciência, como se houvesse neles alguma perversidade. A natureza não se deixa decifrar com facilidade. Podem faltar boas teorias, técnicas apropriadas, instrumentos ou medidas adequadas. Ou até, naquele momento, o problema é complicado demais. Não obstante, com o tempo, a tendência é que sejam progressivamente refutadas as hipóteses na contramão do que se alcança observar.

Porém, esse processo pode ser irritantemente lento. As discussões entre pesquisadores podem ser ácidas e confusas. Ainda assim, cedo ou tarde, nasce a convergência. A boa ciência é a que sobreviveu à tortura da crítica e dos críticos. Sem entender esta dinâmica, corremos o risco de desprestigiar a fonte mais confiável de conhecimento sobre a realidade: a observação.

Para explorar o papel da ciência nesses assuntos, daremos uma grande volta. Visitaremos a física e a medicina, antes de voltar para a educação.

Nas proezas do *Homo sapiens,* durante milênios, a ciência era um bebê, de pouca serventia. Alguns gregos observaram a natureza. Outros formularam hipóteses engenhosas a respeito dela. Mas não juntaram uma coisa com a outra e não exploraram sistematicamente a realidade observável. A medicina tradicional – incluindo a chinesa – sempre teve boas intuições. Mas não foi muito além disso.

Lá por volta do século XVII, Francis Bacon (cientista e político inglês) formulou de forma clara a lógica da ciência. No seu cerne, está o casamento da teoria com a observação da realidade. Segundo ele, quem quiser que invente sua teoria. O campo é livre, crie-se à vontade. É assim mesmo. Porém, chegará a hora de confrontá-la sistematicamente com o mundo real. Nesse vai e vem entre a abstração e a realidade observável nasceu e cresceu espantosamente a ciência. Seu campo se expandiu, na medida em que se tornava possível observar e medir mais e mais aspectos do mundo real.

Há um outro corolário importante do método científico. A natureza entrega seus segredos, sem perguntar se o pesquisador é comunista, anarquista ou direitista ortodoxo. Diante de experimentos seguindo o mesmo protocolo, os resultados têm que ser os mesmos, qualquer que seja o autor ou suas predileções intelectuais. Se forem diferentes, algo está errado e cumpre descobrir a falha. Assim, ao contrário do que dizia Hitler, não há uma física judia e outra ariana.

No século XIX, por primeira vez, surgem avanços médicos apoiados em números. O Dr. Semmelweiss, médico húngaro, verifica que, nas enfermarias onde se lavavam as mãos, as fatalidades no parto eram menos numerosas. Foi denunciado e sua carreira ruiu. A respeitabilidade de suas ideias acabou sendo reconhecida, mas bom tempo depois da sua morte.

Na física, soltando-se um copo de um terceiro andar, seja em Pisa ou em Cabrobó, leva o mesmo tempo para espatifar-se no solo. Interessado nas leis que determinam a queda dos corpos, Galileu (astrônomo e físico) fez experimentos práticos e, por meio deles, foi capaz de formular matematicamente a queda dos corpos.

Assim é com as ciências exatas, uma fórmula algébrica contém tudo que é preciso para descrever algum fenômeno observado. Lixo com as tabelas que permitiram encontrar a Lei da Gravitação – e todas as outras. Uma vez trocadas por uma formuleta, não servem mais para nada.

Porém, nas áreas sociais e na medicina, tantas variáveis influenciam os resultados que as regularidades só se tornam visíveis nos grandes números. Em Londres do século XIX, ao espocar uma epidemia de tifo, ninguém tinha ideia das suas causas. Diante do desafio, o Dr. John Snow (médico inglês) investigou onde moravam as pessoas que haviam morrido de febre tifoide e marcou os locais no mapa. Isso permitiu determinar quais as fontes estavam contaminadas. Foi o início do reinado da estatística no estudo das doenças. Sua tradução para a medicina é hoje chamada de Epidemiologia.

Com os avanços dos métodos de pesquisa, ao fim do século XX, torna-se inaceitável prescrever um fármaco que não cumpriu um elaborado protocolo de testes: análise de variância, placebo, *double-blind*, randomização e grupos de controle. Virou o mantra sagrado dessa nova ortodoxia. É o chamado "padrão-ouro". Nas últimas décadas, a Medicina Baseada em Evidência vira o credo oficial. É apoiada por esta imposição metodológica que é um roteiro rígido para os testes exigidos.

No entanto, com o atrevido coronavírus, exuma-se uma polarização que parecia enterrada. O vírus é danadinho e os remédios sugeridos não foram devidamente testados. E por boas razões, pois não é eticamente aceito experimentar com humanos, se há riscos consideráveis. Foram encontrados fiapos de evidência, mas são soltos e desarticulados, como foi o caso da hidroxicloroquina e ivermectina. Sua eficácia pode até ser sugerida pela observação de certos casos reais. Porém, esse método está longe de atender ao padrão-ouro (que fique claro, discuto questões metodológicas, longe de mim oferecer qualquer sugestão a favor ou contra algum remédio).

Cria-se um impasse. Os que recomendam tais fármacos não estão mais mal servidos de evidência do que estava a medicina do passado recente. Mas não é ilegítimo o ceticismo de quem prefere esperar por provas mais confiáveis e enquadradas no princípio consagrado do padrão-ouro.

Um grande problema é que os fármacos defendidos por alguns, apenas, teriam efeito nos primeiros dias em que se manifestam os sintomas. E era impossível a logística de criar aleatoriamente um grupo de controle e outro experimental, poucas horas depois do aparecimento dos sintomas. Na maioria dos casos, ao chegar aos serviços médicos, já seria tarde demais para que esses fármacos pudessem ajudar.

Pesquisadores mais ortodoxos e comissões de ética se enfurecem com as falhas metodológicas de alguns testes baseados em observação. Mas a ciência e a medicina sempre conviveram com informações incompletas e sujeitas a erros.

No Covid, havia duas agendas latentes nas confrontações. De um lado, o purismo daqueles aferrados aos protocolos exigidos nos testes e ao juramento de Hipócrates (nunca causar danos). Era a turma do padrão-ouro. No outro lado, estavam os médicos da 'trincheira', os clínicos que não podem esperar pela perfeita confirmação da ciência. Eles enfrentam o imperativo de tratar seus doentes. Se o remédio parece funcionar, por que não? Afinal de contas, por dois mil anos, a medicina agiu sem o respaldo do padrão-ouro.

Alinhar-se com um ou outro lado não é uma decisão puramente científica. São riscos comparados com riscos. É o risco de o remédio matar o paciente contra o risco de deixar de salvá-lo, por excesso de prudência. Sendo julgamentos, cada um tem o seu. Nesse assunto, o método científico não ajuda.

Na pandemia, corria em paralelo uma agenda política, talvez inevitável, mas sujeita a escorregões. Cada lado defendia as ideias que lhes convinham ou que se opunham às dos adversários. Tampouco aos cientistas faltam crenças e preconceitos. Assim sendo, os caminhos propostos não refletiam, apenas, o julgamento sereno da ciência. Pela sua natureza, o campo era minado.

Houve controvérsias legítimas dentre os profissionais da saúde. Mas havia também o uso oportunista destas discrepâncias. Jorrava um vulcão de palpites desencontrados nas redes sociais. Como cidadãos, cabe-nos aprender a separar os fatos das agendas latentes e das ambiguidades malévolas.

O acúmulo de pesquisas no tema acabará dizendo quem tinha razão, doa a quem doer. Pode demorar, mas quase sempre se caminha para uma convergência.

No entanto, é preciso saber o que esperar da ciência. Desde os gregos, ela convive com perguntas não respondidas. Ou com respostas contraditórias. Entender isso faz parte da formação de um pesquisador. Diante de um problema, ele aprende a conviver com a ignorância e com o foguetório desencontrado.

Em geral, as batalhas são travadas nos laboratórios, silenciosas para o grande público. Faz pelo menos um século que grandes físicos, como Einstein, não se põem de acordo sobre a natureza da luz: ondas ou partículas? Mas isso não é notícia de jornal. Não há presidentes ou ministros tomando partido dos fótons.

Porém, no caso do Covid, as controvérsias e divergências ficaram escancaradas para a sociedade, pois havia questões de vida ou morte. Diante disso, todos tinham a sua verdade e seus palpites. A diferença é que os leigos na ciência não dominam as regras que permitem decidir se um palpite é uma teoria e se alguma teoria foi confirmada pela observação.

Propositadamente, discutimos aqui exemplos da medicina, por estarem na memória de todos que conviveram com a epidemia do

Covid. Porém, as questões metodológicas são semelhantes às que enfrenta a pesquisa educacional.

Por que esse grupo de estudantes, em seu mundo e circunstâncias, aprende menos que esse outro? Há pesquisas feitas com todo rigor possível. Mas os resultados não são totalmente conclusivos. Uns acreditam em um complô dos ricos para manter ignorantes os pobres. Mas não convencem a quem estuda as minudências dos processos cognitivos e chega a interpretações diferentes. São controvérsias que se arrastam.

Interessante registrar que a própria ideia de Medicina Baseada em Evidência tem sua contraparte na Educação Baseada em Evidência. É sempre o mesmo esforço de separar o joio do trigo, de denunciar mitos ou pesquisas com falhas graves.

Porém, com o passar o tempo, acumulam-se as pesquisas. Com isso, as interpretações permitidas pelos resultados vão se estreitando. Com as descobertas de Pasteur (cientista francês), os opositores que arruinaram a carreira de Semmelweiss perderam sua audiência. Micróbio existe! Mas sobre a eficácia da ivermectina, persistem dúvidas honestas. As fontes mais confiáveis concluíram que ainda não há evidência satisfatória acerca da sua eficácia. Ao mesmo tempo, ainda não há evidência satisfatória de que não é eficaz. Esse tipo de impasse é perfeitamente normal na ciência.

Assim caminha a pesquisa. As brigalhadas são inevitáveis e têm muitas origens. Os cientistas não são isentos de emoções e não deixam de "torcer" por suas hipóteses. Tudo isso faz parte. Mas com os avanços da pesquisa, vão naufragando algumas hipóteses e sobra apenas um núcleo duro que sobreviveu à barragem de críticas bem formuladas.

Para a maioria de nós, é inviável penetrar nos detalhes metodológicos mais recônditos dos métodos usados, antes de tomar posição. Nesses casos controversos, o que nos resta é escolher com serenidade e inteligência em quem acreditar.

Quem tem as boas respostas, o perito ou o povaréu?

Ouvimos a voz do povo ou confiamos nos especialistas? Depende, essa é a resposta. Em certas situações, a multidão acerta mais. Em outras, nem entende qual é a pergunta. Ao tentar decifrar certos assuntos em educação, é preciso saber onde buscar as respostas mais confiáveis.

Francis Galton (1820-1911), antropólogo inglês, além de ser um dos pais da estatística, achava que inteligências privilegiadas deveriam tutelar o povaréu. Um belo dia, em uma feira pecuária, deparou-se com um concurso para ver quem adivinhava o peso de um boi lá exposto. Palpitava a multidão e faziam suas estimativas os profissionais da carne. Sempre curioso, anotou as apostas e analisou os resultados. Surpresa! A média das previsões leigas estava extraordinariamente próxima do peso real. E a maioria dos peritos não adivinhava com a mesma precisão dessa média. Ou seja, em conjunto, a multidão acertava mais que os peritos. Era exatamente o oposto do que ele esperava. Aliás, sempre merecem mais crédito as afirmativas de quem se desaponta com o que foi observado.

Será que as multidões sabem mais do que os experts? Curiosamente, há situações em que isso é verdade. Como nos encontramos frequentemente com tais situações, vale a pena explorar o assunto.

Na busca de um submarino afundado, próximo à Austrália, com poucas pistas para seguir, foi feita uma consulta aberta a quem quisesse palpitar. O lugar geométrico dos pontos sugeridos por muitos voluntários estava extraordinariamente próximo do local onde foi encontrado o barco. Leigos, em conjunto, superaram os peritos.

Milhares de pessoas apostam nas corridas de cavalos, sem maiores conhecimentos e com base nas conjecturas mais bobocas. Ainda assim, observou-se que os cavalos favoritos nas apostas têm muito mais probabilidade de ganhar. De onde a multidão tirou a sabedoria para adivinhar quem serão os prováveis ganhadores?

Há uma instituição que recebe do público apostas: quem vencerá os prêmios Oscar. Por que será que apostadores leigos acertam tanto quanto os críticos de cinema, profissionais no assunto?

Algum espírito de porco descobriu que, apesar dos seus salários avantajados, os administradores de fundos de investimento acertam tanto na bolsa quanto as velhinhas aposentadas.

Quer dizer que não vale a pena gastar anos estudando, se as previsões serão tão boas quanto as da multidão? Erradíssimo! Foi-se o tempo em que o camponês, após olhar as nuvens e andorinhas, previa o tempo melhor do que o serviço de meteorologia.

Peça-se a um leigo para prever a trajetória de uma partícula subatômica. Ele nem entende a pergunta. Tampouco pode dizer algo inteligente sobre as causas da contaminação na cervejaria Backer. Ou sobre a natureza do coronavírus. E se um milhão palpitar, as adivinhações continuarão igualmente desencontradas.

Não se trata de crucificar o perito ou desdenhar a sabedoria do povão. Temos que saber quando a estimativa de um tem mais solidez do que a do outro.

Quando conhecimentos técnicos são pré-condições para palpitar, o povaréu nada tem a dizer. Porém, o julgamento dos peritos apenas é mais confiável se o conhecimento técnico é crítico para a previsão.

Como costuma ser o caso, a realidade é opaca e há complicações adicionais. Sejam peritos ou a multidão, se há ampla comunicação e alguns gurus têm poder de influenciar os outros, degradam-se as previsões. Robert Parker é o mais celebrado e mítico provador de vinhos. Quando dava uma nota, isso causava mal-estar no meio enófilo, pois influenciava o julgamento dos outros provadores e atacadistas. Ou seja, esses outros, mesmo que discordassem, não se sentiam confortáveis em abrir a boca. Em outras palavras, se um julgamento influencia o dos demais votantes, os resultados das médias ficam comprometidos.

Com efeito, descobriu-se que a independência de cada um e a diversidade do grupo são essenciais para a justeza dos julgamentos coletivos.

Podemos facilmente rebater algumas dessas ideias para o campo da educação. Na avaliação da qualidade ou do nível de aprendizado dos alunos, prevalece o que dizem as estatísticas. Ou seja, estamos no reinado dos peritos que geraram e interpretaram os testes.

Todavia, alguns educadores, cuja fama persiste até hoje, examinaram segmentos ínfimos do universo e de lá extraíram descobertas extraordinárias. Maria Montessori, educadora e médica italiana, não usou estatísticas para entender como as crianças aprendem e evoluem. Piaget, biólogo e psicólogo suíço, apenas observou seus sobrinhos. Paulo Freire, educador e filósofo brasileiro, tirou conclusões interessantes, baseado em parcas observações.

Em contraste, para demonstrar que as escolas americanas ampliavam as diferenças iniciais entre negros e brancos, foi necessário um gigantesco estudo estatístico – o chamado Coleman Report. E o autor não teve que visitar uma só escola.

J. Heckman, economista norte-americano, mostrou a grande importância do ambiente sociocultural para determinar o sucesso na escola. Para isso, usou uma base estatística de dados e o seu computador. Pelos estudos conduzidos nesta linha, ganhou um prêmio Nobel.

As percepções no meio educacional brasileiro são fortemente influenciadas por uns tantos gurus. O que eles pregam vira a verdade absoluta. E isso acontece em assuntos em que a evidência científica é contundente e aponta em outras direções. Por exemplo, as ideias de Gramsci, marxista revolucionário, alastraram-se, sem que se demonstrasse qualquer caso de sucesso na sua aplicação.

Estamos diante de enigmas fascinantes e sérios. Peritos ou multidões fazem melhores previsões sobre o mundo? Como dito, depende.

Para melhor explorar estas ideias, vale a pena ler o livro do jornalista americano J. Surowieki, *The Wisdom of the Crowds.*

Da arte de entender números

Já foi dito que a Estatística é a arte de mentir com números. De fato, os finórios usam a estatística para iludir. O lado bom é que eles só engambelam quem não é capaz de entendê-la corretamente. Daí a importância de saber um pouco da arte de decifrar o que dizem montões de números.

Na prática, há até mais desconhecimento do que mistificação proposital no uso da estatística. Mas gostemos dela ou não, é a única maneira segura e poderosa de lidar com fenômenos descritos por grupos de números. Daí a sua importância.

Por exemplo, os milhões de números gerados no ENEM são uma fonte preciosa de informações. Mas olhando para tabelas, nada dizem. É preciso saber ler as suas mensagens, pois, sem isso, não passam de um cemitério de cifras.

Se quero saber meu peso, subo na balança. Para saber se sou mais pesado que meu amigo, ele sobe e comparamos. Até aqui, não há mistérios ou abstrações. Não há lugar para a Estatística. No entanto, para descobrir se a população da nossa cidade está ficando obesa, a coisa se complica. Pesar todos pode até ser viável. Mas o que fazer, olhando para a montanha de números colecionados?

Precisamos da Estatística quando há números demais. Ao longo dos anos, inventaram-se formas de substituir a pletora de números por valores únicos, resumindo o que poderiam estar dizendo. Por exemplo, a "média aritmética" é um desses "representantes" ou "embaixadores" de coleções de números.

Para dizer se os alunos dessa escola aprenderam mais do que os daquela, somamos os escores nos testes dos alunos desta escola e dividimos pelo seu número. Fazemos o mesmo com os da outra. Tenho, então, duas "médias aritméticas". É seguro e conveniente dizer que a maior média reflete a superioridade de uma, diante da outra. Dois numerozinhos estão dizendo mais do que as pilhas de dados.

No fundo, esse é o ponto de partida para boa parte do que fazemos com a Estatística. Começamos com um caminhão de números e terminamos com uns poucos que contam a história que está contida neles. Sem esse "super-resumo", de pouco serviriam os números, pois, contemplando-os, nada ficamos sabendo.

Há, também, medidas da dispersão dos dados, que trazem informações adicionais. As médias das distribuições de dois grupos de pessoas pode ser a mesma. No entanto, é importante saber que em uma os valores menores são muito mais baixos. E, *mutatis mutandis*, para os mais altos. Mas não compliquemos aqui o assunto.

Nos dias de hoje, muito do conhecimento que ilumina decisões críticas vem de dados estatísticos – com suas médias. Crescimento, inflação, saúde, educação e nutrição são conceitos abstratos, traduzidos em fórmulas estatísticas aplicadas aos números coletados.

Inevitavelmente, algumas estatísticas são complicadas e, infelizmente, muito vulneráveis a interpretações inadequadas. Como dito, há mentiras e ciladas. Entretanto, nos jornais, são até mais frequentes os erros resultantes da ignorância estatística. Vejamos um conjunto de exemplos de tolices estatísticas, encontradas em jornais de boa reputação. Sugerem mais ignorância do que má-fé.

1. Será notícia de jornal se "52,98% dos alunos ficam abaixo da média"? Essa manchete, em um dos melhores jornais do país, prefacia um tom acusatório. Mas é uma estultice sem tamanho. A média é um número cuja fórmula de cálculo busca encontrar o "meio" da distribuição, para que possa representá-la. Portanto, próximo da metade das escolas, obrigatoriamente, estará sempre abaixo da média. E isso será sempre verdade, qualquer que seja a distribuição.

Em virtude da natureza da fórmula da média, é impossível ser diferente. Portanto, temos que tomar cuidado na interpretação.

Se considerarmos a média das dez melhores escolas do ENEM, cinco estarão abaixo dela. Serão escolas ruins? Se dermos nota nas dez melhores universidades do mundo, Yale (instituição de ensino superior em New Haven, Connecticut) estará abaixo da média. Será uma instituição fraca? Imperiosamente, não! Apenas um punhadinho é melhor do que elas, diante de milhares e milhares de outras que são mais fracas. Sem entender essas coisas, estamos mal.

2. Outra tolice de primeira página: "[A população do] Brasil cresceu muito... com um crescimento de 1,6% (sic) em relação ao Censo de 2010...". Na verdade, desde que há dados demográficos, a população nunca cresceu tão pouco! Descuido ou vontade de alarmar?

3. Diz a manchete, na mesma página: "Brasil tem 3,7 milhões de jovens sem escola.". Dá a impressão de que o problema é de construção civil. No entanto, lá na página 10, ficamos sabendo que são "3,7 milhões fora da sala de aula". Ou seja, o problema não é necessariamente a falta de prédios.

4. "Minas registrou o maior avanço percentual na mortalidade por acidentes de trânsito [...] O aumento chega a 80%.". É um número alarmante? Imaginemos, hipoteticamente, que tivesse apenas um acidente por ano. Se ocorresse um segundo, o aumento seria de 100%, mas continuaria como a menor taxa do Brasil. Sem saber também quantos se acidentaram, o dado fica solto e não faz sentido.

Passemos agora a dois exemplos mais complexos. Sua intepretação é mais delicada.

5. "A renda [dos negros] continua desigual em relação à de um branco.". A notícia é quase uma denúncia de discriminação no mercado de trabalho, sugerindo a necessidade de eliminá-la. Mas imaginemos o caso de uma empresa que contrata dois funcionários, sem considerar a raça. Pela sua estrutura de cargos e salários, paga mais a quem é mais escolarizado. Se contrata um negro menos educado e um branco mais educado, desavisados poderiam pensar que o negro foi discriminado, pois ganha menos. No entanto, nesse caso, a desvantagem é trazida pela menor escolaridade adicional e não pela cor. Nada ficamos sabendo de discriminação racial.

Para saber se há discriminação no mercado, precisaríamos comparar brancos e negros com o mesmo nível de escolaridade, além de outros indicadores de status. Muitos pesquisadores brasileiros já fizeram isso, com métodos complicados e cuidadosos. Os resultados mostram que, para os mesmos níveis educativos, ainda permanecem diferenças de rendimentos que poderiam ser atribuídas à raça. Mas são muito pequenas. Ou seja, se os negros têm piores resultados é, sobretudo, por terem menos escolaridade – fruto de um sistema educativo historicamente injusto. Se é assim, a causa de um salário menor se deve, sobretudo, à fraqueza das escolas dos pobres – de qualquer raça. Portanto, a cruzada contra a discriminação dará magros resultados, pois as maiores diferenças resultam da educação que não é a mesma.

6. "[Mulheres] passam muito mais tempo na escola que [homens], mas ganham menos...". O argumento é frágil, por não incluir na análise aspectos relevantes na remuneração das pessoas. Por razões culturais e reprodutivas, as mulheres entram e saem da força de trabalho com mais frequência. Os homens raramente interrompem suas carreiras. Essa descontinuidade atrapalharia o ritmo da sua ascensão profissional. Os números citados acima desconsideram esse fato. Talvez haja um elemento de discriminação devido ao gênero. Contudo, a afirmativa do jornal não permite confirmar isso.

Um exemplo real, bem recente, foi uma pesquisa na empresa Uber, nos Estados Unidos. Depois de proclamar a quatro ventos que não discriminava contra mulheres, encomendou uma pesquisa para demonstrá-lo. Grande surpresa, as mulheres ganhavam 5% a menos! Como era possível? Voltando às bases de dados, foi possível verificar que os homens dirigiam mais rápido, portanto faziam mais viagens em um dia de trabalho. Além disso, iam aos lugares em que podiam encontrar mais passageiros. As mulheres permaneciam mais perto de suas casas. Ou seja, as diferenças resultavam de formas diferentes e voluntárias de trabalhar.

Passamos agora a examinar exemplos de interpretações equivocadas dos testes que medem rendimento escolar.

7. "Sou contra o ranqueamento das escolas!". Vamos entender, em ciências sociais, não há quilos ou metros, apenas comparações. Os números não têm qualquer significado em si. No limite, os números não dizem se uma escola é boa, apenas informam serem superiores aos de outras com menor pontuação. Portanto, ser contra o "ranqueamento" é ser contra o uso das estatísticas de avaliação, pois estas só adquirem sentido quando comparadas.

Naturalmente, podemos discordar quanto ao grau de transparência adotado: publicado no jornal ou somente a escola sabe a sua nota? Trata-se de um assunto delicado e relevante. No entanto, sem comparar, permanecemos na escuridão total.

8. "Que horror, os alunos só acertaram metade das questões!". A conclusão do jornalista é que os alunos são fracos. Porém, não é bem assim. Quando uma prova é construída, manda a técnica, é preciso incluir perguntas difíceis, para separar os sabidos dos muito sabidos. A maioria não vai acertar, pois foram pensadas apenas para os mais preparados. Igualmente, é preciso incluir perguntas fáceis, para diferenciar os que nada sabem dos que sabem quase nada. Em uma prova cuja preparação reflete esses critérios, próximo da metade das perguntas serão acertadas. Se isso acontecer, do ponto de vista técnico, é uma prova bem calibrada para a sua clientela.

Entretanto, sendo construída assim, a proporção de acertos nada diz sobre a suficiência ou insuficiência do aprendizado dos alunos. Resulta de uma tecnicalidade requerida para dar precisão aos resultados, nas duas caudas da distribuição. As autoridades ou o consenso podem definir uma dada proporção de acertos como sendo o desempenho mínimo aceitável. Mas essa é outra etapa e nada tem a ver com a média de acertos.

9. "O São Bento tem 761 pontos, portanto é melhor do que o Santo Antônio, com apenas 740.". Tecnicamente, é verdade, um número é maior do que o outro, mas essa diferença entre o primeiro colocado e o quinto é tão pequena que se revela irrelevante. Se fossem 100 perguntas, seria algo como duas a mais respondidas certo. A margem de erro em um teste desse tipo é muito maior do que dois pontos. Em um dos últimos ENEM, a redação valia metade da pontuação total, o que aumenta a faixa de ruído, pois as correções dos textos são subjetivas e bem mais imprecisas do que as questões de múltipla escolha. Em conclusão, diferenças pequenas podem ser convenientes para o marketing de colégios que ultrapassaram seus concorrentes, nada mais. Em contraste, se observamos grandes diferenças na pontuação, podemos afirmar, com propriedade, que elas refletem um nível de aprendizado distinto.

10. "O ENEM prova, o colégio A é pior do que o B.". Suponha-se que A é um colégio excelente e que todos os alunos fazem o ENEM. E o colégio B, sendo medíocre, somente os melhores 10% se animam a fazer a prova. É até provável que B tenha menos pontos do que A, se todos tivessem que fazer a prova. Isso porque a presença dos alunos mais fracos puxaria a média para baixo.

Concluindo os exemplos acima sugerem que lidar inteligentemente com estatística tornou-se uma condição de plena cidadania. Infelizmente, mesmo a nossa melhor imprensa comete erros primários.

Capítulo 3

Por que é tão difícil ensinar a fazer?

Por razões históricas, as escolas têm grande dificuldade de encarar o lado prático da vida. E, afinal, em boa medida, é isso que muitos esperam delas. De fato, poucos estudam apenas para o seu deleite intelectual. Mas, o que é pior, as escolas têm ainda menos afinidade com atividades em que se sujam as mãos ou se aprende um ofício, tratadas mais adiante, no Capítulo 6.

Sempre longe da prática, esse é o mundo da escola. No entanto, se fizermos uma comparação com as nações mais ricas, é ainda mais marcante no Brasil a relutância da escola em mover-se nessas direções. Este capítulo lida com a desconfortável interface da escola com os assuntos do mundo real.

O que será uma educação "pratica"?

"Eu professo aprender e ensinar anatomia, não de livros, mas por dissecar corpos, não dos princípios da filosofia, mas da tessitura da natureza." (William Harvey)

Adestrar o intelecto, entender ciências, decorar os nomes dos afluentes do Amazonas, serrar, primeiros socorros. Tantos assuntos! Quais deles deveria a escola ensinar? De um lado, há temas mais abstratos, os quais apenas a escola consegue ensinar. De outro, existem muitos conhecimentos práticos que são essenciais em uma sociedade moderna. Entretanto, a escola tem grande dificuldade de sair das suas abstrações e de seus jogos de palavras. Esse é o tema desta seção.

Antes de prosseguir, tenhamos claro o seguinte: uma educação prática não é mesma coisa que uma educação profissionalizante. Ser prática inclui transmitir conhecimentos necessários para a vida cotidiana e também fixar os conhecimentos teóricos do currículo, para aplicá-los em situações reais. Nesse caso, a prática é um meio para entender a teoria. Em contraste, como discutido no Capítulo 6, profissionalizar é preparar para o exercício de um ofício específico. No caso, a prática é um fim e não um meio.

Em uma cidade da Tailândia, a vida fluía como sempre, fosse para os locais, fosse para os turistas. Subitamente, para surpresa de todos, a água do mar recuou. Ninguém entendeu nada, exceto uma inglesinha que deu o alarme: era um tsunami chegando. Correu com a família para um lugar mais abrigado, levando junto os que ouviram seus gritos. Salvaram-se. Segundo ela, havia aprendido na escola acerca da mecânica de tal fenômeno.

No Chile, também como aprendido na escola, Martina Maturana, de 12 anos, entendeu que o leve tremor de terra era prenúncio de um tsunami. Seu conhecimento escolar salvou muitas vidas.

O incêndio em uma boate de Santa Maria gerou uma infindável sequência de matérias nos jornais. Dentre os assuntos, falou-se de um bombeiro que se salvou, rastejando no solo, pois nesse nível ainda se podia respirar. Perguntava alguém, por que isso não era ensinado na escola? Não seria o tipo de informação útil para todos? Ouvindo esses comentários, retrucou prontamente a sua filha que havia cursado o ensino fundamental nos Estados Unidos: "Ora essa, aprendi isso na escola! Tínhamos treinos nesses procedimentos.".

Esses exemplos servem de introdução para perguntarmos: o que a escola deve ensinar para os seus alunos? Certamente, nessa época "pós-Google", os assuntos não devem ser os mesmos de antes. Se já eram frágeis as razões para memorizar o nome da capital da Mongólia ou de Burkina Fasso, hoje, ainda faz menos sentido decorar tais informações. Ou então, "falange-falanginha-falangeta". Infelizmente, muito do que ainda cai nas provas requer decoreba, e nada mais. São informações acessíveis pelo Google, em segundos. Não faz sentido gastar tempo escolar com elas.

Mas daí, não cabe entusiasmar-se com propostas bobocas de acabar com a memorização. De fato, para ler esse parágrafo, quanto não foi decorado? Por exemplo, como se grafa e se pronuncia a letra "M", a primeira dele? O que faz sentido não é ser contra a memorização, mas contra o desequilíbrio de um ensino que pouco ou nada ultrapassa essa etapa. Decorar é uma etapa, ou, mesmo, um mal necessário.

Outro caminho equivocado é tentar ensinar assuntos muito complexos, abstratos ou além da capacidade de compreensão dos alunos. Em um manual de Física para o ensino médio, li e reli a descrição do Efeito Kirchhoff. Nem entendi e nem consegui saber para que serve – aliás, não sou tão burro. Será que o capítulo de eletricidade não pode prescindir desse tópico? E se as chances de entender o assunto no tempo disponível são ínfimas, para que ensinar? A regra deveria ser: ou ensina direito ou não ensina.

A. N. Whitehead, filósofo britânico, escrevendo em 1917, insiste muito na ideia de que somente se ensine em profundidade. Se não é possível ser bem aprendido, melhor não ensinar. Uma consequência desse santo princípio é a necessidade de ensinar menos, de eliminar os floreios e rococós, permitindo que haja mais tempo para que o aluno possa amadurecer algumas poucas ideias fundamentais. Afinal, são essas ideias que movem o mundo. Para cada uso prático do Teorema de Thévenin (que permite reduzir circuitos complexos para uma forma de análise mais simples), há um milhão de oportunidades de entender e usar o Princípio da Alavanca (a força aplicada a uma das extremidades da alavanca, com o intuito de mover um objeto na outra extremidade, é inversamente proporcional à distância do ponto de apoio), a regra de três ou de interpretar corretamente um gráfico.

Desse raciocínio, segue o corolário de que precisamos de uma chacina de grandes proporções nos currículos oficiais. São criminosamente empanzinados de assuntos, muitos deles rarefeitos e de difícil compreensão. Não serve o argumento de que são importantes. Se os alunos não conseguem compreendê-los, pouco importa a sua importância e as perorações dos doutos. E se não são entendidos por falta de tempo, que se eliminem os menos centrais.

Ainda com Whitehead, o papel da escola é preparar as pessoas para a vida, portanto o que ensina deve ser útil. Por exemplo, saber usar números para resolver problemas do cotidiano, ser capaz de organizar as ideias e apresentá-las de forma coerente – seja verbalmente, seja por escrito. É crucial saber decifrar com rigor o que está escrito, em vez de divagar sobre o que o autor poderia estar querendo dizer, mas que não disse. É função da escola ensinar a buscar respostas para os problemas práticos, bem como entender o mundo em que vivemos.

Um dos grandes desafios da escola é encontrar assuntos que, ao mesmo tempo: (i) sejam úteis para os alunos e, portanto, motivadores; (ii) suficientemente simples para o seu nível, para que possam compreendê-los; e que (iii) sejam um bom exercício para promover a capacidade de pensar com rigor e desembaraço.

Por isso, no estudo das derivadas, não é o caso de ensinar hessianas orladas, já que são um conceito muito abstrato e de pouca utilidade. E, tampouco, ensinar como pelar um porco ou lixar, por serem atividades puramente mecânicas, que requerem pouco uso da cachola.

Repetindo, a escola deve lidar com conhecimentos úteis e que estejam ao alcance dos alunos. Mas esse conceito de "utilidade" não é um simplório fazer, como pregar botões. Cabe à escola selecionar assuntos que sejam úteis e, também, exijam algum esforço intelectual. Nos exemplos do tsunami e do incêndio, tanto se tratava de salvar vidas como de amadurecer princípios centrais da física. Ou seja, nem teoria desprovida de uso para o aluno e nem uso raso, sem teoria. Ambos os conhecimentos são um desperdício do exíguo tempo escolar. Um por não servir para nada e o outro por não exercitar o intelecto.

Este capítulo lida com a dificuldade da escola de focalizar o lado prático. E isso acontece por duas razões, a seguir descritas.

A primeira: como soletrado mais adiante, dada a sua origem medieval e escolástica, a escola criou uma tradição de permanecer distante dos assuntos práticos. Nasceu na teologia e filosofia e as tentativas de superar esse centro de gravidade encontram tremenda resistência. A filosofia é apenas uma rede encadeada de ideias, não tem existência material. Pensar corretamente é um dos objetivos mais nobres da escola. Porém, é através dos assuntos mais práticos e terrenos que se chega a eles.

A segunda: as sociedades têm o andar de cima e o de baixo. O de cima pensa, comanda. O de baixo faz. De milênios para cá, têm mais prestígio, status e respeitabilidade os que estão no andar de cima. E fazer sempre esteve a cargo daqueles habitando o andar de baixo. Como consequência, eles e suas atividades são desdenhados e até discriminados.

Essa distância e preconceito variam entre sociedades. No nosso caso, por haver sido uma sociedade escravagista, a rejeição do que se faz com as mãos é mais profunda do que em outras, sobretudo, as mais prósperas.

Sendo assim, encontram uma forte barreira todas as propostas de levar a escola a tratar do lado prático – e ainda nem falamos de ensinar ofícios.

Este capítulo trata do problema de como ensinar. E insiste nas grandes dificuldades que tem a escola para sair do seu olímpico pedestal.

A inteligência das mãos

"Frequentemente as mãos solucionam um mistério que, em vão, a inteligência tentou."

(Carl Jung)

Não podemos ignorar o papel das mãos na educação. Aqui, não tratamos de metáforas ou sentido figurado. As razões para usá-las estão ligadas a fenômenos mentais que hoje podem ser captados pela neurofisiologia. Filósofos gregos clássicos acreditavam que se aprendia com as mãos. E como explicado mais adiante, na seção sobre as faquinhas sloyd, antes que a palavra neurofisiologia existisse, os professores suecos perceberam que se aprendia com as mãos, mesmo sobre assuntos que pareciam distantes da cumbuca que os alunos construíam.

No Capítulo 6, discutimos assuntos de formação profissional, onde as mãos tendem a ser atores centrais nos processos de trabalho. No entanto, não é por acaso ou por engano que antecipamos aqui o papel das mãos ao lidar com as típicas aprendizagens acadêmicas. De fato, nelas as mãos ajudam, e muito.

Diálogo imaginário: "Veja o lindo canivete que comprei, veja a lâmina, o cabo de osso...". Após a demonstração, logo retruco: "Deixe-me ver.". Ora, já havia visto tudo que os olhos enxergaram. Terei usado a expressão errada? Não necessariamente, pois quero vê-lo com as mãos. Ao manuseá-lo, minhas mãos estão também vendo o canivete.

Para entender para que servem as mãos, vamos dar marcha à ré de alguns milhões de anos, literalmente!

O homem deixa de ser um primata, como os outros, na medida em que o uso das mãos exige cada vez mais da sua inteligência. O lento desenvolvimento do polegar longo e preênsil permite ao *Homo sapiens* façanhas manuais impossíveis para outros primatas. E a crescente complexidade do que consegue realizar exercita e desenvolve o seu cérebro. É um círculo virtuoso. Segundo os mecanismos conhecidos de mutações seletivas, tem mais chances de sobreviver quem tem as mãos mais apropriadas para trabalhos complexos e delicados (chipanzé não desmonta relógios!). E, em paralelo, dá vantagem a quem possui cérebros maiores, capazes de capitalizar no potencial de mãos mais hábeis.

Um cérebro cada vez volumoso é a resposta aos desafios de criar objetos úteis. Enfim, criar tecnologia. Do ponto de vista fisiológico, isso significa que as áreas do cérebro encarregadas de missões complexas e criativas desenvolveram conexões íntimas com as mãos. O pé, coitadinho, entra pela porta dos fundos, só diz alguma coisa quando damos uma topada.

A própria configuração do nosso cérebro é sugestiva. De fato, um espaço gigantesco está dedicado ao movimento. E, em particular, ao movimento voluntário das mãos.

Em linha paralela, mas também instrutiva, descobriu-se que, no laboratório, alguns ratos foram obrigados a usar as patas para desenterrar sua comida. Os outros a encontravam sempre disponível. Por meio de marcadores, descobriram que tinham menores níveis de estresse os ratos que precisavam cavar. Tricô, jardinagem e colorir páginas de um livro, igualmente, trazem benefícios emocionais e cognitivos aos humanos. Além da redução de estresse, observaram-se melhorias na cognição, na memória e na atenção. Estudos também sugerem que trabalhos artísticos e tocar instrumentos musicais parecem fazer bem.

Mais próximo dos assuntos do presente livro, o que se aprende usando as mãos é um conhecimento mais profundo e mais duradouro. Isso foi sugerido pela intuição de grandes pensadores e hoje é confirmado pela pesquisa rigorosa. Dito de outra forma, o que aprendemos com a assistência de nossas mãos tem vida mais longa. Esse é o tema da presente seção. O seu corolário é óbvio: por que a escola desdenha esse canal tão robusto de aprendizado?

Em um nível pré-científico, mas persuasivo, por que será que as pessoas, falando ao telefone, seguram o dito com a mão esquerda e argumentam com a direita? Gesticular pessoalmente, vá lá, impressiona o interlocutor. Mas ao telefone? Sem que nos demos conta, o fluxo do nosso pensamento canaliza-se para as palavras, mas, também, para as mãos. Se é assim, deve haver um trajeto inverso: o que as mãos fazem repercute nas atividades do nosso cérebro. Eis a outra porta para o aprendizado.

Os filósofos gregos já haviam percebido que mãos e inteligência operam em contato estreito. Dois mil anos depois, algumas corporações de ofício, de origem medieval, mantêm como moto: "o conhecimento mora na cabeça, mas entra pelas mãos.". Segundo elas, aprende-se mais geometria planejando e executando encaixes complexos de madeira do que no quadro negro. Encontrar um defeito em um circuito elétrico ou eletrônico é um exercício de lógica dedutiva: "se o sinal está presente neste ponto do aparelho, isso significa que o defeito só pode estar adiante.". Vão se testando e eliminando hipóteses, até zerar no componente culpado. Calcular o passe da ferramenta do torno para preparar uma rosca Whithworth de 3/8 ensina mais matemática do que fazer contas no papel, para resolver problemas ridículos, propostos pelos livros.

Ou seja, tem menos eficácia a educação que não incorpora as mãos no processo de aprender. Vale lembrar, as escolas Waldorf (cuja pedagogia desenvolvida por Rudolf Steiner {1861 – 1925} possui uma estrutura baseada em 3 colunas principais: pensar, querer e agir) sempre tiveram isso muito claro e deram imensa atenção às atividades manuais. Os assuntos tradicionalmente acadêmicos são precedidos por atividades com madeira, barro e música. Apesar de parecerem preteridos, os resultados acadêmicos, ao fim e ao cabo, revelam-se excelentes.

Em suma, com poucas exceções, as mãos nunca apareceram nas escolas que conhecemos. É interessante registrar que professores de instituições como o Massachusetts Institute of Technology (MIT) notaram que, nos tempos em que os alunos consertavam seus automóveis, chegavam mais bem preparados para o ensino de engenharia. No Brasil, mercê do egrégio preconceito contra atividades manuais, os calouros de engenharia nunca pregaram um prego.

Mas nem tudo está perdido. Alvíssaras! Entra em cena o movimento Science, Technology, Engineering and Mathematics (STEM). Agora virou STEAM, com o "A" de Arte. Lidando com tecnologia e com problemas de engenharia, desenham-se conexões com os princípios científicos e com as ferramentas matemáticas correspondentes. Se ficasse aí, seria uma boa maneira de contextualizar ciência e matemática. Mas a genialidade da ideia é que isso tudo acontece dentro de projetos realizados pelos próprios alunos. Ou seja, é uma solução deliberada para dar protagonismo às mãos. E esse retorno se dá, planejando pontes explícitas entre a construção física do que quer que seja, sua conexão com as teorias científicas pertinentes e os usos dos princípios no cotidiano. Ou seja, mão, teoria e engenharia são articuladas dentro de cada projeto.

Os ganhos educacionais do STEM não podem ser subestimados. Não entende o que está perdendo quem não sentiu o imenso prazer de criar com as mãos algum objeto. Porém, é muito mais do que isso, pois essa emoção leva a um aprendizado mais profundo. Ademais, ganha-se quando tais atividades iluminam os princípios científicos que se revelam tão elusivos no quadro negro. Em suma, transforma assuntos chatos em interessantes.

O movimento de revalorizar as mãos não para aí. Nos últimos anos, abre-se mais uma porta. Aparecem nos Estados Unidos os Maker's Spaces. São oficinas, simples ou sofisticadas, que oferecem a quem quiser ir lá a oportunidade de construir o que lhe der na telha. Pode ser um carrinho de rolimã ou um robô controlado por Arduíno. Através desses dois movimentos, começa a tomar corpo a "teoria da fazeção"!

Com nosso inefável espírito de imitação, os Maker's Spaces

acabam chegando ao Brasil. Nossa fome por novidades é invencível e, nesse caso, o ímpeto é mais do que bem-vindo. Aparecem os recursos para comprar os Maker's Space. O potencial é enorme.

Mas os vícios culturais que esmagaram o lado prático do nosso ensino não desapareceram. Poucos se convenceram de que as mãos oferecem uma passagem secreta para o conhecimento. STEAM pode ser um termo da moda, mas não vemos a sua disseminação no cotidiano das escolas.

Os Maker's Spaces viraram um totem ou símbolo de status dentro das escolas. Estão lá para serem mostrados, como prova de modernidade. Visitando as instituições que os exibem, pode-se ver que as ferramentas não apresentam sinais de uso. O que está nas prateleiras são objetos de MDF, construídos nas máquinas de corte CNC, a partir de modelos de programação que vêm da fábrica. E, sabe-se lá, se foram feitos pelos alunos.

Apesar das perorações de John Dewey, filósofo e pedagogo norte-americano, desde sempre, as escolas são instituições que lidam com abstrações e construções simbólicas. O que se vê é o que está no quadro negro. O triângulo é de giz e não de madeira, metal ou arame. Se entra em cena um parafuso, certamente, será também desenhado com giz ou mostrada uma fotografia dele. O realismo máximo é usar giz colorido. A função das mãos é copiar do quadro negro ou digitar alguma coisa no celular.

É irrealista pensar que podemos transformar esta situação, como em um passe de mágica. Como levar os alunos a usarem as mãos, se os professores jamais o fizeram?

Visto de outra forma, há boas soluções por aí. O problema é como contornar a inércia atávica das escolas. Conhecemos as rotinas de como manejar uma sala de aula com muita prática. O que não sabemos é como mudar a cabeça dos professores. É um assunto de mudança organizacional e não de teoria cognitiva. E, sem a primeira, não teremos a segunda.

A faquinha "sloyd" virou Trabalhos Manuais!

Esta seção continua a explorar as péssimas consequências de não sabermos lidar com assuntos práticos. Continuamos aqui a explorar o processo de aprender com as mãos. Por muitas razões, aprendemos não apenas com o intelecto, mas também com as mãos. Note-se, não estamos falando de formação profissional, mas de formas mais aplicadas de oferecer uma boa educação. Com efeito, a faquinha que deu nome ao movimento sueco está voltada para tornar a educação mais profunda e convincente.

Comprei no AliExpress uma simpática faquinha, chamada de "sloyd" pelo fabricante chinês. Que misterioso trajeto terá tido essa palavra com sonoridade escandinava? Como chegou a uma cutelaria do outro lado do mundo? Desvendar esse mistério leva-nos a especulações bem instrutivas, acerca das conexões das mãos com o cérebro.

Voltemos à Suécia do século XIX. Com os longos e lúgubres invernos escandinavos, ficar dentro de casa era uma opção inevitável.

Em uma sociedade ainda pobre e de abundantes florestas, ao pé da lareira, a família construía objetos úteis de madeira. Era uma forma de gerar um dinheirinho adicional. Durante anos assim foi. Mas, no século XIX, produzir vodca em casa revelou-se uma alternativa mais lucrativa. O problema é que os alambiques levaram a um consumo doméstico excessivo e ao abandono desse artesanato.

Diante do problema, o governo resolveu usar suas escolas para ensinar aos jovens as artes da madeira que se haviam perdido nas fainas com os alambiques. A ideia era, justamente, relançar produtos que poderiam ser levados ao mercado.

Com o tempo e com boas cabeças cuidando do assunto, chegou-se à conclusão de que construir objetos de madeira tinha um forte impacto no desenvolvimento da personalidade e da cognição. Ao usar as mãos, dada uma escolha judiciosa dos projetos empreendidos, os alunos tinham que pensar muito para realizá-los. Usar a faquinha induzia um uso criativo e educativo da cabeça, o que nem sempre o quadro negro conseguia.

Tão impressionados ficaram com esse potencial que abandonaram a intenção de produzir objetos para a venda. Decidiram que tais atividades seriam incorporadas ao currículo oficial, considerando seus ganhos educativos. Deixavam de ser formação profissional para ser educação, pura e simples. O movimento ficou conhecido como Sloyd, o nome das tais faquinhas tradicionais, usadas para construir suas colheres de pau e tigelas. Para os curiosos, é uma faquinha de cabo longo e lâmina bem curta.

Foi tão grande o sucesso que a Suécia criou cursos para preparar professores de Sloyd. Mais adiante, foram oferecidos para o mundo inteiro. Ao início do século XX, alguns professores brasileiros frequentaram tais programas. A ideia era aprender com os suecos e fazer igual.

No Brasil, esta disciplina veio a ser chamada de "Trabalhos Manuais". Mas a nossa cultura é avessa às atividades práticas, ainda pior, que requeriam usar as mãos. Sendo assim, os verdadeiros objetivos educacionais foram se perdendo. Sobrou uma caricatura, na forma de algumas ferramentas toscas e atividades sem qualquer consequência educativa acontecendo nas salas de aula. Eram poucas as exceções. Quando foi aposentada, lá pelos anos 70, já havia perdido o sentido.

No entanto, acontece que há mais substância nesta ideia do que se podia perceber nas nossas desmoralizadas atividades escolares. As escolas americanas fizeram bom uso do movimento Sloyd. Até hoje, têm oficinas e professores competentes apoiando os alunos. Não é descabido pensar que tiveram sua contribuição para fazer daquele país o campeão mundial das patentes.

O fracasso dos nossos "Trabalhos Manuais" põe descoberto a recusa da escola em dar às mãos o protagonismo merecido. Do ponto de vista neurofisiológico, sabemos que as áreas do cérebro encarregadas de missões complexas e criativas desenvolveram conexões íntimas com as mãos. Ao não usá-las, perde-se o uso desse caminho educativo.

Os filósofos gregos perceberam que mãos e inteligência operam em contato estreito. Foi o que os suecos também descobriram. Ou seja, perde uma grande oportunidade a educação que não incorpora as mãos no processo de aprender. As escolas Waldorf têm isso muito claro, precedendo os malabarismos mentais por trabalhos com madeira e cerâmica.

Como já mencionado, em anos recentes, entra em cena o movimento STEAM (Science, Technology, Engineering, Art and Mathematics). Podemos ver nele uma versão atualizada das ideias do Sloyd.

Falamos também dos chamados Maker's Spaces. De uma forma ou de outra, isso acaba chegando ao Brasil, pois nossa fome de novidades é invencível. Esparramam-se os Maker's Spaces. O potencial é enorme.

Mas os vícios culturais que esmagaram o Sloyd tupiniquim não desapareceram. Quem visitar um Makers' Space no Brasil poderá verificar que as ferramentas não mostram qualquer sinal de uso. Mais um tiro na água.

Não aprendemos a lição da faquinha "sloyd". O mesmo está acontecendo com o STEAM e os Maker's Spaces. É duro mudar.

Por que a prática está ausente de nossas escolas?

"O que precisamos aprender a fazer, aprendemos fazendo." (Aristóteles)

Aqui apresentamos uma tentativa de entender por que a escola tem dificuldades para ensinar o lado prático da vida. E também, referindo-nos à seção anterior, porque o potencial de aprendizado através das mãos não é capitalizado. Parece meio bizarro, mas encontramos no Medieval Tardio as causas desta aversão ao mundo concreto. De fato, o vício da escola é se dedicar, apenas, a explorar a conexão de uma palavra com a outra. Tem ojeriza à prática e ao ir e vir entre as abstrações e o mundo vivo das coisas e forças.

Nesta seção, buscamos na Idade Média as origens de uma escola que desdenha qualquer proximidade a conhecimentos ou atividades práticas.

Faz sentido pensar que as escolas foram criadas para oferecer as primeiras letras. Mais adiante, seriam seguidas pelo ensino secundário ou médio, já que esses poucos anos se revelariam insuficientes. Somente então, apareceriam as universidades, pela necessidade de conhecimentos ainda mais complexos e abstratos.

Só que foi inversa a sequência histórica. Ao emergir a Europa da Idade Média, era preciso superar as trevas dos anos anteriores. Urgia melhor formar a elite e o clero. Nasceram, então, as primeiras universidades. Nelas, foram adotadas as salas de aula que conhecemos, ou seja, um professor discursando à frente e os alunos ouvindo e anotando o que pontificava aquele. Não nos esqueçamos, era para os filhos da aristocracia de então.

Visando prepará-los para entrar nessas universidades, a nobreza contratava preceptores. Pedro I e II assim aprenderam. Aliás, nada errado com tal sistema. Funcionou por longo tempo e pode continuar mostrando excelentes resultados, desde que sejam poucos os alunos.

Leonardo da Vinci, o inigualável gênio polivalente, tinha apenas 40 livros na sua biblioteca. Pouco depois, a imprensa de Gutenberg permitiu esparrar livros por todos os lados. E expandiu-se uma burguesia, ansiosa por ver seus filhos na Universidade. Diante da crescente demanda por ensino, os preceptores se tornaram insuficientes. Veio daí a ideia de criar cursos preparatórios para a Universidade – não muito diferentes dos "cursinhos pré-vestibulares" de hoje. Nasceu, assim, o que veio a se chamar de ensino secundário nas línguas latinas – no Brasil chamado de médio.

Mais adiante, também pela falta de preceptores, ocorre uma extensão ainda mais para baixo do modelo universitário. Surgem, então, as escolas das primeiras letras ou primárias. Sendo netas das universidades, seguiam as mesmas linhas: abstração, lógica formal etc.

As universidades lidavam com filosofias, teologias e Humanidades. De resto, eram seu foco exclusivo. O secundário e o primário foram moldados para preparar os alunos para o superior. Portanto, adotaram os mesmos estilos intelectuais, preparando os alunos para entender aqueles mesmos assuntos. Ou seja, os dois ciclos eram filhos e netos das universidades.

Sendo assim, a vida escolar fluía no reino da abstração e dos raciocínios lógicos. A palavra era a ferramenta de trabalho. E, também, as formas de articulação das ideias eram o objeto de estudo. Ciências? Muito periféricamente e, apenas, no século XIX. Curioso notar que a tentativa do Marquês de Pombal (nome pelo qual ficou conhecido Sebastião José de Carvalho e Melo, diplomata e primeiro-ministro português) para introduzir ciências no Real Colégio dos Nobres fracassa de forma retumbante. Era um corpo estranho e longe dos interesses da nobreza portuguesa.

Assuntos práticos? Nem pensar! Usar as mãos? Jamais. Ensinar uma profissão manual? Que idiota pensaria nisso?

Ainda que prejudicado por sua origem escolástica medieval, o sistema funcionava para o andar de cima das sociedades. Eram escolas para as classes abastadas e que gostariam de ver seus filhos ilustrados nas letras e nas filosofias.

Porém, como resultado da Revolução Industrial, cria-se um grande impasse. Para operar no mundo criado por ela, o conhecimento que se ensinava nas escolas passa a ser importante para um número crescente de ocupações.

É uma grande novidade, pois, desde sempre, para as classes mais baixas, era o mestre ensinando ao seu aprendiz tudo que precisaria para um desempenho adequado nas dezenas de profissões manuais. Entretanto, com a maior complexidade dos processos fabris, o que se ensina na escola torna-se imprescindível para quase todos.

Sendo assim, a partir do século XIX, as escolas, ensinando as primeiras letras, passam a ser frequentadas, mesmo por aqueles que, mais adiante, iniciavam a formação com seus mestres de ofício. Eram os conhecimentos que precisariam os futuros aprendizes e que não era viável oferecê-los na oficina de trabalho.

Porém, com a complexidade crescente no novo mundo da indústria e comércio, passa a ser essencial muito mais competência em leitura, escrita, mais as abstrações e os princípios científicos. O raciocínio simbólico torna-se o pão nosso de cada dia, orientando o uso das mãos.

Aí nascem os descompassos.

O seringueiro precisa lembrar-se do caminho para as árvores que produzem látex. O lavrador tem que saber a hora de plantar e como se proteger das cobras. O carpinteiro precisa saber serrar em linha reta. As artes de sobreviver em climas gélidos tiveram que ser dominadas pelos lapões.

Algumas dessas atividades são difíceis e levam anos para serem dominadas. Mas não exigem grande abstração ou linguagens simbólicas. Seu aprendizado não transita pela palavra escrita. O jovem observava e imitava o mestre. Muitas vezes, nem palavras eram necessárias. Na tradição japonesa, o mestre quase não falava.

Em contraste, os intelectuais do Medieval lidavam apenas com abstrações e operações lógicas, muitas vezes, de altíssima artificialidade. No limite do ridículo, tinham que deduzir logicamente quantos anjos caberiam na cabeça de um alfinete. Felizmente, não eram eles que cuidavam dos assuntos do cotidiano. Pregar um prego? Se tentassem, o martelo esmagaria o dedo.

Os intelectuais pensavam e mandavam. O resto da sociedade fazia.

Porém, o que caracteriza as sociedades modernas é a necessidade de dominar competências em que se fundem o abstrato com o concreto. Muitos precisam fazer coisas, mas, com a complexidade trazida pela Revolução Industrial, não se aprende mais a fazer, sem entender princípios, leis científicas, regulamentos e muito mais. Insistimos, não falamos aqui de ensinar ofícios, apenas de conhecimentos escolares requeridos no trabalho. E nesses novos misteres, atrapalha a herança puramente discursiva e abstrata da Universidade Medieval. Ela nunca lidou com assuntos práticos e gerou uma tradição de não fazê-lo.

Representar umas tantas barricas de cereais ou bodes por meio de sinais gráficos (algarismos) é um salto do intelecto, uma proeza só lograda ao cabo de milhões de anos. Transformar rabiscos no papel (desenho técnico) em um objeto físico é mais do que construir uma cadeira juntando pedaços de pau. Identificar um metal e consultar manuais para escolher o eletrodo mais apropriado para a sua solda requer vários passos no mundo da abstração.

Há também os desafios de entender um manual descrevendo, por exemplo, as etapas necessárias para desmontar um motor. Ler boletins, interpretar instruções, planejar e fazer cronogramas são operações em que se fundem o mundo real e o simbólico. Isso tudo, para não falar dos automóveis modernos que apenas conversam com o mecânico através do seu computador.

A quase rígida separação entre manejar a linguagem e manejar ferramentas deixa se ser compatível com cada vez mais atividades profissionais. Antes, os doutos escreviam, mas não sabiam fazer. O povo sabia fazer, mas, para eles, o mundo da abstração era inexpugnável. O grande desafio trazido pela Revolução Industrial foi exigir uma escola que fundisse esses dois mundos.

Tome-se um conceito convencional, como QI ou inteligência. Para medi-la, há que alinhar uma bateria de perguntas de natureza lógica e abstrata. É pura ginástica mental. Para fazer corretamente o seu serviço, o seringueiro não precisa dominar os processos mentais que permitem responder aos quesitos apresentados nesse teste. O ferreiro que forjava as espadas de damasco, tampouco. Mas um simples funcionário de uma fábrica de hoje tem que operar também nesse diapasão abstrato-simbólico. Eletricidade não se vê, como o tarugo de ferro a ser martelado na bigorna. Uma escala de serviço tem que ser decifrada de uma tabela. Quantos amperes deve ter o fusível do chuveiro elétrico? É sempre possível copiar o que fizeram os outros. Mas quem instala um fusível de 40 amperes sem saber por quê não avança em sua profissão. O tempo todo, o conceito de amperagem precisa dialogar com a escolha do fusível e com a manualidade de sua instalação.

O grande problema é que as escolas são descendentes diretas daquela escola medieval. Herdaram uma tradição de operar apenas no mundo abstrato.

E esta orientação se perpetua, pelo princípio da endogenia nas organizações. Ou seja, parecidos atraem parecidos e repelem diferentes. Por exemplo, um grupo que gosta de discutir poesia dificilmente terá como participante alguém interessado nas mais recentes linguagens de programação. A escola tende a atrair como professor quem gosta de demonstrar teoremas ou discutir literatura. Ao longo dos séculos, atrai professores interessados em ideias, mas não em atividades práticas. Quem mede, observa, anota ou busca explicações para o que vê, pouco interesse terá por uma instituição que não valoriza essas coisas. Cria-se, então, um ambiente que rejeita os "fazedores".

Os professores são recrutados por se sentirem bem no universo das ideias e não pela sua capacidade de saltitar entre o mundo real e o simbólico. De fato, ao longo de sua formação, permanecem refugiados no lado medieval da escola. E o que a escola moderna necessita são pessoas que operem em ambos os universos.

Em várias conferências para educadores, perguntei à plateia quantas vezes seus professores haviam mandado medir ou pesar alguma coisa. No máximo, um ou dois dedos se levantavam, mesmo em auditórios gigantes. Geralmente, esses poucos haviam estudado nas escolas protestantes, de origem americana. Esta tarefa é um exemplo bem elementar de juntar o conceito abstrato de medida com um ato prático. Medir ou pesar é comparar um objeto físico com abstrações, como o metro ou o quilo. Nem esse primeiro passo a escola dá.

Ao início dos anos 60, em um vilarejo da Baviera, folheava o livro escolar de um jovem adolescente. Chamou-me a atenção que ensinava a preencher cheques e operar uma conta bancária. Mesmo nos dias de hoje, quantos brasileiros aprenderam na escola a lidar com bancos?

Vem se revelando difícil vencer esta barreira. Curioso notar que, diante dessa impermeabilidade da escola, há hoje nos Estados Unidos um movimento dos "fazedores" (makers' movement). Parece ser a boa direção, mas, dentre nós, ainda estamos diante de uma barreira cultural invencível. O mesmo com os "Maker's Spaces", oficinas completas onde quem quiser pode construir o que queira. Como dito, não passam de novos símbolos de status.

Insisto, não estamos reclamando que não se ensina a soldar ou cortar cabelo. Não é isso, mas sim lidar com o lado prático do ensino acadêmico. Não é muito mais do que pesar a farinha para fazer um bolo. Ou medir o tamanho de um vidro rachado para encomendar outra. E, quando se aprende um conceito de física, que se faça um experimento para vê-lo em ação no mundo real.

Mas a rarefação do conhecimento não é apenas nas manualidades. Pode mesmo ser a enxurrada de informações, tudo no puro reinado da abstração. Quando estudei francês no ginásio, aprendi mais de dez tempos de verbos, incluindo o futuro do subjuntivo. Porém, não aprendi a usar nenhum. Decorei a conjugação de dezenas verbos irregulares. Aprendi o plural irregular de *bail, corail, émail, soupirail*. Perguntado, meu cunhado francês admitiu nunca haver usado esses plurais. Formei-me no ginásio, incapaz de compor uma frase, mas douto nas formas irregulares de verbos e plurais. Em contraste, nos três anos de curso na Aliança Francesa, aprendi a falar, sem perder tempo com tais preciosismos.

Para quase todos, a Matemática deveria ser o aprendizado de como usar números para resolver os problemas que encontram ao longo da vida. De fato, a Matemática nasce do esforço de lidar com situações reais envolvendo quantidades. Por exemplo, tinha 27 cabras, morreram 6, quantas restaram? Mas raramente é ensinada assim. Os alunos gastam tempo decorando a dedução de teoremas, cuja lógica não entendem – portanto, de nada serve o esforço. Problemas? Sim, os livros estão cheios. Mas raramente tratam da aplicação da matemática, apenas de "fazer contas", colocando números nas fórmulas e calculando os resultados.

Em contraste, o mundo está cheio de problemas, cuja solução exige números. Quantas latas de tinta para pintar meu quarto? Quantos metros de fio para fazer a extensão da tomada? Quantos litros deve ter a caixa d'água, se há quatro moradores? De quanto é o juro real cobrado pelo vendedor da geladeira? Será melhor comprar à vista? Ou pedir dinheiro no banco?

Um livro de biologia do ensino médio é uma muralha de palavras a serem decoradas. Uma vez, tentei contá-las, mas desanimei. Aliás, quantos professores levam seus alunos para procurar bichinhos no mato e tentar identificá-los?

O mesmo ocorre no ensino universitário, digamos, de engenharia ou administração. Os professores explicam, demonstram na lousa as leis e os princípios, mas não levam seus estudantes a aplicarem o que aprenderam no mundo real. Não aprendem a desmontar uma torneira, para ver como funciona. Não medem a produtividade – ou improdutividade – de um processo fabril. Não aprendem a lidar com fornecedores ou clientes.

Os teoremas estão em qualquer livro, bem como a sua demonstração lógica. Porém, a essência do aprendizado das ciências é o confronto da teoria com a realidade observável. Costuma-se dizer que o estudante de ciências só a aprenderá se agir como um pesquisador, tentando decifrar o mundo real. Mas o que acontece na maioria das escolas é que esta segunda etapa é igualmente lida nos livros e não experimentada. É teoria de livro e aplicação também lida no livro. Na melhor das hipóteses, há desenhos ou fotos ilustrando a atividade.

Nos anos 60, a cooperação técnica americana ofereceu a centenas de professores brasileiros cursos ensinando a usar os laboratórios de ciências das escolas. Diante do aparente fracasso de tais esforços, na década de 70, orientei uma tese de mestrado, para descobrir que impacto haviam tido esses cursos e laboratórios. Uma amostra de escolas foi selecionada e pesquisada in loco.

Como se imaginava, muitas escolas nem tinham laboratórios. E as que tinham quase não os utilizavam. Buscou-se, então, descobrir por que permaneciam ociosos tantos laboratórios. A hipótese de que os professores não sabiam usá-los foi rejeitada, pois haviam feito os cursos. A ausência de suprimentos ou laboratoristas tampouco era responsável.

Finalmente, descobrimos que o único fator explicando o uso – ou não – era a administração da escola. Nas escolas com laboratórios ativos, isso ocorria por serem os professores obrigados a usá-los. Quando a decisão era de cada professor, ficavam às moscas.

É óbvio, sofrem os alunos. E sofrem mais os pobres que não tiveram a ajuda da família para compensar a fragilidade da escola nesses misteres.

Essa é uma herança maldita. O DNA da escola permanece próximo aos estilos das doutas elucubrações medievais. Sendo assim, tem grande dificuldade em lidar com assuntos práticos.

Em suma, originando-se de instituições criadas para as elites e focadas em abstrações, a nossa escola, mesmo nos anos iniciais, tem grande dificuldade em levar seus alunos a transitarem entre os dois mundos, o real e o abstrato.

À guisa de conclusão, discutimos acima as dificuldades encontradas pelas nossas escolas ao lidar com assuntos práticos. Ensinam um excesso de noções, conceitos, teorias, princípios e leis. Mas nada disso vira conhecimento vivo, útil e incorporado no nosso repertório de uso cotidiano. Isso porque não há aplicação do ensinado. Infelizmente, muito custará vencer essa barreira.

Capítulo 4

A ciência e a arte de ensinar

Como sabemos hoje, ao nos tornarmos mais educados, aumenta o nosso repertório de conhecimentos úteis. Entretanto, somos mais capazes de aprender a fazer o que não nos foi ensinado. Essa dupla militância é a beleza da educação. Mas como ensinar?

Os professores ensinam, e como terão aprendido a ensinar? Em geral, fazem como faziam seus mestres, quando eram alunos. E, naturalmente, sempre houve quem tivesse boas intuições, em meio a muitos professores inspirados.

Todavia, nas últimas décadas, ocorreu uma revolução. Com o crescimento meteórico da pesquisa rigorosa, temos hoje uma ideia muito mais precisa do que funciona e do que é ineficaz na sala de aula. E, de fato, não são poucos os erros identificados e os bons caminhos abertos.

Este capítulo passa em revista alguns dos grandes temas da arte e da ciência de ensinar. Lembrando, sempre, que a aula é o epicentro da aprendizagem.

A educação e suas mágicas

Nesta seção, passamos em revista os impactos mensuráveis da educação. São mensuráveis, sim, mas a mecânica da transformação de aulas em mais produtividade oferece perplexidades. Em particular, o que mais faz crescer nosso desempenho não é o que aprendemos na escola, mas o que aprendemos depois da escola, por havermos estudado na escola. Educação inclui aprender a fazer, mas, também, aprender a aprender com a experiência vivida.

Quase todos entendem: os mais educados sabem mais e ganham mais. Por que será? O que a escola terá enfiado na cabeça dos seus alunos?

Os números mostram claramente, quanto mais anos de escolaridade, maior o nível de renda auferida. Isso é fácil de entender, pois aprendem-se na escola coisas que podemos usar no primeiro dia de trabalho.

De fato, aprendem-se habilidades que o mercado valoriza e está disposto a pagar, como ler, escrever, receber instruções por escrito e muito mais. E, obviamente, aquelas próprias da ocupação. Um contador sabe examinar um balanço. Quem sabe fazer essas coisas ganha mais, pois é mais produtivo para a empresa. E como os economistas demonstram de forma persuasiva, quem recebe salários maiores, é porque produz mais – nem todos, é óbvio, mas na maioria das vezes, essa premissa é verdadeira.

Não obstante, os números escondem uma charada. Com o passar do tempo, vamos esquecendo o aprendido na escola. Alguns conhecimentos mal duram até o dia da prova.

Quando começamos a trabalhar, usamos o que nos ensinou a escola. Inevitavelmente, no ano seguinte, já teremos esquecido muito do que aprendemos no ano anterior. Sendo assim, diria a lógica, ao ir esquecendo, nosso salário deveria diminuir.

Mas é exatamente o oposto. Os analfabetos se aposentam praticamente com o mesmo salário inicial. Para quem estudou, em vez de cair, os salários sobem ao longo da vida profissional. Contudo, não é só isso, sobem mais quanto mais escolaridade consegue acumular. Como não voltaram à escola, não aprenderam nela nada de novo que pudesse ser remunerado. Pior, se estudaram mais, têm mais informações para serem esquecidas. Por que será que os salários continuam aumentando?

Vamos raciocinar. Diante de uma situação de trabalho, o analfabeto não consegue encontrar uma maneira melhor para lidar com ela. Seu repertório de ideias e informações é muito limitado. Portanto, continua fazendo sempre o mesmo, da mesma forma.

Já quem passou pela escola, adquiriu formas de pensar e agir que permitem decifrar a situação de trabalho e lidar, criativamente, com os desafios que aparecem. Enfim, o equipamento intelectual adquirido na escola permite transformar a experiência de trabalho em mais produtividade. Falando como os educadores, trata-se de aprender a aprender.

Portanto, quanto mais aprendemos na escola, mais somos capazes desta conversão subsequente de experiência em aprendizado. Com um diploma de ensino médio, ao chegar à maturidade, um indivíduo ganhará bem mais do que o seu salário inicial. E mais ainda se tiver um diploma superior.

Os números são claros, a capacidade de Aprender a Aprender dos mais escolarizados vale mais do que os conhecimentos úteis que possuía no primeiro dia de trabalho. Isto é, a educação consiste, também, em equipar as pessoas para aprender a fazer coisas que não foram ensinadas na escola. O trabalho é uma grande escola, mas somente para quem estudou. Dizendo de outra forma, a consequência mais bem-vinda de aprender na escola é que também aprendemos a aprender fora dela.

No fundo, os conhecimentos úteis incluídos nos currículos valem tanto ou menos pela sua utilidade intrínseca do que pela oportunidade de desenvolver o raciocínio, ao lidar com eles. A história do Brasil exibe uma grande coleção de padres que tiveram papéis importantes, fora de suas igrejas. Mas vejam só, o seminário não ensinou nada que não fosse o ofício de padre.

Até aqui, estamos na zona de conforto. Porém, são minguadas as respostas quando perguntamos como horas em bancos escolares se metamorfoseiam em prosperidade da nação, um assunto de monumental relevância.

Olhamos para uma máquina, digamos, um torno. Logo entendemos o seu funcionamento. Gira uma peça, presa a um mandril. Uma ferramenta de corte é comandada por duas manivelas. Ao tocar, sulca o metal. Mas pouco entendemos como funciona, ao examinar a nossa própria cabeça. E, ainda menos, a cabeça dos outros.

Na verdade, nem tudo é opaco. Há situações bem visíveis. Quando um mestre marceneiro mostra ao seu aprendiz como fazer um encaixe, ele está simulando uma situação muito parecida à que este último vai encontrar ao tentar aplicar o aprendido. Ao fim do século XVIII, Adam Smith, filósofo e economista escocês, sugeriu isso no seu livro.

Em um outro diapasão, como já haviam percebido os economistas clássicos, a educação molda valores, no caso, os valores da modernidade, claramente associados ao progresso. Por exemplo, são aspectos conhecidos postergar a satisfação presente em benefício de maiores ganhos adiante ou acreditar que somos responsáveis pelo nosso futuro. Ao bater nessas teclas, por anos, a escola acaba nos convencendo.

Mas nem tudo é tão transparente. Sabemos que pessoas que estudaram a boa literatura são capazes de decisões mais inteligentes. Suas cabeças captam contornos da realidade descritos em romances famosos. Nesse caso, o salto entre o lido e o aplicado é muito grande. Ou seja, o vínculo do estudo com as suas consequências é opaco.

O que fazer? Nesses assuntos, seguimos engatinhando. Medimos, cuidadosamente, quanto de educação foi recebida. Medimos o resultado. Mas não conseguimos decifrar a caixa-preta que opera dentro das nossas cabeças, conectando a causa com o efeito.

Novas ideias em velhos livros? E há os novos

Há uma abundância de boas ideias acerca de como lidar com a educação. Algumas até vêm de muitos séculos atrás. Contudo, a escola continua desdenhando as orientações para que saia de sua redoma e aprenda com as muitas lições que estão por aí.

Há uma escandalosa distância entre as grandes ideias que brotam na Educação e a mediocridade generalizada das salas de aula. Não obstante, a cada momento, parecem borbulhar inovações que podem revolucionar o ensino.

Consideremos as reflexões de um educador inspirado:

- O objetivo da educação é desenvolver o corpo, as faculdades mentais e contribuir com a natureza para o seu aperfeiçoamento.
- As primeiras etapas do ensino são as mais importantes e requerem grande habilidade dos professores.
- O assunto a ser aprendido é menos importante do que o processo de aprendizagem do aluno.
- O desenvolvimento do cérebro requer que se evite pressão excessiva e uma visão única dos assuntos tratados.

Parecem bastante apropriadas para os dias de hoje, pois não? De quem seriam, Piaget (psicólogo suíço), Vygotsky (psicólogo bielo-russo), Sir Kenneth Robinson (escritor britânico), Paulo Freire (educador e filósofo brasileiro)?

Nenhum deles, pois foram formuladas por Mulcaster, escritor britânico, na Inglaterra, em seu livro publicado em 1581! Praticamente, ninguém o leu e, menos ainda, migraram tais ideias para a sala de aula.

No século XVIII, Comenius (educador e cientista checo), Rousseau (filósofo francês), Voltaire (escritor e historiador francês) e outros exploraram seriamente os nossos conhecimentos de educação. Mas quase nada mudou na sala de aula.

Faz pouco, descobrimos o "ensino ativo"! Boa notícia, pois pesquisas amplamente demonstram a sua superioridade, comparada com uma longa preleção, seguida da sineta que termina a classe. Fica claro nos estudos realizados ser uma fórmula superior para fazer funcionar a cabeça dos alunos, em vez de ouvirem a aula passivamente. Aliás, nada errado com a aula expositiva, em si. O equívoco é consumir todo o tempo, privando os alunos das mil formas de ação e interação que caracterizam o ensino ativo.

Novidade? Só para quem não se lembra que o próprio termo "ensino ativo" foi proposto por John Dewey (filósofo e pedagogo norte-americano), na entrada do século XX.

Quase tudo que vemos hoje como novidade nasceu naquele momento fertilíssimo em que Dewey, Montessori (educadora italiana), Pestalozzi (pedagogo suíço), Froebel (pedagogo alemão), Steiner (filósofo e educador austríaco) e muitos outros repensavam, criativamente, como deveria ser uma escola.

Contudo, nos dias de hoje, as aulas continuam muito parecidas com aquelas ministradas nas universidades do Medieval Tardio. Apareceram o papel barato, os livros para os alunos e pouco mais. Seguimos com a fórmula tradicional: as carteiras, o quadro negro e o mestre declamando a sua aula. No máximo, o projetor substituindo o giz – com grandes vantagens potenciais, mas, quase sempre, mal utilizado.

Naturalmente, sempre houve um drástico gradiente entre as salas de aula das raras e boas escolas e a esmagadora maioria restante. Mas, no todo, apesar da passagem do tempo, pouco destas práticas mais iluminadas migraram para as escolas modestas. É isso, não faltam boas ideias sobre como conduzir o ensino, falta serem elas postas em prática.

Com quem aprendemos a arte de ensinar?

Nesta seção, confrontamos um ensino em que tudo são palavras com um outro que parte da observação e manipulação do mundo real. No primeiro, o aprendiz lida diretamente com o mundo real, fazendo alguma coisa. No segundo, o professor fala, escreve no quadro negro ou o aluno lê no livro. A poderosa mensagem é que o primeiro método é superior em uma grande variedade de situações. Porém...

Um pesquisador vai anotando como aprendem os jovens. Primeiro, eles observam, cuidadosamente, os que melhor sabem o assunto. Os modelos podem ser pais ou membros experientes do grupo. Em seguida, tentam repetir as operações, por conta própria. No início, erram demais. Mas, depois, começam a acertar e a adquirir o jeito de fazer as coisas. De forma esporádica, os mais velhos corrigem os erros. É assim que aprendem.

Em outra situação, um pesquisador observa uma sala de aula. O professor fala, fala e fala. E apenas isso. Meses depois, os alunos devem ler uma prova e formular frases, respondendo a perguntas que teriam algum parentesco com o que foi dito na aula. E nisso se resume o suposto aprendizado.

Qual das duas alternativas dá melhores resultados?

Antes de responder, entendamos melhor o contexto das duas pesquisas. A primeira foi feita por um zoólogo, observando chimpanzés na selva africana. A segunda é uma das muitas pesquisas, mostrando uma aula convencional em uma escola convencional do Brasil.

Por milhares de anos, os primatas e, depois, o *Homo sapiens sapiens*, aprenderam olhando, imitando e recebendo ajuda dos mais experientes.

Na Idade Média, o processo se formalizou, com a criação das corporações de ofício. Nelas, o pai do aprendiz contrata um mestre para ensinar o ofício ao filho. Inicialmente, tal como os chimpanzés, o aprendiz observa o trabalho do mestre. Aos poucos, vai executando as tarefas mais simples da profissão. Com a repetição, domina as técnicas, até chegar às mais desafiadoras.

Além de demonstrar, o mestre corrige e explica, quando necessário. Acima de tudo, inspira, motiva e transmite os valores da profissão. Após alguns anos, o aprendiz deixa o mestre, e vai trabalhar por conta própria. Mais adiante, poderá também ter os seus aprendizes. Até hoje, o método sobrevive na formação profissional, em todos os países, incluindo os mais prósperos.

Com os ajustes necessários, o modelo do mestre/aprendiz sobrevive – até mesmo no doutoramento. De fato, a interação direta do aluno com seu orientador é outra manifestação de uma pedagogia imbatível.

Infelizmente, a escola caminhou na outra direção e perdeu esse veio de realismo, de uso das mãos para aprender a fazer e a pensar. Distanciou-se do consagrado "aprenda fazendo" e baldeou-se totalmente para o mundo das palavras (ver o Capítulo anterior para a origem dessa infeliz deriva).

Curiosidade: os tradicionais cursos por correspondência sempre proclamaram que neles se "aprende fazendo". Ao dizer isso, indiretamente, estão acusando as escolas de tentar ensinar sem fazer.

Quando deu um curso para professores de Física brasileiros – na década de 50 – o prêmio Nobel Richard Feynman espantou-se. Percebia como distantes do mundo real os físicos a quem ensinava. Em vez de ir e vir entre a observação e as teorias, refugiavam-se no mundo das palavras e das fórmulas.

"Há ciência no Brasil? Não, apenas o significado de uma palavra em termos de outras. Nada ficou dito sobre a natureza.". Segundo ele, os brasileiros memorizavam tudo, mas não sabiam o significado de nada. Ele insiste, a Física começa com problemas reais e não com fórmulas. Começa com os sentidos, com a observação, e não com palavras e abstrações. Já houve mais dura condenação do ensino brasileiro?

Nossa escola teria muito a aprender com os chimpanzés e com a tradição medieval do aprendiz com seu mestre. Por razões misteriosas, apesar do que pregava Montessori, Piaget, Rudolf

Steiner e outros, a escola abandonou o veio fértil de iniciar as lições usando as mãos e lidando com o mundo real. Perdeu a chance de dar mais força e vida ao aprendizado das ideias e das palavras.

O desenvolvimento da língua e da escrita leva aos píncaros a abstração humana, distanciando o homem dos outros primatas. Portanto, a transmissão dessa sublime herança é um dos principais objetivos da escola. Ou seja, ensinar a usar palavras e a lidar com abstrações é a parte mais nobre da educação. Mas uma coisa é o destino, outra é o caminho.

Diz a teoria cognitiva, para atingir o abstrato, a boa educação usa o concreto, muitas vezes, com o auxílio das mãos. Começa nas coisas e nos sentidos, para chegar ao simbólico.

Foi na ausência desse vai e vem entre observação e realidade que a escola se perdeu. Não se aprende a lidar com palavras e ideias, meramente jogando uma contra a outra, longe do mundo real. É preciso começar como os macacos, observando, manipulando. Aos poucos, ocorre a transição. Queremos o dominar o mundo simbólico, mas o caminho que leva a ele começa manipulando o mundo real.

Esse é o bom ponto de partida. Começa-se no real, com os sentidos, pela via da observação. Progressivamente, vai sendo feita a transição do que lida no mundo real. Assim, caminha-se para a abstração que organiza o que foi observado. Depois de observar muitos insetos, os alunos poderão ver que há alguns com seis perninhas. Que mais eles terão em comum? Isso é diferente de ler no livro a taxonomia de Lineus (classifica as coisas vivas em uma hierarquia), sem jamais examinar um bichinho.

Isso foi dito, com diferentes palavras, pelos grandes educadores. Mais adiante, Piaget diz a mesma coisa.

Explicando de outra forma, há um método indutivo, é o primeiro, o dos macacos. E um dedutivo, o segundo, do teorema demonstrado no quadro negro. Como nos mostra ampla pesquisa, o método indutivo é mais eficaz do que o dedutivo. Da observação, da indução, caminha-se para a linguagem simbólica. Na dedução, parte-se de uma formulação conceitual, afirma-se isso ou aquilo. Vem, então, a observação, para confirmar ou não o que foi postulado. E o que é pior, a observação não vem.

Debalde, a escola insiste em começar pela abstração, se é que chega a lidar com o mundo real. Por razões já exploradas no capítulo anterior, tem grande dificuldade para saltar da abstração para a observação.

Não cabe ser taxativo aqui. Mas parece razoável concluir que as grandes dificuldades da escola resultam dessa opção por permanecer no mundo das palavras, quando se sabe que a mente humana aprende melhor quando começa explorando o mundo real.

E essa tal de "aula ativa"?

Faz mais de 100 anos, J. Dewey batizou de "aula ativa" uma situação em que o aluno não apenas ouve o professor, mas, também, participa, pensa, faz, questiona-se. A expressão ficou hibernada até recentemente, quando ressurgiu, como grande novidade. De fato, tal protagonismo por parte dos alunos permite maior e mais profunda fixação do que está sendo aprendido. Só falta aparecer na sala de aula.

Faz pouco, entrou no radar dos educadores a "aula ativa". Novidade? Modismo fugaz?

Nem um e nem outro. Esse conceito tem mais de 100 anos. O próprio termo foi proposto por John Dewey, um respeitado educador americano, da entrada do século XX. Trata-se da ideia poderosa de que o ensino pode ser ativo ou passivo e que o primeiro costuma ser mais eficaz. Infelizmente, nada disso chegou à sala de aula.

Em anos recentes, essa distinção está sendo redescoberta. Mais ainda, pesquisas confirmam a superioridade da "aula ativa".

O ensino passivo é ameno, agradável e leve. O professor ensina tudo, passo a passo. Não é surpresa que essa forma de ensino agrade a todos. Peça a qualquer aluno que descreva seu professor ideal e teremos a figura de um grande expositor.

Já o ensino ativo pode ser bem mais penoso para os estudantes. Em versões extremas, o professor nem sequer explicaria, apenas mandaria os alunos decifrarem a charada sozinhos e resolverem algum problema real. É desconcertante para o aluno que logo acusa o professor de preguiçoso.

O grande paradoxo é que, no ensino passivo, o aluno aprende pouco, embora ache que ficou sabendo muito. Em contraste, mesmo que haja sofrimento, no ensino ativo, o aluno aprende em um nível em que a memória tem vida mais longa. Não obstante, ele acha que aprendeu pouco. Ou seja, é tudo ao contrário.

No ensino passivo, o conhecimento é depositado na cabeça do aluno. Mas, na melhor das hipóteses, apenas decoram-se as palavras ou as fórmulas. Não se obtém um real aprendizado do assunto. O ensino passivo leva bomba! Porém, equivocadamente, o aluno dá bomba no ensino ativo.

Para melhor entender, comecemos imaginando três situações de sala de aula. (i) O professor comunica: "Amanhã não haverá aula."; (ii) "A Primeira Grande Guerra eclodiu em 1914."; (iii) "Vou explicar como se transformam pés quadrados em centímetros quadrados.".

Essas informações chegam ao nosso cérebro. O cancelamento da aula irá para um escaninho já existente, com um cantinho para guardá-la com segurança. Com certeza, ele não comparecerá à escola, por engano. Houve um real aprendizado.

O 1914 e a transformação de medidas de superfície irão para outro lugar, meio lusco fusco (chamado de Memória de Curto Prazo). Não há escaninhos, tudo flutua no ar. Ou some! Se o mesmo 1914 reaparecer em várias aulas, acaba sendo "decorado" e enviado a algum canto seguro da memória. O professor explica o assunto de forma brilhante e persuasiva. Ao tocar a campainha, os alunos comentam: "que aula maravilhosa, entendi tudo.". É um caminho mais suave: ouvir a aula e decorar a matéria. Pode virar uma lembrança indelével, seja relevante ou não.

Na transformação de medidas, a aula pode tomar dois caminhos diferentes. No primeiro, como na data da guerra, fica pairando no ar, com risco forte de desaparecimento. Se o aluno voltar ao assunto várias vezes, a fórmula acaba sendo memorizada, porém,

provavelmente, não será realmente digerida e incorporada. Fazendo uma compra na Amazon.com americana, não saberá transformar em metros quadrados as medidas do tapete que deseja (especificado em pés quadrados).

Falemos agora do segundo modelo de aula, na qual o professor deu um problema real e não explicou nada. Tal questão aterrissa em um espaço do cérebro cujo funcionamento é diferente. Operar nessa sala é penoso, pelo menos inicialmente. Pode ser uma luta suada e lenta. O fracasso espreita. Até traz cansaço físico. Mas é nela que se dissecam as ideias e explora-se a sua lógica. Essa tarefa árdua é o próprio ato de "pensar".

É a "câmara de torturas" do cérebro e que nos obriga a enfrentar o desconhecido. O lado bom é que, ao dominar o assunto, vem um sentimento de prazer ou realização. E o aprendido vira uma ferramenta útil.

Retomemos o exemplo dos dois métodos. O primeiro professor dá uma aula eloquente, adorada pelos alunos. Mas estes apenas decoraram a fórmula. Evitaram o esforço intelectual requerido para penetrar na sua essência.

O segundo professor manda os alunos lerem o capítulo do livro e que construam um experimento para ilustrar a regra. Em seguida, põe-se a ler um jornal. Os alunos praguejam e sofrem. Contudo, é muito maior a probabilidade de que terminem sabendo usar a fórmula em situações reais.

Na aula de que os alunos gostam, eles decoram, mas não sabem usar o conhecimento. Na outra, ainda que penem e detestem, passam a dominar o assunto.

Usando os termos de John Dewey, a primeira foi uma aula passiva. A segunda, ativa. Essa última pode ser doída e desconfortável.

Para exagerar, apresentamos uma versão áspera de "aula ativa". E há inúmeras maneiras de torná-la instigante. Um problema de média aritmética pode começar pedindo os alunos para avaliarem a performance de seu time favorito: de todos os chutes em gol, qual a média de acertos? Ou, então, um texto escrito e publicado no jornal contém uma contradição lógica: onde está? Outra possibilidade: terá implodido uma garrafa de champagne que afundou com o Titanic?

Podemos concluir que a aula dada de forma ativa tende a ser mais congruente com as maneiras naturais pelas quais aprendemos. Em grande medida, é o que mostra a pesquisa.

Concluímos, então, que precisamos abolir a aula passiva e ficar apenas com a ativa? Não! Em geral, o bom ensino é uma alternância bem orquestrada entre as duas. Na exposição, o professor apresenta as ideias e explica a sua articulação. Isso ajuda e economiza tempo. Ou explica para que serve. Ademais, alguns mestres motivam, inspiram, fazem a cabeça dos alunos e até mudam o seu destino profissional.

Há casos em que a aula pode ser toda ativa. Ou toda passiva. Depende. Ademais, há muitas formas de tornar mais ativa uma aula tradicional.

Em suma, o conceito de "aula ativa" nos leva à noção de que o aprendizado se dá dentro da cabeça do aluno – por vezes, penosamente. É o único caminho para dominar lições complicadas. Requer pôr em marcha o ato de pensar. Ouvir a aula pode ser apenas a porta de entrada.

Diabruras da didática

Grande parte da arte de ensinar é percebida pelos professores como intuitiva: "É lógico, só pode ser assim.". Mas para o desconforto dos mestres teimosos ou preguiçosos, intuitivo é diferente de verdadeiro. Muito do que parecera correto revela-se hoje como equivocado.

Um bom naco do que parecia óbvio como boa pedagogia revela-se equivocado. E aqui não estamos falando de palpite contra palpite, mas, sim, de resultados repetidos de pesquisas sólidas que não puderam ser contestadas.

Para exemplificar, vejamos, então, algumas afirmativas inocentes, passando por boas práticas de sala de aula. Mas como em seguida anotado, levaram bomba nas boas pesquisas.

1. "Senta aí e estuda até aprender o ponto.". Sábio conselho? Péssimo! Aprendemos muito mais dedicando igual tempo a estudar um pouquinho hoje e outros pouquinhos amanhã e depois.

2. Um professor passou 50 exercícios de equações do primeiro grau, depois 50 do segundo e mais 50 de exponenciais. Outro passou os mesmos 150, mas todos embaralhados. É óbvio, o primeiro está certo. De fato, na prova aplicada logo em seguida, o primeiro grupo obteve notas maiores. Porém, em outra, meses depois, o grupo das equações embaralhadas mostrou melhores resultados. Ou seja, misturando as questões, o aprendizado é mais efetivo e dura mais.

3. É preciso concentrar esforços, por exemplo, gastando um bom tempo com a Matemática e só então ir para a Física. Saltitar rapidamente entre as matérias confunde a cabeça do aluno. Curiosamente, intercalar os assuntos dá melhores resultados.

4. "Fiz anotações cuidadosas na aula, mas sumiu o papel". Todo o trabalho foi perdido? Quase nada, pois o ganho vem do esforço de selecionar o que anotar. Consultar o papel, mais adiante, quase não ajuda.

5. Os professores perguntam e esperam que os alunos pensem qual a resposta certa. Mas após a pergunta, quanto tempo transcorre, no mundo real, até os professores cobrarem a resposta? De acordo com uma pesquisa, apenas um segundo. Se esperassem cinco, a pergunta seria 300% mais bem respondida.

6. Provas frequentes subtraem do tempo de aula. Não, provas inteligentes são uma das melhores maneiras de fixar o conhecimento. É tempo ganho e não perdido.

Diabruras da didática! Alguns desses resultados são inesperados, outros parecem amalucados. Mas não são devaneios, estão confirmados por pesquisas sólidas. São os esplêndidos frutos da aplicação da ciência rigorosa à sala de aula. Além dos seis exemplos acima, há um tesouro de estratégias de aprendizagem sendo revelado por estudos recentes.

Conhecemos hoje a eficácia de dezenas de procedimentos e fórmulas de uso frequente nas salas de aula. E estão sendo inventadas outras tantas, desconhecidas no passado. Em um país de ensino tão ruinzinho, utilizar esses resultados traria uma bela contribuição. Os professores teriam muito a ganhar usando as melhores práticas conhecidas.

Os livros, soletrando essas regras, estão por aí (muitos em português). E até eu escrevi um (*Você sabe estudar*, Editora Penso). Por que não são usados nas Faculdades de Educação? Por que, em vez de formas práticas de atuar em sala de aula, inunda-se a cabeça dos futuros mestres com uma torrente de teorias intergalácticas? Pior, repete-se a dose nos cursos de reciclagem. Muitas delas não são teorias erradas, mas não ajudam quando toca a campainha e começa a aula.

Ensino bom requer professores bons. E esses não nascem sabendo. De fato, precisam que lhes seja ensinado o seu ofício, para conseguir com que seus alunos aprendam. Os professores modelam sua pedagogia pela que viram de seus antigos mestres. Se estes estavam desatualizados nas suas práticas, automaticamente, o mesmo acontecerá com seus alunos e futuros mestres.

Em meus contatos com professores, entendi que desejam ajudas práticas para facilitar e tornar mais eficazes as suas aulas. São os doutores, encarregados da formação dos professores que são os apaixonados pelas teorias complicadas.

Em *Tristes Tropiques*, Lévi-Strauss, antropólogo francês, fala de sua experiência na Universidade de São Paulo (USP), onde via todos enamorados pelas teorias da moda, abstratas e complicadas. Não se davam conta de que tudo começa entendendo o simples, em profundidade. Será que hoje ainda seria verdade?

Resumindo. Conhecemos mais e com superior segurança o que funciona e o que não funciona em sala de aula. É lastimável que pouco desse conhecimento migre para a formação dos professores. E isso não acontecendo, os alunos ficam privados de um ensino que, facilmente, poderia ser bem melhor.

Vejamos abaixo algumas sugestões para melhorar o ensino:

1. Aprende-se repetindo, repetindo, repetindo. Não há alternativas.
2. No ensino ativo – uma pedagogia superior –, o aluno tem que, ativamente, buscar uma compreensão profunda. O professor não enfia o conhecimento na cabeça dele.
3. Sem aplicar não se aprende.
4. O aprendizado não pode ficar no decoreba. Tem que buscar conhecimentos de ordem superior.
5. Aprende-se quando o assunto é contextualizado, ou seja, conectado com o que é familiar ao aluno.
6. Quanto mais bem preparada a aula, mais o aluno aprende.

Esses são alguns princípios norteadores da boa sala de aula. O ensino que seguir por eles terá muito mais chances de sucesso.

Contar histórias: O casamento da razão com a emoção

> "Os melhores líderes... quase sem exceções e em todos os níveis, são exímios contadores de histórias e no uso de símbolos."
> (Tom Peters)

Talvez a mais poderosa ferramenta da pedagogia seja contar histórias. Nelas, mesclam-se o conhecimento que se deseja transmitir com a emoção da narrativa. E, como sabemos, a emoção tem o poderoso efeito de fixar na memória o que foi aprendido.

Escritas há quase três mil anos, a Ilíada e a Odisseia, moldaram a identidade grega. A Bíblia disseminou o cristianismo. O Corão faz o mesmo para o Islã. Os Lusíadas esculpiram a alma portuguesa. Note-se, esses livros de gigantesco impacto, são todos contações de histórias. Homero, Jesus Cristo, Maomé e Camões conheciam poder das narrativas, mesmo sem haver feito cursos de Teoria Cognitiva.

No fundo, é a imbatível mescla de mensagens sérias com emoções. Ao mesmo tempo que nosso intelecto se esgrima com as ideias a serem aprendidas, no outro hemisfério, somos capturados pelas emoções da narrativa. Essa combinação faz milagres.

De fato, contar histórias é um maravilhoso meio de transmitir mensagens importantes. Digamos que é um namoro feliz da razão com a emoção. E isso é verdade em qualquer assunto. Não nos esqueçamos, os bons professores são bons contadores de histórias.

Embora correta, até pouco, era apenas intuitiva a percepção acerca do poder das histórias. Hoje, a ciência tem o que dizer.

Nosso cérebro tem dois lados ou dois hemisférios. Simplificando, o esquerdo processa os assuntos da razão. O da direita, os da emoção. Os assuntos da escola estão quase todos no hemisfério da razão: tabuada, descoberta do Brasil, lei da gravitação universal ou conjugações de verbos irregulares.

Porém, quando esses assuntos de razão se mesclam com emoções, acontecem coisas curiosas. A emoção é sempre a mais profunda, portanto, a mais lembrada. Sendo assim, quando entra a emoção nos assuntos de razão, ela ajuda a gravar na memória temas perfeitamente frios que estão conectados a elas.

Os mais velhos se lembram do que estavam fazendo quando Jonh F. Kennedy foi assassinado. Com os menos velhos, o mesmo ocorre com as Torres Gêmeas. Ou os 7 x 1 da Copa do Mundo. A emoção é tão poderosa que se colam nela fatos sem qualquer relevo, mas que aconteceram na mesma ocasião.

Hoje, podemos ver como isso se passa dentro no nosso cérebro, através dos aparelhos de Ressonância Magnética, capazes de mapear as atividades mentais de cada pedacinho da nossa cabeça. Cintilações aparecem na tela onde as atividades mentais estão ocorrendo. Suponha-se que estamos aprendendo verbos irregulares. Com certeza, o aparelho iria mostrar o hemisfério esquerdo cintilando. E nada mais. Por outro lado, se ouvimos um caso bem triste, o que cintila, então, é o direito.

Agora, imaginemos um curso de medicina em que o professor dá uma aula sobre úlceras, mostrando o efeito dos antibióticos sobre elas. Se o aluno estivesse em um aparelho de ressonância magnética, o hemisfério esquerdo estaria pipocando e o esquerdo adormecido. É o esperado.

Imaginem a mesma aula, porém, começando com a história de um médico australiano totalmente desconhecido, o Dr. Robin Warren. Fazendo autópsias de cadáveres com úlcera péptica, suspeitou que poderiam ser causadas por bactérias. Foi ridicularizado. Insatisfeito, fez-se infectar e, de fato, contraiu a doença. Em seguida, tomou um antibiótico, curando-se. Depois de ouvir essa história, prossegue a aula sobre úlcera, igualzinha à outra.

Na primeira aula, centelharia o hemisfério esquerdo. Na segunda, centelhariam os dois. Conclusão: a segunda aula, pelo seu dramatismo, será lembrada pelo resto da vida. A primeira ficou mortiça na memória.

Em suma, contar histórias é a melhor pedagogia. Se conseguirmos enfiar nossas mensagens racionais em uma narrativa palpitante, o assunto será mais lembrado. A combinação de uma narrativa racional com uma outra, paralela e emocional, torna o aprendizado muito mais profundo e duradouro.

Foram feitos experimentos, ensinando aos alunos algum capítulo importante da história. Outro grupo viu um filme comercial sobre o mesmo tema. Perguntados um ano depois, os que viram o filme se lembravam mais daquele episódio da história. Por quê? É simples, produtores de filme sabem que sem emoções o filme não vende. E emoções ajudam a gravar na memória o que quer que venha junto. Se o experimento incluísse um aparelho de ressonância magnética, na aula, cintilaria apenas o lado esquerdo. No filme, os dois.

O Telecurso 2000 eliminou as imagens de um professor dando aula. Os mesmos assuntos, dramatizados, são apresentados em situações de trabalho ou de rua. Ocorrem desentendimentos e enfiam-se todas as emoções que um bom produtor de filmes conhece bem. Resulta em uma estratégia muito mais eficaz.

A série do Serviço Brasileiro de Apoio às Micro e Pequenas Empresas (SEBRAE), *Aprendendo a empreender*, é um minicurso de administração de empresas. Mas funciona maravilhosamente, porque tudo acontece em um pequeno armazém familiar, ameaçado pela abertura de um supermercado nas vizinhanças. Há desentendimentos, namoricos e conversas. E por trás, está escondido um currículo convencional de gestão.

Em outros tempos, a coleção de Monteiro Lobato fazia isso com brilho. Eram narrativas de aventuras, entremeadas com conhecimentos escolares. No meu caso, aprendi mais sobre os assuntos do currículo do que na escola. E não sou o único a dizer isso.

Alguns professores de Administração de Empresa usam filmes do circuito comercial para provocar discussões sobre temas centrais de gestão. Podem ser assuntos de liderança, de crises institucionais, conflitos éticos e muito mais. Amplo sucesso.

Recuperando as ideias principais, falamos do namoro da razão com a emoção. Mesmo um assunto puramente racional pode ser aprendido com mais motivação e maior retenção no longo prazo se for mobilizada a emoção. Daí os atrativos enormes de contar histórias contendo lições disso ou daquilo. E por estar na moda, contação de história virou *storytelling*, ganhando o charme do anglicismo.

Só falta praticar o aprendido. De fato, é fácil pregar *storytelling*. Mas dá trabalho pescar boas histórias para serem entremeadas com as lições.

A colisão da ciência com a Civilização do Espetáculo

Vivemos em um momento em que tudo tem que ser espetaculoso. Porém, o esforço de compreender ideias complexas não é compatível com fogos de artifício, de pólvora se incendiando ou malabarismos eletrônicos. Um belo espetáculo de criatividade visual e auditiva pode impedir a concentração necessária para estudos sérios.

Faz tempo, fui presenteado com o livrinho de Vargas Llosa, *A Civilização do Espetáculo*. Dei uma lida superficial.

Por outras razões, familiarizei-me com uma maquininha diabólica, chamada de Eye Tracker. Ela registra no computador os movimentos das pupilas. Desta forma, em cada instante, ficamos sabendo onde a pupila está focalizando. E a pupila reflete onde está nossa atenção. Parece bobice, mas abre as portas para descobertas fascinantes.

Estas duas lembranças atropelaram a minha cabeça, simultaneamente, quando participei de um evento que discutia ciência e suas aplicações. Havia conferências em um auditório, algumas demonstrações em salinhas e muita tralha exposta. Tudo muito sério.

Contudo, levei um susto com a montagem feérica. Em labirintos de salas e corredores, logo à entrada, painéis LED desenhavam arabescos nas paredes e no chão, ao som de música moderninha e ensurdecedora. Pisávamos nas figuras que se movimentavam. Era a versão eletrônico-psicodélica de um "barato" de LSD ou Ectasy.

Porém, é algo que, ao apelar para os sentidos, amortece as funções cognitivas. Não era um bom agouro para um evento científico.

Antes de prosseguir, falemos do Eye Tracker. Como se sabe, a pupila obedece a dois senhores. Voluntariamente, podemos instruí-la a olhar para a conta do restaurante. Mas no seu funcionamento cotidiano, move-se por instruções que nosso cérebro definiu, quando nem éramos ainda *Homo sapiens*. Quem sabe, primos das iguanas? O Eye Tracker revela muitas coisas interessantíssimas, mas, aqui, ficamos com um único achado, de resto, muito simples.

Como iguanas, já tínhamos uma visão que prestava inestimáveis serviços. Porém, os donos das pupilas menos alertas para o movimento, com maior frequência, eram devorados pelas onças. Ignoravam que, se mexe, pode ter dentes afiados. Como resultado desta seleção natural, sobreviveram aqueles cuja pupila acompanha o movimento. E como confirma o Eye Tracker, nossas pupilas foram programadas para acompanhar tudo que se move, onde quer que esteja. E onde está a pupila, está a atenção. É uma forma antiga de seguro de vida.

Quando me sentei no auditório, dei-me conta do árduo trabalho que me esperava, pois tinha, o tempo todo, de livrar-me da atenção ao que se movia. Vale também mencionar que não havia velharias, como programação impressa. Estava apenas em um site, a ser encontrado no celular. Uma chatice adicional.

Naquele auditório se truncavam dois mundos. Minha pupila queria embarcar na festa da motilidade. Eu, nas descrições dos avanços científicos.

A iluminação que recebiam os conferencistas era pálida e de cima, deixando olheiras e a sombra do nariz – a parecer o bigodinho do Hitler. Porém, na tela de fundo, gigantesca e bem iluminada, passeavam nuvens e estrelas, em perpétuo movimento. Em uma barra, bem à altura dos conferencistas, escorria uma projeção com o nome dos muitos patrocinadores. E os raios laser trocavam de cores ao varar o espaço do auditório.

Quase não se via a cara do conferencista. Para compensar, ela se materializava em um gigantesco telão. Porém, o PowerPoint distava de, pelo menos, uns 20 metros dele. Havia que escolher: o conferencista ou seu PowerPoint. Os dois, daria torcicolo.

Como acontece nesses eventos, as conversas e exibições são até mais cativantes, provocando inúmeras trocas de ideias na sala central. Sendo assim, faltava uma porta, para impedir que o som dos mil diálogos competisse com a voz do conferencista, por vezes, com volume insuficiente.

Em vários cantinhos havia também apresentações simultâneas. Entretanto, embora cada conferencista pudesse estar a um metro da sua audiência, sem microfone e fones, nada se podia ouvir.

Pensei no livrinho de Vargas Llosa. A ficha caiu! O fulgurante jogo de luzes atropelou o que deveriam ser serenas discussões de ideias. Estávamos na civilização do espetáculo. O evento científico colidiu com o êxtase visual. Quem tentava acompanhar as falas encontrava um inimigo na liturgia multicolorida. As pupilas eram assaltadas pelos raios laser vermelhos que viravam verdes. As estrelas e nuvens tentavam ganhar a atenção das pupilas. O mesmo com procissão dos ícones. As ideias poderosas, trazidas pelos conferencistas, eram soterradas pelo movimento e pelo espetáculo montado.

Houve uma colisão de dois mundos, no fundo, dois universos contraditórios. Os organizadores queriam trazer os avanços da pesquisa para seus convidados. Mas quem montou o evento estava totalmente mergulhado na "civilização do espetáculo", ajudado pela música, berrando nos intervalos. Onde caberia a palavra falada, lembrada e escrita, como nos pergunta George Steiner? Não cabia, pois, primeiro, vinham as imagens, obliterando as ideias. Houve "a metamorfose daquilo que se entendia por cultura". A palavra se subordinava à imagem. Para a minha consternação, venceu o espetáculo. Citando Vargas Llosa, vivíamos "a ideia temerária de converter em bem supremo a nossa natural propensão a nos divertirmos".

Tecnologia na educação: parcerias complicadas

Nas próximas seções, tratamos o tema da tecnologia na educação. É impossível oferecer uma súmula simples dessa interação entre os frutos do progresso tecnológico e uma instituição cujo DNA ainda tem algo de medieval. Ainda assim, diríamos que, comparado ao que poderia acontecer, as tecnologias tiveram um impacto muito leve sobre as escolas. Foi preciso o Covid para sacudir as tradições.

O namoro com as tecnologias não sai do platônico

Nesta seção, discorremos sobre a longa sequência de avanços tecnológicos oferecidos à educação. A conclusão é pouco alvissareira. Por diferentes razões, a escola acadêmica desdenhou quase tudo que apareceu. Não obstante, persistem grandes promessas na sua adoção.

Ao longo dos últimos dois séculos, apareceram tecnologias com grande potencial de ajudar no processo educativo. Não obstante, o namoro delas com as escolas vem sendo apenas platônico. Por inúmeras razões, a educação resiste aos seus grandes encantos e se mantém distante.

Se fôssemos bons de previsão, que chato seria o mundo! Mas, no campo das tecnologias educativas, não precisávamos errar tanto.

Nessas investidas da tecnologia na educação, há muito modismo e advocacia em causa própria. Não obstante, em inúmeros casos, trata-se de tecnologias poderosas e com grande promessa.

Na história da educação, não faltaram oráculos anunciando alguma épica revolução. A imprensa de Gutemberg foi a primeira. Embora tenha sido uma das poucas que revolucionaram o mundo da circulação de ideias, não levou ao fechamento de escolas e nem desempregou professores, como se temia. Com o correio, inaugura-se o ensino por correspondência. Fim dos prédios escolares? A escola resistiu impávida. O cinema substituiria as escolas? Não aconteceu. Se o rádio transmite futebol, por que não transmitiria também aulas? Houve bons experimentos, porém de alcance limitado. A televisão foi a profecia seguinte. Apareceram programas de extraordinário sucesso, como o Telecurso 2000 e a Telesecundaria do México. Arranharam, mas não avançaram mais.

O YouTube e similares poderiam revolucionar as escolas. Na verdade, trouxeram um maravilhoso regalo para o aprendizado por conta própria. Não obstante, continuam tão longe da sala de aula quanto as outras inovações que o precederam.

Não faltaram evangelistas da tecnologia educativa. De ministros a gurus exóticos. Alguns são idealistas, e acreditam na promessa de uma revolução no ensino, se forem adotadas. Outros são bons comerciantes, tentando vender suas traquitanas. Em retrospecto, são soluções brilhantes à procura de um problema para resolverem. Porém, parece razoável acreditar que o seu fracasso na escola tem muito a ver com a inapetência dela para experimentar e inovar.

Com clarins estridentes, foi anunciada a chegada do computador na escola. É verdade, desde os anos 60, houve experimentos de usar computadores para ensinar. Os obesos *mainframes*, no entanto, eram caros demais e não ofereciam a flexibilidade e a facilidade requeridas. Foram experimentos, bem-sucedidos, do ponto de vista de aprendizagem, mas fracassados na adoção em grande escala.

Na década de 80, os computadores fizeram uma dieta radical, emagreceram e ficaram pequeninos. O mundo foi inundado com PCs, *notebooks, tablets* e *smartphones*. Some-se a isso a Internet, ligando tudo com todos. E a tal da nuvem faz outras tantas gracinhas. Chegou a revolução digital?

Por razões que a todos surpreende, a maioria das escolas não digeria os computadores. Antes, hostilmente os rejeitava. Percebendo a mudança nos ventos, passou a dizer que ama, mas continuou não usando.

E, note-se, esse preconceito não é privilégio da brasilidade. Na década de 80, soaram os clarins. O Ministério da Educação francês lançava seu programa de computação na escola. Por acaso, tinha uma viagem profissional a Paris e consegui visitar uma escola. O discurso da direção era impecável. Só que ninguém sabia onde estava a chave da sala que abrigava os computadores.

Por décadas, os evangelistas e os convertidos defendiam a presença dos computadores na sala de aula. E muito se discutiu acerca da melhor maneira de usá-los. Ensinar a fazer contas ou aprender ortografia? Simulações? Aprender a usá-los, já que são ubíquos no mundo real? Jogos (ou *gaming* no novo dialeto)? Aprender a programar no LOGO? Ou BASIC? Tudo se tentou e tudo se discutiu, com fervor religioso.

As avaliações mostram que, sobretudo com alunos carentes, mesmo os melhores aplicativos não estão à altura do desafio. Pesquisas de S. Turkle já haviam sugerido que jogos, criados para ensinar ciências, eram consumidos pelos alunos como quaisquer outros. Jogavam, ganhavam ou perdiam, mas não prestavam a mais mínima atenção nos princípios científicos neles embutidos. Só a presença humana, acompanhando os alunos, podia induzi-los a entender a ciência que o jogo tentava ensinar. Ou seja, não eram um remédio para compensar a ausência de professores talentosos.

Enguiçando menos e com a drástica queda de preços, o mundo se encheu de novas maquininhas. Usá-las se revelou mais simples do que se imaginava. Não existem mais os "cursos introdutórios de informática". O borracheiro da esquina tem o seu e tem também um telefone inteligente.

Na escola, porém, quase nada aconteceu. Como dito, sempre houve alguns evangelistas da informática, pregando, demonstrando e usando. Mas converteram poucas almas.

Nos países que os avaliaram, os programas de informática na escola foram um desapontamento. Algo foi feito no Brasil e os resultados não são discrepantes. Os problemas e desencontros são muitos.

Da longa fileira de tecnologias que desfilaram, ao final das contas, com sucesso e adoção em massa, caíram no goto da escola apenas o mimeógrafo, a máquina xerox e os projetores. Mas a se notar, embora úteis, nada inovam na pedagogia. São apenas maneiras convenientes de copiar ou mostrar informações. Na verdade, não são pedagogias, mas auxiliares. Não são a pizza, mas o entregador da pizza.

Não obstante, fora da escola acadêmica os computadores deram certo. A educação informal usa bem e, em alguns casos, usa muito. Ademais, o Programa Internacional de Avaliação de Estudantes (PISA) mostrou mais aprendizado por parte de alunos com computadores em casa, em comparação com tentativas patéticas de uso nas escolas. Alguns estudos identificaram um uso intenso das redes sociais entre os alunos, em fóruns de discussão criados por eles e com mínima participação dos professores.

Apesar do pouco uso, não tardaram as denúncias do *digital divide*. No "hiato digital" que estava sendo criado, os pobres não teriam computadores. E se os tivessem, como aprenderiam a usá-los?

Alguns gurus denunciaram que tecnologias digitais iriam para os ricos e meros professores sobrariam para o povaréu. Por muito tempo, nem uma coisa, nem outra. Passam-se os anos e o computador não consegue mudar, eficazmente, a sala de aula – se é que chega nela. Pesquisa após pesquisa mostra que não melhora o aprendizado.

Porém, estão na casa dos alunos e eles fazem bom uso, melhorando o seu desempenho. Em programas fora do circuito acadêmico tradicional, como o Ensino à Distância (EAD), são adotados e mostram bons resultados.

Com meio século de computadores, nada mudou na sala de aula tradicional, nem para ricos e nem para pobres. O *digital divide* é entre a escola formal e o resto do ensino, onde borbulham tecnologias. Em particular, para preparar sua mão de obra, as empresas usam o computador e todas as outras tecnologias disponíveis – eficazes ou não.

Porém, sem o professor acompanhando, encorajando e ajudando, os alunos aprendem muito pouco com as maquininhas. Parece que, para essa clientela mais arredia ao mundo da escola, o computador sozinho não dá conta do desafio.

E, vale dizer, há a promessa de uma nova geração de escolas, voltadas para alunos pobres. Entrariam pesadamente nelas o uso das tecnologias digitais – em uma tentativa de substituir os professores. Como os ricos continuam com suas salas de aulas tradicionais, estaríamos caminhando para um *digital divide* invertido? Será que os ricos ficariam com os professores e os pobres com os computadores?

Como permanece um desafio hercúleo encontrar bons professores para todos os alunos, a solução parece promissora. Aplicativos de Inteligência Artificial (IA), poderiam aprender com professores criativos. Com vantagem, substituiriam os professores medíocres que se consegue recrutar para grande parte das escolas. Abrem-se, então, as portas da Inteligência Artificial, tornando mais realista a proposta de que poderia fazer o papel do atendimento personalizado oferecido por um bom professor. Mais uma promessa?

Passa o tempo. Há cada vez mais computadores e outras tecnologias com potencial para a educação. Mas se há alguma conclusão possível, é inevitável constatar o fracasso de sua introdução nas escolas acadêmicas, a despeito da sua inequívoca adoção no ensino fora dela. Não é uma conclusão muito otimista.

Tecnologia é o motoboy que entrega, não é a pizza

A tecnologia oferece uma forma de transportar ou transmitir alguma imagem ou ideia. É equivalente ao papel ou à voz. Em geral, leva a mensagem do professor para o aluno. Pode ser uma substituição conveniente, ou pode atrapalhar. Ainda assim, certas estratégias de ensino exigem a tecnologia.

> Entretanto, a tecnologia, em si, não contém uma pedagogia. Não passa de uma forma possível de levar ao aluno algum conteúdo, por meio de alguma pedagogia. O mais sofisticado aparelho para ver em 3D ossos e músculos do corpo humano tanto pode servir para decorar o nome dos ossinhos da mão como para explorar a evolução do *Homo sapiens*.

Louvemos as virtudes e as excelências das novas tecnologias aplicadas à educação. Facilitam as atividades tradicionais e permitem proezas impossíveis sem elas.

Porém, há um pecado que é preciso não cometer. Tecnologia não é pedagogia. É apenas uma forma de transmitir os conteúdos. *Não é a pizza, mas apenas o seu entregador*. Não podemos nos encantar com a pedagogia inerente à tecnologia, pois ela não existe.

O YouTube congela e conserva imagens digitais. Serve para tudo. Pode promover o decoreba ou ensinar tabuada. Pode, até, ensinar medicina genômica. A tecnologia é uma forma de transmitir, do professor para o aluno, uma ideia, um valor, uma atitude ou uma destreza. Antes, estava guardada no papel ou estava na cabeça do professor. Materializava-se no quadro negro. Agora, está na nuvem e aparece em um monitor. É conveniente, porém, nada mais.

Entretanto, pode ser uma forma de viabilizar alguma ideia importante da pedagogia. No "ensino invertido", o aluno vê o vídeo e depois discute seu conteúdo na aula. Permite economizar tempo de aula em uma atividade repetitiva para o professor: a exposição da matéria. E, com isso, expandir seu diálogo com os alunos, muito mais produtivo. O YouTube viabilizou uma solução pedagógica antes impossível. Porém, ele é apenas o meio de transporte.

Confundir o entregador com a pizza é achar que, introduzindo tecnologia, tudo estará resolvido. Não estará. O mais reluzente tablet pode estar a serviço de decorar as capitais da Ásia Central. Mas é precioso quando é usado como canal para estratégias de ensinar conteúdos de forma criativa. No LOGO, os estudantes apuravam sua capacidade de raciocínio fazendo a tartaruguinha percorrer os caminhos propostos. Procurar no Google não é, em si, um recurso pedagógico. Todavia, pesquisar nele por que mudou o regime de chuvas de uma região é uma estratégia sempre interessante de aprender.

Devemos também entender que tecnologia não é agente de mudança. Se bem concebida, ela pode ajudar a catalisar certas ideias e mudanças. Mas, em si, é neutra e passiva. A ideia de que produzirá uma revolução no ensino permanece uma quimera. Pena que os ministros custam a descobrir isso.

E a tecnologia encontrada na loja, em geral, não vem com as ideias necessárias para o seu bom uso. Daí que comprar computadores ou tablets e instalá-los nas escolas é quase nada, comparado com o assustador desafio de fazer com que sejam usados com inteligência.

A lição é clara, há as melhores razões para que a tecnologia seja utilizada na educação. Porém, é apenas o meio de transporte. Nem é redentora e nem portadora de uma boa pedagogia.

Um professor carismático ao alcance de todos?

Independentemente do destino do computador na sala de aula, os avanços tecnológicos de hoje permitem a qualquer aluno – pobre ou rico – ter acesso a uma imagem de qualidade dos mais eloquentes e sedutores mestres.

Tive o privilégio de ser aluno de Amartya Sen, um economista que obteve um prêmio Nobel e um professor de inimaginável clareza e magnetismo. Quantos da minha geração tiveram um professor tão brilhante? Atualmente, basta digitar o nome dele no YouTube e escolher uma de suas conferências.

Como sou carapina amador, aprendo a trabalhar com vídeos dos melhores marceneiros do mundo. É um privilégio ao alcance de quase todos.

Diante desse avanço tecnológico, quero ser o oráculo de uma nova revolução tecnológica: *Hoje é possível levar a qualquer brasileiro a melhor aula expositiva do mundo, a um custo que se aproxima de zero.*

Se o mais brilhante professor gravar uma aula, apoiada por todos os recursos audiovisuais, estúdios e direção, essa aula será melhor do que sua versão ao vivo, nua dos complementos da produção. Portanto, substituiria a exposição do professor, monotonamente repetida aula após aula.

Em 1990, um assessor do Senado americano, visitando universidades do seu país, notou que, nas melhores, havia um livreto no qual se mostravam as avaliações de seus professores, feitas pelos estudantes. Diante desse achado, selecionou alguns daqueles com notas mais altas e convidou-os para que fossem a um estúdio improvisado na garagem da sua casa. Ali gravaram a sua disciplina mais apreciada nas suas universidades. Sucesso! Muita gente passou a comprar os cursos. O estúdio melhorou, as câmeras passaram a ser pilotadas por profissionais e a coleção se expandiu. Hoje,1.200 cursos e 26 mil aulas são oferecidas em muitas centenas de assuntos. Eu próprio já cursei uns 20.

Eram cursos apenas oferecidos em videocassetes e CDs. Hoje, com a expansão da Internet, não apenas esses, mas Coursera e muitos outros programas, gratuitos ou pagos, oferecem cursos. Sempre se escolhem professores destacados das melhores universidades do mundo. São um grande sucesso. Por exemplo, o curso introdutório de computação, de Harvard, já foi assistido por 2,5 milhões de estudantes.

Os professores de carne e osso são remunerados pelas aulas que ministram. Inevitavelmente, os custos por aluno serão sempre os mesmos. Porém, as suas aulas gravadas podem ser reproduzidas a custos próximos de zero.

Ou seja, se a aula for vista por muitas pessoas, o custo por aluno será ridiculamente baixo. O Telecurso 2000 é um belo exemplo, pois nenhum professor é capaz de dar uma aula tão perfeita. A produção dos vídeos custou 30 milhões de dólares. Mas como mais de 6 milhões já se formaram, o custo por aluno é de 5 dólares apenas! Por aula, custa um centavo de dólar. É ou não é uma revolução?

Na esteira desse salto quântico na tecnologia, apareceu uma multidão de iniciativas. A Kahn Academy (plataforma online gratuita) é das mais conhecidas. Já foi adaptada para o Brasil pela Fundação Educar.

Trata-se da ideia do ensino invertido. Em vez de assistir uma aula expositiva e depois praticar com o "para casa", o aluno assiste o vídeo em casa e pratica com o professor presente. Valoriza-se a interação com o mestre e a aula gravada não é pior do que aquela ao vivo. Naturalmente, para que isso fosse prático, a tecnologia teve que avançar.

Esse avanço nos leva a duas encruzilhadas. A primeira é saber se haverá um casamento do EAD de massa com o ensino acadêmico e seus diplomas. Como fica um biólogo educado no computador e a custo zero? Super aulas, de graça, mas sem diploma, ou aulas chatas com diploma? Nos Estados Unidos, sempre novidadeiro, começa-se a falar de educação na nuvem, mas com diplomas oficiais. O ensino tradicional tem boas razões para tremer nas bases.

A segunda encruzilhada nasce do fato de que uma aula expositiva é apenas um pedaço de uma educação de qualidade. Como fica o resto, que envolve aplicação prática e depende da interação dos alunos com seus professores? E entre os próprios alunos?

Há um sem-número de alternativas, presenciais ou à distância. Em algumas, como o Telecurso, há um monitor nas telessalas. Há cursos EAD em que uns poucos tutores atendem aos alunos, via internet. E há outros, com muitos tutores. Há versões em que a inteligência artificial, instalada nos computadores, substitui a atenção pessoal do professor. Obviamente, os custos variam. Há cursos EAD mais caros que seus correspondentes presenciais. E há cada vez mais cursos gratuitos.

Embora os cursos à distância possam apresentar rendimentos equivalentes ou melhores, não somos capazes, ainda, de destrinchar os méritos da multiplicidade de alternativas existentes e a existir. Só dá para prever que o curso presencial puro pode estar ameaçado.

Mais outra revolução que vai gorar? Ou um realinhamento nas formas de ensinar, trazendo terremotos na organização do ensino?

EAD ou Ensino Remoto Emergencial?

O Covid, interrompendo o ensino presencial por quase dois anos, trouxe, subitamente, uma revolução drástica no uso das tecnologias. Aos trancos e barrancos, a escola passou a ter que ensinar à distância, usando os recursos tecnológicos que havia desdenhado por décadas.

Todavia, pela pressa, foi uma implementação atabalhoada. Pior, pouco se beneficiou do século e tanto de experiência bem-sucedida dos cursos via EAD.

Em toda a história do ensino acadêmico, nunca uma tecnologia teve um impacto tão instantâneo e traumático como a aula digital remota, motivada pelo Covid (no último capítulo, voltaremos ao tema, da perspectiva da dinâmica de mudança organizacional).

Diante do imperativo do isolamento, a fórmula preferida por quase todos foi usar a tecnologia digital para reproduzir, via internet, a mesma aula presencial. Daí o nome "ensino remoto". Em alguns casos, as aulas eram ao vivo. Em outros, eram gravadas e reproduzidas. Seja como for, é o mesmo ensino presencial transladado para o Zoom (aplicativo que permite realizar reuniões virtuais), ou seus similares. É dito "emergencial", para corretamente informar que foi fruto do Deus nos acuda da implementação.

A escolha pareceria óbvia. Se podemos dar à distância a mesma aula, deve ser uma boa ideia. Na graduação, pode funcionar. Mas, no ensino básico, as fragilidades desta fórmula se revelaram sérias.

Se a sala de aula já era pouco atraente para os alunos, a sua versão remota reduz ainda mais a motivação. Se tudo já era chato, estratosférico e sem aparente utilidade, na telinha do Zoom é pior ainda.

Na sala de aula, o professor pode cobrar a atenção e promover alguma participação. No remoto, é muito mais fácil ausentar-se intelectualmente, desligar a câmera ou mesmo "matar aula". Em grande medida, foi isso que aconteceu.

Materializou-se o previsível: aumentou a desigualdade. As boas escolas rapidamente migraram para o digital e levaram para lá seus hábitos pedagógicos, bons ou menos ruins.

Já os alunos mais fracos, quase sempre em escolas precárias, ficavam entediados, não conseguiam prestar atenção e aprendiam bem menos. E, portanto, evadiam-se em maior proporção. E como sempre insistido, até de forma excessiva, a base tecnológica sempre é bem mais precária para os pobres.

No fundo, a aula aborrecida no presencial vira uma aula bem mais aborrecida no monitor. Os professores não conhecem as técnicas de promover maior interação, não conseguem mostrar aplicações e, por aí afora. A evasão resulta também de que, para muitos, a escola é a hora de ver os amigos, o que não pode acontecer no remoto.

O remoto ignorou a experiência acumulada pelo EAD. No velho ensino por correspondência, os instrutores escreviam bilhetes e recados nas folhas de exercícios. Uma pesquisa com graduados desses cursos mostrou como os alunos valorizavam essas frases rabiscadas à margem do papel.[1] A se notar, com o Covid, as boas escolas logo perceberam a necessidade de compensar a ausência física por outras providências, tais como telefonar para os alunos e conversar com eles, sobre qualquer assunto.

A primeira técnica adotada pelo EAD tradicional é a preparação de materiais de ensino de qualidade, atraentes e próprios para esta modalidade. A segunda é usar folhetos curtos em vez de livros gigantescos – só de vê-los, traumatizam-se os alunos. As seções são breves o suficiente para evitar a saturação cognitiva. Na terceira técnica, o ensino é altamente estruturado e passo a passo. Na quarta, ao contrário do ensino presencial, abundam exercícios e aplicações. E, como se sabe, se não se aplica não se aprende.

O ensino remoto herdou do presencial os pecados de ignorar essas regras. Simplesmente, não capitalizou na experiência do EAD.[2]

Quando examinamos os bons programas de EAD usando televisão, vemos que as aulas são de 15 minutos. Segundo as pesquisas, esse é o limite da atenção dos alunos. O tempo restante – para cobrir a carga horária – consiste em aplicações e interação entre os alunos e o professor. Já no remoto, repete-se a mesma aula expositiva de 45-50 minutos, com os resultados previsíveis de perda de atenção.

1 Lucia Guaranys e Claudio de Moura Castro, xxxx (Rio de Janeiro, IPEA, 197,,,) ATENÇÃO!!!!

2 Grupo A, *Aprenda a fazer um EAD de verdade (sem data ou detalhes de publicação)*

Seria fácil imaginar, há uma pedagogia do presencial, uma pedagogia do remoto, uma do EAD clássico e, agora, teríamos a do híbrido. Tolice. Não é assim, mas isso até pode oferecer boas desculpas para o fracasso. De fato, são, rigorosamente, as mesmas as teorias cognitivas que inspiram as práticas de qualquer sala de aula. Quem seguir esta boa cartilha, não tem como errar.

A missão de criar a Open University (universidade estatal, fundada e mantida pelo governo do Reino Unido) foi dada pelo governo britânico a Lord Wilson of Perry. Aliás, só virou lorde por haver feito a proeza de oferecer excelência e acesso amplo no ensino a distância.

Pensando em excelência, logo propôs que Oxford e Cambridge cooperassem na empreitada. Mas foi rechaçado de forma contundente. Segundo elas, sua reputação de muitos séculos não seria conspurcada por iniciativas pouco sérias.[3]

Ficou, então, mais do que claro o preconceito ubíquo contra o ensino a distância. Vem de outros tempos e sobrevive nos dias de hoje. É visto como um prêmio de consolação para quem não pode ter coisa melhor.

Ressalte-se, porém, que, entre a realidade e as crenças, pode haver um hiato. A partir de meados do século XIX, o ensino por correspondência começa a se expandir. E como se imagina, os operadores de cursos EAD aprendem com a experiência. Foram desenvolvendo suas técnicas, seus métodos e suas maneiras de lidar com a ausência física dos alunos, quando havia apenas a comunicação via correio e papel. Os resultados são muito bons.

Vejamos o que diz o mundo real.

3 Entrevista do autor com Lord Wilson of Perry.

Metapesquisas internacionais têm comparado o nível de aprendizado de alunos presenciais e a distância, quando as condições de ambos os lados podem ser consideradas equivalentes. Apesar de certa flutuação dos resultados, fica claro que eles são sempre muito próximos.[4]

Mais perto de nós, em cada carreira, o Exame Nacional de Desempenho dos Estudantes (ENADE) aplica a mesma prova para os alunos de EAD e presenciais. E como se viu, as vantagens para os do presencial tendem a ser pequenas ou inexistentes.[5]

Os exemplos bastam para mostrar o grande avanço nas técnicas de ensino a distância. Compensar a ausência física sempre foi o maior desafio.

Não que esse exemplo seja evidência científica, mas ilustra o dito acima. O autor, aos 16 anos, fez o curso de Radiotécnico do Instituto Monitor. E, de fato, em todos os assuntos comuns com a escola acadêmica, aprendeu muito mais nos folhetos recebidos pelo correio do que nas aulas banais e desinteressantes da escola. De quebra, ganhou um dinheirinho montando rádios e amplificadores.

Veio o Covid, inviabilizando a aula presencial. Estava, então, aberta a porta para grandes saltos, capitalizando na experiência secular de Educação a Distância. Porém, a máquina educacional não soube aproveitar a oportunidade oferecida e usar o conhecimento acumulado.

---

4 Por exemplo: Yiping Lou, *Comparing Distance Education and Traditional Instruction: An "In-progress"* Meta-Analysis of the Empirical Literature", http://www.ucs.mun.ca/~bmann/0_ARTICLES/Media_Bernard.html.

5 Marcia Aparecida Figueiredo, Rita C. B. Magalhães Amaral, Edilene A. Ropoli, *Avaliação dos cursos de graduação: estudo comparativo entre cursos oferecidos nas modalidades a distância e presencial* (Ribeirão Preto, 2017).

Ao ser privada da alternativa presencial, a escola acadêmica não foi atrás da experiência do EAD. Possivelmente, pelo preconceito. Em vez disso, improvisou por conta própria. Na verdade, apenas transferiu para o ensino a distância as práticas do presencial, fossem elas adequadas ou não. Pior, as escolas que já eram fracas no presencial seguiram com a mesma pasmaceira pedagógica.

Esse arremedo de última hora foi chamado de Ensino Remoto Emergencial. Aliás, foi boa ideia dar nome diferente, pois é outra coisa.

Com a correria, a implantação foi atabalhoada, sem tempo para refletir e buscar outras soluções. Ademais, poucos sabiam como funcionava o EAD, apesar de amplamente consolidado ao longo dos anos. Afinal, como não se via no EAD um modelo respeitável, o que haveria a se aprender com ele?

Pensemos bem, o remoto emergencial é uma caricatura do presencial. Exagera suas mazelas. O que estava disfarçado no presencial fica escancarado nele. Põe a descoberto a falta de contato da escola com os alunos. As desigualdades ficam mais evidentes. Agrava as consequências de um ensino abstrato, distante do mundo real e de suas aplicações. Mostra as falhas dos materiais de ensino e de seu uso na sala de aula. O aluno, antes obrigado a assistir a uma aula chata, agora, tem muitas maneiras de escapar.

Para concluir, as escolas foram confrontadas com o isolamento provocado pelo Covid. Isso trouxe um grande abalo sísmico nos seus hábitos e na sua lógica. De supetão, entrou em cena o ensino remoto. Mas, infelizmente, a escola não foi capaz de ir além de copiar na tela do Zoom sua aula tradicional. Deixou de capitalizar na longa e respeitável tradição do Ensino a Distância.

O ensino de medicina contradança com a televisão

Nesta seção, discutimos um tema curioso: as séries televisivas ambientadas em hospitais. Como demonstraram alguns estudos, têm um substancial impacto na formação dos médicos, além de melhor informar o público sobre temas de saúde. Que mais se poderia pedir? Tais séries ilustram o poderoso efeito da dramaturgia televisiva sobre a educação acadêmica.

Qual o potencial educativo de programas ou séries televisivas ambientadas em hospitais?

O grande público aprende, assistindo tais programas. Estima-se que, pelo menos, a metade dos que seguiram *Grey's Anatomy* aprenderam alguma coisa de útil sobre medicina. Mais ainda, da ordem de três milhões deram seguimento à sua curiosidade por outros meios, incluindo conversas ou consultas com seus médicos. Há, ainda, o registro de casos de pessoas salvas porque receberam técnicas de ressuscitação, aprendidas em algum dos programas. Há sólida evidência de que o grande público aprendeu mais sobre o Vírus da Imunodeficiência Humana (HIV) em séries médicas do que com as fontes oficiais que seriam os próprios médicos ou o governo. A lição é clara: iniciativas desse teor têm mais impacto do que *posters*, campanhas e outros instrumentos mais convencionais.

O tema da presente seção é o fato de que muitos alunos de medicina assiduamente acompanham tais seriados. Seriam uma complementação para seus estudos? Segundo pesquisas cuidadosas, os melhores programas são tecnicamente corretos e desenvolvidos em colaboração com médicos, enfermeiras e grandes grupos de saúde.

É óbvio, a TV comercial não vai substituir uma formação médica, necessariamente longa e exigente. Mas será que adicionam algo sério a esta formação? Antecipando, a resposta é afirmativa.

Desde 1950, a TV americana veicula programas passados em hospitais. Em versão ficcional, mostram a vida dos médicos, das enfermeiras, dos doentes e de suas famílias. Dentre os mais antigos, destaca-se *ER (Emergency Room)*. Depois vem o clássico dos clássicos, *Grey's Anatomy* (está no Netflix). Também de grande sucesso foi a série *House M.D.*, tendo como principal personagem um médico capenga e ranheta, mas muito criativo.

A conclusão de vários estudos é ser possível entrelaçar o drama, as emoções e as intrigas de um hospital com conhecimentos "de verdade" sobre medicina e tratamentos. Ou seja, o enredo das interações humanas revela-se capaz de manter a atenção do público e, de forma atraente, ensinar sobre saúde, doença e funcionamento de um hospital. Não é pouca façanha.

Desta perspectiva, a pergunta é se as séries trazem algo diferente ou adicional para os cursos de medicina que, ao longo dos séculos, tentam burilar o seu ensino. Os números são bem impressionantes. Na Austrália, mais de 80% dos estudantes de medicina assistem tais séries. E, desses, 32% discutem os dilemas éticos nelas apresentados. Ao longo do seu curso, um aluno de medicina que assista tais séries de forma regular – a maioria – forma-se havendo visto mais doentes na tela do que nos hospitais!

E o volume de informações que vêm pelas telinhas é enorme. Isso não pode ser desconsiderado.

Além disso, os avanços da Teoria Cognitiva tornam-se hoje mais conhecidos, referendando o uso da dramaturgia. Para usar a metáfora, o hemisfério esquerdo, o da razão, é quem cuida do cognitivo. Portanto, tem que digerir o currículo de medicina. Mas o que sabemos é que o aprendizado é fortemente mediado pelas emoções. Sem uma ativa participação do direito, o aprendizado é mais lento, mais superficial e mais penoso.

Daí falarmos tanto hoje em contar histórias, em narrativas, em contextualização. São elas que provêm o tempero emocional que motiva, que enquadra e que favorece a retenção do aprendido.

Para ilustrar, pesquisas mostraram que, tempos depois, os alunos de medicina retinham bastante do que haviam visto na televisão. Quem sabe, mais do que nas salas de aula?

Ou seja, quando o conhecimento vem "com enredo", o aprendizado é mais profundo. E isso os roteiristas de séries sabem fazer à perfeição, pois sua escola é a TV comercial. Nela, reter os telespectadores é o maior critério de sucesso. Essas ideias militam a favor do uso inteligente das boas séries hospitalares.

Interessante observar que os vídeos didáticos de casos médicos revelaram-se menos eficazes do que as séries. Isso porque são muito curtos, não têm passado, não mostram quem são os protagonistas e não têm desfechos. Em contraste, aqueles alunos que viram na televisão um quadro mais amplo da mesma situação – na prática, um episódio inteiro – captam melhor as mensagens puramente médicas do caso. Repetindo, a emoção carrega nas costas a cognição. Essa lição está custando a chegar nas escolas, não apenas as de Medicina.

Verificou-se que as séries podem permitir melhores discussões de casos médicos do que as curtas descrições tradicionais, mesmo quando em vídeo.

É preciso mencionar, são programas de produção complexa e cara. Para citar apenas *Grey's Anatomy*, a série foi, simultaneamente, rodada em Seattle e Los Angeles. Os exteriores são de Seattle. As cenas de hospital ocupam seis andares de um prédio em Los Angeles. Praticamente, foi construído um estúdio, à exata semelhança de um hospital, com todos os ambientes perfeitamente montados.

As séries tendem a ser corretas do ponto de vista médico. De fato, uma delas foi apoiada e avaliada pela Kaiser Permanente, um gigante respeitado dos planos de saúde. Outras têm médicos de boa reputação como consultores. Na *Grey's Anatomy,* há sempre um médico e uma enfermeira acompanhando as filmagens. Em alguns casos, aparecem no vídeo, pois estão na sala de cirurgia, vestidos como os atores e fiscalizando os procedimentos. Até a maneira de segurar bisturis e outros instrumentos é ensaiada com eles. Não bastasse, os atores foram obrigados a assistir cirurgias "de verdade" em hospitais. Um dos atores principais teve que aprender a suturar, exercitando-se em frangos. Dentre as curiosidades, cita-se o desconforto olfativo dos atores, pois utilizam-se órgãos de vacas na simulação das cirurgias, com o mau cheiro inevitável.

É muito instrutivo verificar a profunda imbricação das séries com a profissão médica e suas associações. E também, com universidades (e.g. Southern California University). Michael Crichton (roteirista do *Parque dos Dinosáurios*), médico e professor de Harvard, assinou o roteiro inicial da série *E. R.* Os episódios são baseados em casos reais ocorridos nos hospitais, tais como narrados por médicos.

Um lado curioso é a formação da identidade médica e o que se constitui no "profissionalismo" do clínico. Sugere-se que as séries oferecem uma contribuição inestimável nessa linha. Aparecem em cores vivas os erros médicos, os dilemas éticos, os ciúmes, as vaidades e os conflitos de interesse. Sendo assim, nesses aspectos, tendem a oferecer lições mais tangíveis para os estudantes.

E trazem também lições vitais e que não se materializam explicitamente nos currículos. Pesquisas confirmam que os pacientes e suas famílias se queixam mais do lado humano do tratamento do que de falhas técnicas. De muitas maneiras, tais reclamações aparecem e reaparecem no dia a dia das séries.

Em conclusão, as séries médicas oferecem um complemento valioso ao ensino de Medicina. Ao trazer o lado emocional, evitam a monotonia das aulas expositivas. E, igualmente valioso, oferecem aspectos da profissão ignorados nas Escolas de Medicina. Em tantas palavras, mostram como a dramaturgia televisiva é poderosa. Que lições haveria para as escolas de medicina e para outras modalidades de educação?

Muitas fórmulas de organizar o ensino

No que precede, passamos em revista vários temas atinentes ao ato de ensinar. No restante desse capítulo, discutimos as formas de organizar o ensino, para que se possa obter os melhores resultados possíveis. Isso porque cada situação sugere uma forma diferente de operar as escolas.

Por que as escolas não são como o piano da Yamaha?

Esta seção examina dois modelos de organização do ensino. Em um, cabe ao professor preparar tudo que precisaria para dar uma boa aula. No outro, há uma decisão de abastecer o professor com todos os materiais que poderiam enriquecer a sua aula. Com isso, gastaria menos tempo na preparação e teria melhores materiais. Aqui, defendo a hipótese de que o segundo método é melhor.

Um piano Yamaha, de sonoridade quase comparável, custa pouco mais da metade de um Steinway, o padrão máximo de qualidade. Qual a mágica?

Em qualquer produto industrial, parte dos processos se dão em linhas de produção, caracterizadas pela sua alta eficiência. No entanto, em quase todos, há inevitáveis etapas artesanais. No caso dos pianos, a "máquina" por ser de madeira, sua montagem requer o ajuste manual de cada tecla, com seu mecanismo. Esse é um processo lento e que encarece muito a produção.

Porém, a Yamaha desenvolveu tratamentos para a madeira, aumentando sua estabilidade dimensional. Com as menores tolerâncias obtidas na usinagem, deixou de ser preciso ajustar, individualmente, cada tecla ou martelo. A peça vem na medida exata para ser montada. O artesanato desta etapa virou linha de montagem. Sendo assim, os pianos custam menos.

Por que as escolas não fazem o mesmo, transformando artesanato em indústria? A Revolução Industrial foi isso, artesanato virou fábrica altamente produtiva. Enquanto tal acontecia, nada mudou na escola.

Não se trata de transformar a escola em fábrica, mas de tomar duas providências. A primeira seria eliminar o artesanato onde não afeta a qualidade do ensino. A segunda seria melhorar a qualidade dos materiais usados na aula. O tempo economizado deveria ser usado para melhorar o aprendizado, onde faz a diferença.

A gestão da escola é tosca e atrasada. Segundo as pesquisas, os diretores se esfalfam, sete dias por semana. Mesmo assim, não sobra tempo para cuidar de educação. É só burocracia e "apagar incêndio". Não obstante, usando as boas práticas de gestão comuns nas empresas, os ganhos possíveis são enormes. Com isso, seria liberado tempo para a tarefa mais nobre de melhorar o momento da aula.

Passando agora para a sala de aula, pensemos em um concerto de Nelson Freire (pianista brasileiro). Tocou a sonata de Mozart, nota por nota, exatamente como na partitura comprada na loja. É aplaudido de pé.

O professor dá a sua aula. Porém, segundo uma tribo pedagógica, ele tem também que "compor" todos os materiais nela usados. Nelson Freire toca composições de outrem. Mas o professor além de "tocar" a sua aula, tem que ser autor da sua "partitura". Não pode ser boa ideia.

Uma boa aula é formada de muitos elementos que convergem. Para ensinar um tópico difícil, por exemplo, frações ou "regra de três", vale a pena reunir diferentes materiais. Há que preparar ilustrações, gráficos e tabelas. Montar um PowerPoint atraente e eficaz (90% são um horror!). Pesquisar exemplos e metáforas para usar na aula (como as duas do presente texto: Yamaha e partitura). É preciso modular a aula, em pedaços condizentes com a capacidade de concentração dos alunos. E, finalmente, preparar provas e projetos que avaliem bem mais do que a memorização.

Isso tudo pode ser feito por um único professor. Ou, então, por uma equipe de retaguarda, composta de gente especializada em cada uma destas etapas.

É fácil concluir, um professor da vida real não conseguirá mostrar algo que se compare à obra conjunta de bons profissionais, cada um em seu campo. O somatório dessas tarefas é incompatível com o tempo disponível para preparar as suas aulas.

Compare-se com uma aula do Telecurso 2000, fundindo educação com dramaturgia. Tudo complementado por materiais imaginativos e de qualidade.

Nelson Freire se prepara para o momento do concerto. Apenas isso. Como o professor é também obrigado a compor a sua partitura, inevitavelmente, esta será improvisada. Ainda assim, sua preparação subtrai do tempo que poderia dedicar-se a preparar o momento mágico da aula.

Ganharia a aula se ele fosse abastecido por uma retaguarda de grandes profissionais. A improvisação do professor seria substituída pela qualidade dos materiais à sua disposição. Com o tempo ganho, poderia dedicar-se ao artesanato mais nobre da escola: cuidar, zelosamente, dos seus alunos. Nisso, é diferente da Yamaha cujo objetivo é reduzir custos. Na educação, trata-se de eliminar um artesanato desnecessário para o professor e gastar mais tempo em atividades mais nobres.

Parcialmente, isso acontece com os "sistemas de ensino", cujos materiais são muito mais detalhados. E, note-se, pesquisas sérias mostram fortes ganhos de aprendizado nas escolas participantes.

Por que a rejeição do "modelo Yamaha"? Entranhou-se no pensamento educacional a ideia doidivana de que o professor tem que ser, também, o autor da partitura. Até contra o livro didático as tribos mais extremadas já investiram. Para eles, a aula teria que ser inventada, montada e ministrada pelo próprio professor, tudo sem livros-texto.

Ouvem-se grandiloquentes profissões de fé nesta crença bizarra. Em contraste, onde é boa a educação, jamais se propôs a eliminação dos livros-texto ou deixar de apoiar o professor no detalhamento dos materiais que poderá usar na aula.

Confrontados, os professores admitem que consideram bem-vindo tudo que facilita a sua vida e pode melhorar a aula. Mas seus porta-vozes e gurus se indignam com tal heresia.

Posso dizer que não gosto de jiló. Ou que prefiro mais justiça social, às expensas da meritocracia. São opiniões e juízos de valor. Não há como demonstrar se são certos ou errados.

Porém, na presente discussão, estamos comparando métodos de ensino e o critério é seu impacto no aprendizado. São avaliações em que o método científico oferece respostas confiáveis. E há uma clara convergência nos resultados. Revela-se bem superior o ensino estruturado – como aqui descrito – no qual os professores são mais proximamente apoiados por bons materiais. A se notar, não se trata de obrigar os professores a um pacote fechado, mas de oferecer recursos que podem ajustar-se às suas necessidades e estilos.

Infelizmente, muitos se deixam levar pela farta adjetivação e pela zanga dos ideólogos que andam por aí. Não obstante, a ciência mostra estarem equivocados. Nessa toada, deixamos de fazer como a Yamaha. Ela vendeu mais pianos. Nós poderíamos ter mais qualidade nas aulas.

Carros-conceito e escolas experimentais

Nesta seção, chamamos a atenção do leitor para a imensa diferença entre escolas experimentais e aquelas que pertencem a redes com milhões de alunos. Nas escolas experimentais, inventam-se ideias, técnicas ou métodos, na esperança de que melhorem o ensino. Algumas inovações são tiros na água. Outras se revelam eficazes, mas em pequena escala. Mas, dentre elas, pode haver algumas que sejam apropriadas para adoção massiva.

As escolas experimentais são mais do que bem-vindas. Porém, pela sua natureza artesanal, não é possível replicá-las em grande escala.

Fabricantes de automóveis encomendam projetos criativos dos seus departamentos de engenharia. Esses protótipos vêm cheios de novidades e ideias arrojadas. São os "carros-conceito". Seu objetivo não é virar o modelo do ano seguinte. Foram criados para testar inovações, bem-comportadas ou extravagantes. Visam a identificar as que são apropriadas para aparecer proximamente nos autos de linha. As outras são abandonadas.

Há um equivalente disso na educação, são as escolas experimentais, também cheias de inovações destemidas. Aí estão, por exemplo, Summerhill, Escola da Ponte, Lumiar, Sora e a escola do SESC no Rio de Janeiro. Estas e outras são mais do que bem-vindas.

Cada uma pode ter seu próprio modelo pedagógico, político e econômico. Ainda assim, têm algo mais em comum. Por trás, sempre estão líderes apaixonados e carismáticos. Constroem em torno da escola uma bolha protetora, assegurando o microclima favorável ao seu sucesso. Na sua operação, cada detalhe é cuidado com esmero. Tais escolas dão certo, com uma frequência entusiasmante de casos, tornando-se ícones de progresso e criatividade.

As novidades podem incluir currículos abertos, ausência de seriação, eliminação da repetência e a avaliação pode ser puramente qualitativa e artesanal (adeus aos testes padronizados).

A comparação com os carros-conceito é pertinente, pois devem ser pensadas como "escolas-conceito". Não são as versões iniciais do que acontecerá com todas as escolas. Como nos carros, espera-se que testem ideias que poderão servir para as demais.

Infelizmente, impera uma grande ingenuidade, ignorando-se as condições especialíssimas em que operam. De fato, não passam no teste da escalabilidade. Uma dá certo; duas, pode ser. Uma dúzia é fracasso quase garantido. No Brasil real, há 50 milhões de alunos, e mais de 200 mil escolas. Soluções artesanais ou regras excessivamente flexíveis tornam a rede inadministrável.

É um bom exemplo a Escola Plural, implantada em Belo Horizonte. Era o sonho de educadores idealistas. Se fossem umas poucas, poderiam mostrar excelentes resultados. Mas, multiplicadas na rede municipal, fracassaram, pois são complicadas e artesanais em excesso. O inevitável aconteceu, o modelo foi abandonado.

A decantada Escola da Ponte nem no minúsculo Portugal foi replicada. As inúmeras tentativas de multiplicá-la no Brasil não foram longe, apesar do encantamento da ideia.

Talento e liderança não se contratam pela Internet. E a educação não os atrai. A escola comum e corrente tem que dar certo com gente comum e corrente.

Avaliações puramente qualitativas não permitem boa pilotagem de sistemas grandes. Como saber se uma escola está em crise ou uma outra pode servir de exemplo? E como manejar 50 milhões de alunos se ninguém sabe quanto aprenderam? Com testes padronizados, sabemos quem é quem e podem-se tomar as providências.

O Estado de Oklahoma tem, talvez, o sistema de formação profissional mais imaginativo e bem-sucedido dos Estados Unidos. Em uma visita, o que mais me chamou a atenção foi que as grandes inovações eram pilotadas por professores e instrutores comuns. Ou seja, a escola foi concebia para ser operada pelos professores, de verdade, que operam as redes de ensino. Não precisava de figuras altamente carismáticas, de gênios ou de incomum liderança.

Seriação, currículo rígido, ementas detalhadas, reprovação, calendário, horários e disciplina estrita podem escandalizar alguns educadores. São soluções acusadas de serem resquícios da Revolução Industrial. Porém, nas redes de ensino do mundo inteiro, são as ferramentas que resistiram aos números assombrosos de alunos. Não se trata de amá-las, mas de, pragmaticamente, reconhecer que, diante de números tão grandes, ainda são as mais robustas.

É claro, não se trata de adotar um pacote, só porque foi herdado do passado. Cumpre decidir o que é essencial para gerir uma grande rede e o que é dispensável. Muita coisa mudou e a informática tem um papel crítico.

Entretanto, há aspectos que não mudam. A indisciplina é tóxica para o rendimento escolar. Quando não é controlada, boa coisa não acontece. Pelas suas características, as escolas experimentais nem precisam pensar nisso. Mas, nas grandes escolas e nos grandes sistemas, tende a ser um problema endêmico.

Currículos excessivamente flexíveis, no limite, permitiriam a eliminação da Matemática, por parte de diretores a ela avessos.

Como dito, escolas de grandes redes não podem operar com as regras de uma pequena escola experimental. Contudo, isso não significa que não precisam mudar e melhorar, inclusive, usando o que aprendemos nas escolas experimentais. De fato, nossas escolas são bem ruinzinhas e há muita coisa a ser mudada nelas.

Porém, mudar não é fácil. Temíveis são as resistências que vêm do lado da sociologia da escola, da sua inércia natural e da conjugação de forças políticas militando contra quaisquer mudanças.

Em geral, as novidades desagradam às minorias barulhentas e estas têm peso político. Igualmente, a todo-poderosa burocracia faz o que sabe fazer bem: pasteurizar e descaracterizar as novidades. Nem precisa lutar abertamente. Pode até se dizer a favor. Mas, pouco a pouco, vai triturando cada uma delas. É o que aconteceu com os computadores, até a chegada do Covid.

A lição aí está, uma coisa é uma coisa, outra coisa é outra coisa. Escolas experimentais são mais do que bem-vindas. Têm seu lugar e devem ser estimuladas. Algumas produziram pessoas de desempenho estelar na sociedade. E podem gerar ideias escaláveis. Porém, não há como multiplicá-las na força bruta, pois operam em condições muito especiais.

Heroicamente, Ricardo Semler, investidor e empresário brasileiro, tenta encontrar fórmulas para multiplicar a Lumiar. O avanço, no entanto, é lento. Quando visitei, vi várias ideias que poderiam sobreviver aos grandes números. Mas reproduzir o modelo completo vem-se revelando árduo.

Temos que entender uma coisa: as redes públicas de ensino necessitam de modelos robustos e resistentes aos crônicos maus-tratos. É com eles que ganharemos a guerra. Repetindo, estamos longe de propor o imobilismo. O desafio é mudar e flexibilizar onde faz sentido. E manter o que garante os resultados desejados.

Escolas Lancaster: a outra sala de aula[6]

Basta se falar em sala de aula, automaticamente, pensamos em um espaço com carteiras enfileiradas, alunos ouvindo e um professor discursando. Mas há outros modelos e podemos aprender algo com eles. É o caso das Escolas Lancaster, populares no século XIX.

Lá pelo início do século XIX, na Inglaterra, o pedagogo Joseph Lancaster propôs um novo método de operar uma escola. Durante um bom tempo, suas escolas tiveram sucesso. Em 1810, em Londres, 92 escolas seguiam esta linha. Ademais, foram copiadas em outros países, inclusive Portugal e Brasil.

Não obstante, a iniciativa murchou e retornou a escola à nossa conhecida sala de aula, criada nas universidades do período medieval. O método ficou como uma curiosidade na história da Educação. Apesar disso, traz algumas ideias que vale a pena examinar com cuidado, pois dizem respeito a problemas atuais.

O objetivo, aqui, é fazer o contraponto do modelo Lancaster com a educação brasileira nos dias de hoje, com seus avanços e seus ranços. No mínimo, demonstra que existem outras alternativas de operar salas de aula.

De uma perspectiva histórica, o método Lancaster é uma resposta, diante do papel nulo do Estado inglês naquele momento. Nem havia redes públicas e nem a percepção de que caberia ao Estado criá-las.

6 A descrição da Escola Lancaster vem do documento original de sua criação, pelo Marquês de Pombal e foi examinada no artigo do autor: "Uma autópsia do Método Lancaster" (São Paulo: Somos, publicação para os diretores de escolas).

A educação primária era arcada pelos pais dos alunos, obviamente, alijando dela toda a classe operária. Diante disso, a educação dos pobres dependia de ações voluntárias por parte de iniciativas individuais ou instituições de caridade.

É como se a sociedade respirasse aliviada, quando Lancaster cria uma escola em que até 900 alunos podiam ser manejados por um único professor! Os custos de tal estabelecimento estariam mais próximos do que era possível arcar com ações voluntárias da sociedade inglesa.

E o método estava perfeitamente em linha com uma visão economicista da Educação de então: devia ser sistematizada, econômica e não deveria perder tempo ensinando demais.

A mágica do método era simples: quem ensinava não era o professor, mas os próprios colegas mais avançados. Eram, então, chamados de decuriões – seriam hoje os monitores. Os professores ensinavam a lição aos decuriões e estes, por sua vez, para os seus colegas.

Uma das características marcantes do Método Lancaster era ser estruturado, nos seus mínimos detalhes. Lendo o seu *Manuals of Instruction*, qualquer pessoa inteligente poderia replicar o modelo.

Na nossa aula tradicional, o professor está por sua conta. Até certo ponto, faz o que quiser durante a aula. Acerta e erra. Usa ou não a riqueza de materiais que está ou poderia estar ao seu alcance.

Na aula Lancaster, até o número de alunos por metro quadrado é determinado. As salas devem ter amplas janelas, para que sejam arejadas. Todavia, devem ser altas, para que os alunos não se distraiam olhando o movimento na rua. “Os bancos e mesas não deverão ter esquinas agudas, pois nelas se ferem os meninos...". "Deve haver um lugar onde pendurem o chapéu... e, se não houver comodidade para isso, devem ter um barbicacho no chapéu, pelo qual pendurem o chapéu por trás das costas.".

Na mesma sala de aula, criavam-se dois espaços. O primeiro era formado por quatro fileiras de bancos, com a plataforma do monitor à frente dos alunos. De acordo com seu nível de avanço, cada aluno sentava-se na fileira correspondente. Ou seja, na mesma fileira tinham todos mais ou menos o mesmo nível de conhecimentos. E, de uma fileira para a outra, separavam-se pelo seu avanço.

Em frente a cada aluno, em uma mesa comprida, havia uma caixa de areia. O decurião, um aluno mais avançado, passava uma espátula, aplainando-a e apagando tudo que nela estava escrito. Em seguida, indicava aos alunos que, com um dedo, escrevessem na areia uma letra de sua escolha. E assim prosseguia a aula, com exercícios progressivamente mais avançados.

O segundo espaço contava com cartazes, e os alunos sentavam-se em semicírculo, em torno deles. Mais uma vez, o decurião comandava o processo, mandando ler o que estava nos cartazes.

Vale lembrar, nessa época o aprendizado da leitura era feito em separado do da escrita. Até em escolas diferentes isso podia ocorrer – e assim era, também no Brasil. No Método Lancaster, as duas competências se aproximam, o que foi um grande avanço, mais adiante incorporado em todo o ensino.

Os materiais eram os cartazes e as fichas exibidas. Não cabia à escola alterá-los. A exaltada "liberdade de cátedra" não estava na agenda.

O professor, além de administrar o estabelecimento, tinha a missão mais nobre e delicada de compor e recompor as quatro fileiras. Escolhia também os alunos mais aptos para se tornarem decuriões. "Buscava gênio para estudar, moderação e viveza de espírito.".

Como se poderia esperar, alguns alunos avançavam mais rápido. Cabia ao diretor a responsabilidade de sua mudança de banco. Outros alunos desapontavam, tendo que retroceder na hierarquia dos bancos, algo particularmente embaraçoso para as vítimas. Essa dança dos bancos, vital para o sucesso do empreendimento, era o que mais ocupava o diretor.

Certamente, era também muito crítico avaliar o nível de conhecimentos requerido para se formar nesta escola. O professor tinha que avaliar se o aluno havia atingido os padrões esperados de domínio do currículo.

Uma vantagem proclamada pelo método era a velocidade diferente com que cada um mudava de banco. Dessa forma, os mais diligentes ou aptos poderiam rapidamente trocar de banco e se formar mais cedo. Assim, liberavam seus lugares para novos alunos. Já os mais lentos levariam muito mais tempo. Como regra, apenas avançavam quando justificado pelo ganho de rendimento. Esse progresso escolar em ritmo individual é um mérito indisputável, mesmo nos dias de hoje.

Vale a pena entrar agora em um assunto delicado: as normas de funcionamento e a disciplina. Obviamente, como em tudo mais, não podemos julgar hábitos e costumes do passado com as métricas e valores atuais.

A escola Lancaster tinha um papel explícito na formação do caráter e dos valores morais. Isso não era visto como uma tarefa acessória ou menor. Nesse particular, não parece que esta escola fosse diferente das outras de então. Ainda assim, afirma-se que era bem mais efetiva nesse mister, pois nada dependia do acaso ou dos humores dos professores.

E a maneira mais visível de desenvolver os hábitos e valores era acostumar-se à mais estrita disciplina. "Os meninos e meninas, ... se habituam necessariamente a um comportamento bem regulado de obediência e de subordinação metódica...". Era quase um sistema militar.

"A prática de obrar metodicamente... dá um conhecimento refletido do justo e do injusto... Está igualmente disposto a ser um cidadão útil, obediente e morigerado.".

Tudo fica determinado nos regulamentos. "Ao entrar na escola, tiram o chapéu, ... Quando o relógio bate a hora, cada menino toma lugar na classe que lhe compete. Um dos meninos reza uma oração que toda a escola repete.... Saem os meninos do banco, em fileira, a formar, sem confusão, um semicírculo em torno da carta...".

"Os meninos devem aprender a sair do banco, ... voltar para o banco e sair por fim da escola, pois do contrário se gasta muito tempo inutilmente nessas mudanças...". "Mas além disso, os meninos mais turbulentos aproveitam-se da confusão para dar encontrões no outros, empurrá-los ou causar distúrbios.". Registre-se, também, que "quando os meninos estão de pé junto à carta, que todos tenham as mãos juntas atrás das costas, regulamento que previne brincarem uns com os outros e distraírem-se do que estão aprendendo".

Por tudo que sabemos, era uma escola barata, academicamente eficaz e bastante competente, também nas tarefas de disciplinar os alunos. Permitia uma escalabilidade ilimitada, seja dentro de cada sala de aula – que podia abrigar até mil alunos – seja pelo detalhamento das regras de funcionamento, permitindo a sua replicação por quem se desse ao trabalho de seguir as normas e minudências do manual.

Não obstante, lá para meados do século XIX, estavam desaparecendo na Inglaterra. Na França, não prosperaram. Na Alemanha, tampouco. Ainda assim, por certo tempo, tiveram sucesso nos Estados Unidos.

Por que encolheu e desapareceu o método? Lancaster teve seu grande momento de sucesso, mas poucos ouviram falar dele nos dias de hoje. Uma razão é que, apesar de minucioso nas suas instruções, Lancaster era desorganizado e mau administrador. Quase faliu. Arruinado, foi então pregar sua ideia nos Estados Unidos e por lá ficou, perdendo a Inglaterra a sua liderança pessoal.

Não são claras as razões do seu abandono, também no Brasil. Algumas fontes indicam que não havia gente preparada para a sua operação. Pode ser. Mas, justamente, o seu detalhadíssimo manual deveria facilitar a qualquer um reproduzir o modelo. Com efeito, é uma receita clara de como criar uma escola e operar no seu cotidiano. Em contraste, a sala de aula que até hoje sobrevive não vem com "manual de instrução".

Temos para nós que a lição mais importante desse assunto é mostrar que a aula e os estilos que temos não são os únicos possíveis. Optamos por eles, mas por que tomá-los como únicos e melhores?

Voltando a Lancaster, mais adiante, os dinheiros públicos passaram a ser usados na Educação inglesa. O baixo custo do método deixou de ser um atrativo tão importante.

Seja aqui, na Inglaterra ou nos Estados Unidos, o nível de aprendizado dos alunos com esse ou aquele método deveria ser um critério decisivo de escolha. Mas até recentemente, não havia instrumentos para medir rendimento escolar. Portanto, nada sabíamos de concreto sobre o assunto.

Há uma ideia central de Lancaster que reaparece na educação de hoje: a estruturação do ensino. A quintessência da sua replicabilidade é, justamente, vir com um "manual de instruções" detalhado. Tudo é previsto, tudo é planejado, em todos os níveis. Quase nada sobra para a iniciativa individual. Faz sentido pensar que seu êxito deve muito a essa minudência na sua gestão administrativa e pedagógica.

Lancaster era uma escola revolucionária nessa dimensão. Tudo era previsto, no menor detalhe. De fato, abundante pesquisa sugere que, quanto mais estruturado o ensino, mais os alunos aprendem. Porém, essa tornou-se uma heresia nos dias de hoje.

Um professor finlandês chega na sala de aula preparado para lidar com seus alunos. Teve ótima formação e tem na sua retaguarda todo o material necessário. Sendo assim, o detalhismo, como no manual de Lancaster, pouco ajudaria na Finlândia. O mesmo não se pode dizer da maioria dos nossos, pois a sua formação é deficiente e está mal atendido por materiais de qualidade. Já mencionamos anteriormente, tudo que guie o professor é bem-vindo.

Na escola acadêmica de hoje, prevalece uma doutrina que manda deixar o professor livre para conduzir como queira a sua sala de aula. Não apenas isso, mas o falso construtivismo, que reinou por bom tempo, era furiosamente contrário à ideia de ensino estruturado, de livros e de tudo mais que gerasse um "passo a passo" para o professor. O que falta para o sucesso desse estilo são professores bem formados e capazes de tratar, por conta própria, a miríade de passos que levam ao aprendizado dos seus alunos.

Em contraste e criando um ruidoso confronto, os atuais "sistemas de ensino" são uma tentativa parcial de estruturar um pouco mais a escola, os currículos e a sala de aula. Nesse sentido, estão mais próximos do método Lancaster.

Foram observados consideráveis saltos de aproveitamento, obtidos por alunos de redes públicas que contratam seus programas com "sistemas de ensino". Um dos estudos mostra um ganho de um semestre de aproveitamento, após dois anos de implementação. Ou seja, o Método Lancaster é um *flashback* para esse modelo de estruturação, no caso, muito bem concebido e arrematado.

Na Escola Lancaster, cada aluno caminha na sua própria velocidade, com vantagem, seja para quem anda ligeiro, seja para quem leva mais tempo para dominar o assunto. É uma característica atraente desse método.

Instrutivo notar que o Serviço Nacional de Aprendizagem Industrial (SENAI) do Rio de Janeiro, nos anos 60, desenvolveu um sistema semelhante, nos seus cursos de formação profissional. Cada aluno tinha a sua própria velocidade de cruzeiro ao longo do curso. Pelos dados existentes, funcionava muito bem. Possivelmente, perdeu espaço pela dominância do SENAI paulista, muito maior e mais agressivo.

A escola Lancaster original foi concebida para lidar com a extrema escassez de recursos e professores. Em um país como o

Brasil, é óbvio, nem pensar em deixar um professor cuidar de até mil alunos.

Contudo, há uma outra categoria de problema: as escolas rurais. Como operar uma escola com 10 ou 20 alunos, talvez o número máximo que se consegue reunir em um mesmo lugar? O Método Lancaster oferece uma inspiração convincente para operar escolas multisseriadas. Se a matrícula total justifica apenas um professor, como ensinar várias séries na mesma sala? A solução é óbvia e bem conhecida, os alunos mais avançados ensinam aos outros. Tão simples quanto isso.

De forma muito localizada, a ideia-mãe da Lancaster reaparece anos recentes, agora vestida com um nome pomposo: *peer teaching*. Por exemplo, o físico de Harvard, E. Mazur, criou uma aula experimental em que o professor fala dez minutos, propõe algumas perguntas e, daí para frente, os alunos interagem, um ensinando ao outro ou tentando convencer que sua resposta é a correta. No ensino superior, esse modelo faz certo sucesso no Brasil.

No que diz respeito à necessidade de desenvolver valores, cidadania e bons hábitos, estamos muito pior do que na escola Lancaster. Nela, havia um mandato expresso. Hoje, quase nada temos aqui nesta linha. Nem se fala do assunto, é como se não existisse. São óbvios os prejuízos para a sociedade.

Mas ao fazer comparações, não podemos ser literais ou ingênuos. Há muita coisa que desapareceu na sociedade atual e não foi necessariamente uma perda. Ficarem os alunos com as mãos nas costas não é intrinsicamente uma virtude a ser emulada.

Escolas militares e religiosas adotam regras bastante rígidas de disciplina. E há consenso de que os resultados são bons, seja na consolidação da cidadania, seja academicamente. Não parece que as Escolas Lancaster agissem de forma diferente. De fato, a disciplina em qualquer escola europeia tende a ser muito rígida.

Concluímos que marchar, rezar e hastear a bandeira são a fórmula mágica para desenvolver civismo? Não é bem assim. Embora o assunto seja controvertido e insuficientemente estudado, a resposta tem nuances. Nessas escolas, há duas dimensões. Marcha-se, levantam-se todos ao entrar o professor, canta-se o hino nacional. Em paralelo, são escolas bem-organizadas, previsíveis, justas e levadas a sério por elas próprias. Qual dos dois aspectos traz mais ganhos de cidadania? Cautelosamente, diríamos que é o segundo. Mas como as duas coisas costumam andar juntas, é difícil deslindar o peso respectivo dos rituais e dos modelos de comportamento.

Em conclusão, descrevemos um modelo diferente de escola e que mostrou bons resultados no passado. Algumas de suas características nos remetem a temas presentes. É um modelo atraente para as classes multisseriadas. Tem um mandato claro no desenvolvimento de valores e cidadania. Impõe padrões rígidos de comportamento para os alunos. E operam sob regras muito detalhadas e estritas. Cada um desses temas tem seu rebatimento em controvérsias atuais da educação.

Escolas com uma única sala de aula? Dá certo?

A presente seção lida, também, com assuntos de organização das escolas. É um seguimento natural da escola Lancaster. Como há muitas formas de estruturar o ensino, é razoável imaginar que umas são melhores do que as outras, dependendo das circunstâncias. Aqui, examinamos o problema de escolas em regiões onde há poucos ou pouquíssimos alunos. Como fazer? A escola multisseriada é desdenhada no Brasil, considerada uma alternativa inferior, a ser eliminada. Contudo, desde que se utilizem os métodos adequados, é uma bela solução para escolas com poucos alunos.

Como publicado nos jornais, no estado de Minas Gerais, o Legislativo houve por bem passar uma lei proibindo as aulas em que há alunos de séries diferentes na mesma sala. Eclode um conflito. De um lado, a lei dizendo que não pode. De outro, as autoridades educacionais tendo que operar escolas muito pequenas, em que é antieconômico e pouco prático ter turmas ínfimas. Esse é o caso de muitas escolas rurais. Pipocam os argumentos, tanto quanto os falsos argumentos. E o bate-boca prossegue.

Mas quem minimamente conhece o panorama da educação, pelo mundo afora, não pode deixar de perceber que o tiroteio está completamente sem pontaria.

Para começar a discussão, o ponto de partida deveria ser a pergunta: o que nos diz a experiência dos países de melhor educação sobre escolas multisseriadas? A resposta é taxativa e consistente: a escola multisseriada não é um problema. A qualidade do ensino não precisa sofrer se um único professor ensina para alunos de várias séries na mesma sala de aula.

De fato, países ricos como França, Estados Unidos e Canadá têm escolas assim e ninguém pensa em eliminá-las. E, para coroar, também existem na Finlândia, que obteve o primeiro lugar no PISA. Thorsten Husen, o mais consagrado educador da Suécia, estudou em uma – com colegas de várias séries diferentes na mesma sala – e afirma que não foi prejudicado em sua educação.

A diferença é que, para as escolas multisseriadas, o método de ensino não é o mesmo e os professores precisam aprender as técnicas apropriadas para manejar esse modelo. Como aqui não se ensinam essas técnicas aos professores, eles improvisam. Os resultados são os que se poderiam esperar. Com efeito, não se pode julgar os méritos de uma escola que está aplicando os métodos equivocados.

Na Colômbia, em um experimento capitaneado pela socióloga Vicky Colbert, foi desenvolvido um método para escolas rurais multisseriadas, com um sucesso nada menos que espetacular. Diante disso, o projeto foi ampliado para toda área rural do país, gerando um resultado ímpar no Continente: trata-se do único país em que os alunos de áreas rurais mostraram resultados superiores aos urbanos, em testes de rendimento escolar. Ou seja, os alunos das classes multisseriadas aprendiam mais do que os outros, cursando classes convencionais. É a Escuela Nueva, projeto que rendeu à autora vários prêmios internacionais.

E não parou aí. Em um projeto do Banco Mundial, o método colombiano foi adaptado ao Norte e Nordeste do Brasil. Espalhadas pelo interior, tais escolas operam versões tupiniquins da Escuela Nueva, para quem quiser ver. E os resultados são igualmente expressivos.

Na sua essência, o método consiste em dar aos alunos mais avançados o papel de ensinar aos mais atrasados. É uma forma antiga, consagrada e eficaz de organizar o aprendizado. Na seção anterior, examinamos a Escola Lancaster. Em boa medida, a Escuela Nueva é herdeira dela.

Por que os experimentos da Escuela Nueva são ignorados ou desconhecidos? Falta de informação? Quem digitar "aulas multisseriadas" no Google encontrará 34 mil sites. Digitando *multigrade classrooms*, aparecem 71 mil. Portanto, a informação abunda. Não estou certo, mas tenho uma hipótese. Como foi um projeto trazido pelo Banco Mundial, o Satanás de Washington, há um descrédito automático, sem ver, sem medir, sem querer conhecer.

Em contraste, a Escola da Ponte, de Portugal, é a queridinha dos nossos educadores. A Escuela Nueva resistiu à sua replicação em massa no meio rural colombiano. Em contraste, o único exemplar da Escola da Ponte, a própria, desintegrou-se em pouco tempo. Mostrou-se frágil. Logo que saiu seu criador, a escola desandou.

Dentre nós, poucos estão perguntando o que dá certo e o que não dá. Simplesmente, ignoram-se as soluções, sem conhecê-las, quando vêm de instituições vistas como "contaminadas". E aceitam outras, que, apesar de meio fracassadas, são decretadas como maravilhosas, em virtude da pureza ideológica dos seus proponentes.

Os destemperos com a escola multisseriada são uma controvérsia descabida. Não se trata de um problema educativo, mas, sim, de uma cegueira seletiva. É uma espécie de daltonismo ideológico.

A lei está errada, ao ignorar os conhecimentos acumulados pelo mundo afora, mostrando que, corretamente manejada, é tão boa quanto a outra. Mas os seus defensores argumentam mal, ao não considerarem a experiência acumulada e amplamente publicada, seja nos países mais avançados, seja em outros de desempenho mais modesto. Pior, apesar de que continuam operando, não utilizam os bons métodos para lidar com alunos de séries diferentes na mesma sala.

É pena que a educação continue a ser guiada por palavras de ordem, filtros ideológicos e preconceitos, em vez observar, no mundo real, o que funciona e o que não funciona.

Capítulo 5

Ensino Básico: muitos alunos e muitos problemas

Como indica o seu título, este capítulo examina alguns temas do ensino básico. Começa com um exercício intelectual: A busca de um modelo de escola que evitasse os maiores equívocos cometidos pelas que temos hoje. Em seguida, arrefece os ardores utópicos e discute uma escola possível e desejável. O tópico seguinte é o ensino médio, com suas dificuldades de encontrar uma estrutura adequada. Finalmente, discute a avaliação, um componente indispensável de qualquer educação séria. Como extra, inclui um decálogo dos pais, para que cuidem corretamente da educação dos seus filhos.

A escola dos meus sonhos

Utopias, pela sua natureza, são miragens. Atrapalham se forem vistas como modelos a serem alcançados. Não obstante, ajudam a entender e a dar uma direção apropriada às escolas que temos aqui, no mundo real.

Qual seria a minha escola ideal. Summer Hill? Waldorf? Prep Schools da Nova Inglaterra? Eton? Louis Le Grand? Lumiar? Poderia escolher uma. Porém, o êxito dessas escolas depende de condições muito especiais, tais como lideranças carismáticas, seletividade na escolha dos alunos, amplos recursos etc. São filhas únicas e donzelas delicadas.

O real desafio é inventar uma boa escola que possa ser reproduzida para os nossos 50 milhões de alunos. Diante desta utopia, aqui vão meus devaneios.

Para começar, a escola tem que ensinar menos, para que os alunos aprendam mais. Um professor de matemática russo, radicado no Brasil, contou 27 tópicos na Matemática da nossa 4ª série. E encontrou apenas 4 em Cingapura, um país vencedor no Programa Internacional de Avaliação de Estudantes (PISA). Pela minha cabeça, devemos cortar 23! Sem tempo para aprofundar cada ponto, o aluno ousa falar de tudo e não domina nada.

Ao estilo do movimento americano Foxfire, os alunos mergulhariam na cultura e nas tradições dos locais onde vivem. Começariam entrevistando os mais velhos da comunidade. E estariam sempre buscando as pontes entre saberes locais e os conhecimentos universais. Na esteira da Waldorf, usariam as mãos para construir objetos do seu cotidiano, tradicionais ou novos.

Não resisto ao impulso de falar de um americano que sempre teve terríveis dificuldades com a Matemática na escola. Frustrado, foi ser carpinteiro. Note-se, a casa típica daquele país é feita de madeira e sua planta requer alguns cálculos. Logo descobriu: ora vejam, matemática é assim! Isso eu entendo! Criou, então, um programa (*If I had a Hammer*) para escolas, no qual os alunos desenham e constroem pequenas casas de madeira. Semanas depois, as notas de Matemática dão um salto.

De fato, a ideia de combinar ciência com tecnologia, com engenharia e matemática (o chamado STEM – Science, Technology, Engineering and Mathematics) permite aproximar as ideias mais teóricas das suas aplicações no mundo real. E abre espaço para trabalhos práticos. Estes seriam o ponto de partida para aproximar-se, indutivamente, das ideias mais poderosas do currículo. A Matemática pode começar na cozinha ou no futebol. Mas, jamais, demonstrando um teorema no quadro negro!

O aprendizado do português começaria na descrição cuidadosa do que estão fazendo com as mãos ou do que ouviram na rua. É o início do longo caminho para a grande literatura. E que tudo seja lido com prazer.

O conjunto de atividades da escola daria também ensejo para explorar os valores da Civilização Ocidental e da modernidade. Não adianta ouvir sermões. O que serve é viver situações que favoreçam esse amadurecimento. Narrativas de experiências pessoais são também eficazes para caminhar nesta direção.

Isso tudo não passará de uma utopia delirante, sem fórmulas para materializá-la em milhares de escolas. Sendo assim, aqui soletro as estratégias de implementação.

Precisamos da tecnologia para suprir o que não existe perto. As correrias para aprender a usá-la na vigência do Covid desbastaram o caminho para os grandes saltos que se tornam possíveis.

Quando participava da formulação do Telecurso 2000, uma das melhores professoras-autoras (de Química) supervisionou a montagem de um protótipo de aula. A sua preparação era sofisticada e atores profissionais atuavam em cena. Ao ver a projeção, ficou claríssimo que ela própria não seria capaz de dar uma aula tão boa. E o seu vídeo chegaria a milhões de alunos.

Com atores ou com aqueles professores que são geniais em sala de aula, por que gastar o tempo dos mestres forçando-os a repetir a mesma aula, dia após dia? Melhor que se dediquem a interagir e dar mais protagonismo aos alunos – a essência do chamado ensino ativo. Para isso, devem também ser abastecidos com sugestões minuciosas de como proceder. É hora de propor projetos inteligentes e que explorem as conexões da teoria com a prática.

O aluno estuda para a prova, isso sabemos. Mas formular as questões é difícil até para profissionais de avaliação. Se a tarefa permanecer com os professores de sala de aula, é certo que continuarão sendo provas onde se exige apenas a memória. Portanto, o aluno irá decorar. Como não é isso que queremos, devem ser criados bancos de questões, bem calibradas para o que os alunos devem aprender. Em muitos casos, a Inteligência Artificial (IA) vai ajustando o tipo e dificuldade das questões, de acordo com o perfil de cada aluno.

A educação precisa incorporar avanços que ocorreram, já na Revolução Industrial: a divisão de trabalho e especialização de funções. Um sabe mais teoria, outro sabe ensinar, ainda outro se especializa na preparação de materiais de ensino e assim por diante. Na sala de aula, não precisamos de um gênio polivalente, mas de alguém para liderar o processo, motivar, ajudar e atender aos que tropeçam. Na sua retaguarda, terá um exército de especialistas, chegando a ele via os abundantes avanços das tecnologias digitais.

Pelo menos na teoria, a viabilidade dessa escola dos meus sonhos é assegurada por uma complementaridade bem articulada do que acontece na aula com o que é preparado em agências centrais. Estas respaldam a escola com uma imensidão de recursos, cada um chegando no momento oportuno. E a tecnologia permite esta fluidez. Naturalmente, os professores devem ser preparados para a aula que vão dar, não para citar educadores defuntos.

Materializar um plano tão ambicioso está no reino das utopias. Julgo que, tecnicamente, é viável e faz todo o sentido. Porém, as barreiras institucionais, ideológicas e políticas são formidáveis.

A escola possível

Uma boa escola requer desvelos permanentes. O sucesso deriva de detalhes cuidadosamente atendidos. É o "feijão com arroz" que deve ser bem-feito. Não obstante, é preciso proceder a reparos mais sérios em múltiplas dimensões do seu funcionamento.

Meu avô contava o caso dos dois fazendeiros de Paracatu que se encontraram na porta da venda local. Por que o seu cavalo está tão formoso e o meu essa feiura? Simples, diz o amigo, aqui está o segredo: as sete em ponto, todos os dias, faça pipi no dianteiro esquerdo do animal. Só isso. Um ano depois, voltam a se encontrar e estavam formosos os dois corcéis. A razão é simples, estando presente à hora em que o cavalariça cuida dele, materializam-se os muitos desvelos requeridos.

Em educação é igual. O segredo da qualidade é a religiosa atenção a todos os detalhes. E são muitos. É o **feijão com arroz cuidado com obstinação**. Não necessitamos de teorias novas, complicadas ou miraculosas. E nem de tecnologias revolucionárias na sala de aula. Mas é óbvio, não há por que ser contra a tecnologia.

Nesse contexto, há também muita coisa a ser consertada. Vejamos.

Para começar, **sem gestão competente, nada de bom vai acontecer**. O solo do pianista Nelson Freire encanta seu público, do primeiro ao último minuto. É só ele no palco. Mas se os carregadores do seu piano não se entenderem, brucutu, desaba no chão! Se são muitos para a missão, é preciso coordenar. Portanto, gestão é essencial. Sem líderes capazes de comandar e sem boas regras instaladas, não há como produzir um bom ensino. E, em grande medida, as regras tradicionais da administração de empresas funcionam nas escolas.

Uma escola precisa **definir suas prioridades** – e têm que ser poucas. Não pode ficar saltitando de uma para a outra. Todos têm que conhecê-las bem e embarcar nelas de corpo e alma. Não há boas escolas que não pratiquem tais regras.

O **diretor é um elo crítico**. É o comandante do barco, velando para que todos remem na mesma direção. Entre a escolha de coordenadores e papel higiênico nos banheiros, tem que cuidar de tudo. Nas escolas bem dirigidas, as decisões fluem e o astral é bom. Porém, as escolas públicas carecem dos instrumentos para assegurar a sua boa marcha. Não há punições ou recompensas. As armas são apenas carisma e capacidade de sedução. É pedir demais deles.

Não fosse o bastante, o diretor é escolhido pelos piores métodos. Ou são indicações políticas, passando longe dos melhores candidatos, ou são eleições que politizam a escola e reduzem a sua autonomia, tolhida pelas promessas de campanha. Pena, pois há hoje melhores métodos de escolha.

Sua Excelência, o professor. Em suas mãos acontece – ou não acontece – a boa educação. Infelizmente, sua preparação é equivocada. Nem aprendem o que vão ensinar e nem aprendem a dar aula. Talvez a maior prioridade hoje seja consertar a sua formação.

O economista norte-americano E. Hanushek estimou que os alunos de um professor muito ruim ficam meio ano para trás. E os de um muito bom ganham um ano e meio. Ou seja, se trocarmos um muito ruim por um muito bom, os alunos ganham dois anos! Nada teria impacto comparável.

Porém, selecionamos mal. Tirar boa nota no concurso não identifica a competência do candidato na sala de aula. Diplomas de mestrado ou doutorado tampouco. Só se revela sua aptidão quando é testado em uma aula de verdade. Daí que a seleção deveria ser após um estágio.

Pior, a carreira não é atraente e charmosa. Os salários iniciais são baixos, atraindo poucos dentre os mais talentosos. E mais, a estabilidade garante que, por décadas, péssimos professores permanecerão na sala de aula. Some-se a isso regras lenientes para o absenteísmo.

A avaliação é o GPS da educação. Se não sabemos se o ensino é bom, se melhorou ou piorou, como pilotar essa nave chamada escola? Hoje, temos bons sistemas de avaliação – ainda que insuficientemente usados. Mas como o professor não aprendeu a fazer provas inteligentes, a avaliação pelas notas é fraquinha e premia-se o decoreba.

Formal ou informalmente, qualquer empregado é avaliado ao longo da sua carreira. Os bons avançam, os trôpegos vão ficando para trás. Os professores da rede privada são informalmente avaliados pelos donos das escolas. Por que os sindicatos acham que a única classe que não pode ser avaliada é a dos professores da rede pública?

Há uma ciência e uma arte de dar aulas. Faz um século, espocou uma revolução na sala de aula. E de meio século para cá, as novas ideias foram testadas, por meio de pesquisas sérias. Por que a maioria ignora esse legado e segue usando métodos que vêm da Idade Média?

Exemplos do que é ignorado: mais ênfase nas habilidades básicas. Ensinar menos para aprender mais. O conhecimento se consolida quando a aula é ativa. Só se aprende quando se aplica. Com bagunça, não se aprende.

Por que os erros não são corrigidos? Dentre observadores mais qualificados e serenos, há amplo acordo no diagnóstico e no que precisa ser feito. Mas quase nada acontece. Para obter os módicos avanços que conseguimos, ainda dependemos de líderes heroicos e obstinados. Nos países de boa educação, poucos sabem o nome do Ministro.

Demos grandes saltos no passado recente, quando faltava tudo. Agora, a qualidade depende de medidas que pisam nos calos de muitos: mais esforço, mudanças penosas e por aí afora. Para vencer tais resistências, é necessário que a sociedade exija, impiedosamente, uma educação de qualidade. Infelizmente, isso ainda não acontece. Toleramos a mediocridade na escola. Por isso, temos uma educação medíocre.

Ensino Médio: a catástrofe da escola única

Nosso ensino médio tem muitos problemas. Alguns são comuns com o fundamental e, indiretamente, foram cobertos na seção anterior. Mas sua estrutura foi vítima de um equívoco fatal, introduzido na década de 90: uma escola única com um currículo fixo e único. Apenas no Brasil existia isso. A reforma do médio permitiu reparar o equívoco. Porém, sua implementação tem sido morosa e há pressões para voltar à estrutura anterior.

Ao fim do obscurantismo da Idade Média, era preciso melhorar a preparação do clero e da nobreza. Para recuperar os mil anos de atraso, criam-se as primeiras universidades na Europa, começando em Paris e na Bolonha. Nelas, os filhos da aristocracia eram introduzidos nas Humanidades (História, Latim, Grego e Hebraico). Ciências? Nem pensar, isso apenas acontece no século XIX. Assuntos práticos? Ainda menos.

Com a expansão da matrícula, em parte pressionada por uma nova classe burguesa, faltam preceptores para preparar os alunos para a universidade. Foi inevitável criar o que veio a se chamar (nas línguas latinas) de ensino secundário e, depois, o primário. Estas novas escolas podem ser vistas como "puxadinhos" da velha universidade medieval para a qual preparavam. São filhotes delas. Os assuntos são os mesmos: jogos de palavras, grandes saltos da abstração, tudo com sabor escolástico.

Porém, com o avanço e a complexidade crescente das sociedades europeias, as novas gerações necessitam aprender assuntos bem mais práticos. E a tradição escolástica das escolas entra em rota de colisão com as ciências e tudo mais que não é jogo de palavras.

Como resolver esse impasse? Era preciso criar uma escola capaz de lidar, também, com assuntos práticos e de ensinar coisas úteis no cotidiano. No fundo, urgia fazer o inimaginável: criar uma escola com duas almas, duas culturas. As Humanidades, rescendendo ao escolasticismo, teriam que conviver com o aprendizado de conhecimentos mundanos. Ou, como tratado no Capítulo 6, esta mesma escola teria que ensinar profissões prenhes em manualidades.

Diante desse desafio inevitável, cada sociedade inventou o seu caminho ou copiou algum. Veja-se uma curiosidade. A educação inicial é muito parecida, são as inevitáveis primeiras letras e números. A universitária forjou seus modelos rígidos no medieval e hoje está voltada ao ensino das profissões de nível superior – que não pode se desviar demais do mundo do trabalho.

Mas, no secundário, buscam-se inúmeras fórmulas para fazer conviver as abstrações escolásticas do secundário acadêmico com o aprendizado prático, antes adquirido na relação mestre-aprendiz.

A dúvida é o que oferecer para jovens chegando ao décimo ano de escolaridade.

Um divisor de águas, dentre as soluções, é o direito de acesso à universidade para graduados de cada tipo de curso. Em alguns países, permite-se um acesso automático para todos. Outros permitem o acesso, mas há concursos vestibulares. No caso de secundários menos acadêmicos, há também os países que podem exigir estudos adicionais para a universidade. Em alguns, esses cursos permitem acesso a outros programas de nível superior, mas não às universidades tradicionais.

Outro divisor de águas é a existência de um exame de fim de curso. É o Baccalaureat francês, o Abitur alemão e suas variantes em outros países europeus. Note-se, sem aprovação nesses exames, o graduado não tem diploma de nível médio. Já nos Estados Unidos, não há exames de saída da High School; na prática, formam-se todos.

Nas soluções assemelhadas às francesas, o modelo mais frequente é criar escolas para diferentes assuntos e muitas alternativas de programas. Há o Lycée (secundário), levando ao Baccalaureat. Cada aluno escolhe um "sabor" para a sua formação: Humanidades, Ciências, Comércio e por aí afora. Não se busca, propriamente, fundir as duas culturas, mas impedir que colidam. E há outras vertentes puramente profissionalizantes que não permitem acesso ao superior.

Na Alemanha, Áustria e Suíça, há dois sistemas paralelos. De um lado, há um sistema misto, o Dual. São quatro dias trabalhando (sob a orientação de um "Meister") e um dia de escola. Funciona muito bem. Além disso, pode haver mais de um secundário acadêmico.

Na Alemanha são três níveis. Apenas o "Gimnasium" dá acesso imediato à universidade. Na Suíça, são dois ciclos paralelos.

Na Escandinávia, onde é bem mais atenuada a distância entre mão e cabeça, as escolas buscam integrar os programas, combinando o currículo acadêmico com profissionalização. Aliás, como já mencionado, lá se inventaram os "Trabalhos Manuais", partindo da crença de que usar as mãos é, em si, educativo. Portanto, são atividades que podem ou não ter a intenção de ensinar um ofício.

Na entrada do século XX, os Estados Unidos inventaram uma nova escola, a Comprehensive High School. Em vez de haver uma escola para cada tipo de aluno (ou carreira), como na França, rigorosamente, todos frequentam a mesma instituição de ensino. A oferta de 200 disciplinas na mesma escola não é um incomum. Cada aluno encontrará algo que lhe sirva, inclusive de vezo profissionalizante.

Como fica claro, no nível secundário, as nações não se põem de acordo. Cada país inventa uma solução para lidar com as clivagens entre o mundo das ideias e o mundo das coisas. É a mão versus a cabeça. O povo versus a elite. Certos cursos têm alto prestigio; outros são mais cabisbaixos. De resto, nenhuma sociedade está confortável com suas opções e as mudanças são frequentes.

Até a década de 90, o Brasil tinha um sistema parecido ao francês, com o secundário partido em clássico, científico, normal e comercial.

Esse sistema foi sucedido por outro em que há apenas um único curso e um único modelo de escola secundária (então batizado de médio). E o currículo é único e fixo. Ou seja, o Brasil criou um sistema ímpar no mundo. Nem muitas escolas diferentes e nem opções de currículo dentro da escola. Todos tinham que cursar as mesmas disciplinas em um único modelo de escola. Nenhum outro país adota uma solução tão idiota!

A gênese desta decisão estapafúrdia permanece um mistério, pelo menos para o presente autor. Foi adotada durante a gestão de Paulo Renato de Souza, um ministro atento e proativo, mas que não percebeu o que estava ocorrendo. A decisão nasce no Conselho Nacional de Educação, uma instituição bem monitorada por ele. Como terá escapado uma tal mudança? Pelo que conheço das suas posições, jamais a teria endossado. Fica o mistério.

Mas a gênese teórico-ideológica é fácil deduzir. Lá pela década de 20, um jornalista e filósofo italiano arrostou o governo e acabou preso. Era inteligente, destemido e comunista. Até do próprio partido foi expulso. Chamava-se Antonio Gramsci.

Na cadeia, escreveu sobre educação e sobre muitos outros assuntos. Sua grande cruzada era reduzir a distância entre ricos e pobres, segundo ele, perpetuada ou agravada pela escola existente. Nada mais fácil de justificar, agora ou então. Porém, sua solução era simplista e extrema: que pobres e ricos atendam a mesma escola e que não se sonegue aos pobres os assuntos mais nobres que se oferecem nas escolas dos ricos.

Atualmente, por todas as partes, os anos iniciais da escola são hoje unificados: mesmo currículo, mesmo tudo para todos. Faz todo sentido.

Porém, ao chegar ao médio, as diferenças já são muito grandes, seja nos interesses, seja no desenvolvimento intelectual de cada um.

No Capítulo 1, mencionamos que a escola amplifica as diferenças iniciais, em vez de reduzi-las. Ademais, a latitude dos assuntos que podem ser tratados se alarga, tornando impossível para um aluno normal dominar um tal currículo. Sendo assim, os sistemas escolares, pelo mundo afora, oferecem a possibilidade de fazer escolhas, de concentrar-se em matemática ou literatura, biologia ou contabilidade e por aí afora.

No entanto, um veemente grupo de educadores brasileiros aferra-se às ideias de Gramsci. Uma mesma escola e o mesmo currículo para todos. Pobres têm que estudar Kant e ricos têm que pegar na enxada. Segundo o oráculo italiano, todos têm que fazer tudo. Que fique claro, definitivamente, não estamos propondo um currículo para pobres e outro para ricos. O assunto é muito mais complexo.

Mas, independente de classe social, nessas idades, os interesses e as competências dos alunos já estão profundamente diferenciadas. Vale mencionar, nem a Itália e nenhum outro país adotou as ideias dele. Nem sequer as discutem.

No Brasil, palavra de ordem era a "politecnia" – o que quer que signifique. E, obviamente, o grupo teve uma grande vitória, conseguindo criar um sistema deslocado do tempo e da história.

Desde então, o ensino médio se tornou o mais travado de todos. Da pré-escola aos doutorados, tudo cresceu muito a partir dos anos 90. Porém, o avanço das matrículas no médio foi um desapontamento para todos. Cresceu pouquíssimo. E como mostra o Sistema de Avaliação da Educação Básica (SAEB), a qualidade não avançou, como nos outros níveis. Para coroar, os gastos per capita com o médio público triplicaram na última década. Pagou-se a conta e os resultados não apareceram, seja na qualidade, seja na quantidade.

Culpa da reforma Gramsciana? Muito mais esforços de pesquisa seriam necessários para justificar tal afirmativa. Mas dá o que pensar.

Apenas no governo Temer e com a pressão dos Secretários Estaduais de Educação é que foi possível alterar a lei. Com o empenho direto do Presidente, voltamos a ter uma estrutura de ensino médio mais em linha com o que se faz pelo mundo afora.

Como costuma acontecer, a lei não saiu exatamente como se esperava. Mas os dois temas fundamentais sobreviveram. Em primeiro lugar, a diversificação foi confirmada, ou seja, criaram-se diferentes caminhos, inclusive o técnico, cada um com sua ênfase. Em segundo, como discutido no Capítulo 6, a carga profissionalizante foi incorporada na carga total do ensino médio.

Lamenta-se, entretanto, que a carga horária do currículo comum a todas as vertentes seja, exageradamente, alta. Também complica o quadro a forma de definir as vertentes, usando uma classificação bizarra e diferente do que se faz mundo afora.

Mas, novamente, os cruzados da "politecnia" estão alvoroçados, tentando voltar atrás. Querem de volta um sistema que, felizmente, foi abandonado. A Conferência Nacional Extraordinária da Educação (CONAE) traz as mensagens desse grupo.

VARIG, voo 254, 3 setembro 1989

"Qualidade... sabemos o que é, porém, não sabemos. Ora, isso é uma contradição. Mas algumas coisas são melhores do que outras, ou seja, têm mais Qualidade. Mas quando tentamos dizer o que é Qualidade, distante das coisas que a tem, puf! Não há mais nada que possamos dizer. Mas se não podemos dizer o que é Qualidade, como sabemos o que é ou como sabemos que sequer existe? Se ninguém sabe o que é, então, para efeitos práticos, não existe. Mas, para todos os efeitos, Qualidade realmente existe. Em que baseamos as notas escolares? Por que então paga-se uma fortuna por algumas coisas e outras são jogadas no lixo? Obviamente algumas coisas são melhores do que outras... mas o que é 'ser melhor'? Assim, andamos em círculos, fazendo funcionar as rodas mentais e não encontrando tração. Que diabos é qualidade? O que é isso?"

(Robert M. Pirsig, *Zen and the Art of Motorcycle Maintenance*)

A avaliação é o GPS da educação. É a forma de saber se os alunos estão aprendendo o que deveriam. Felizmente, o Brasil deu grandes saltos nessa direção e, hoje, tem um exemplar sistema de avaliação. Começa na alfabetização e termina nos doutorados. Ainda assim, não é suficientemente usado, apesar de avanços nessa direção.

"Aeromoça, diga ao comandante que o sol está se pondo do lado errado!" O voo partira de São Paulo, com destino a Belém. Segundo o laudo oficial, houve um erro de navegação, fazendo com que tomasse um rumo equivocado, tal como percebido pelo passageiro. O desfecho é conhecido. O avião se perdeu na selva amazônica e, sem combustível, fez um pouso sobre a copa das árvores. Treze passageiros perderam a vida.

Hoje, o mais plebeu GPS teria informado ao comandante as coordenadas geográficas do avião. Tal acidente não poderá mais se repetir.

Até recentemente, a educação também navegava sem GPS, como se estivesse perdida na selva amazônica. Proclamava-se bombasticamente: esse curso é ótimo, aquele outro não presta. Mas como não havia informações críveis, ficava o dito pelo não dito.

Temos agora um farto cardápio de testes de aproveitamento escolar. PISA (Programa Internacional de Avaliação de Estudantes), Prova Brasil, IDEB (Índice de Desenvolvimento da Educação Básica), ENEM (Exame Nacional do Ensino Médio), ENADE (Exame Nacional de Desempenho dos Estudantes) e as notas da CAPES (Coordenação de Aperfeiçoamento de Pessoal de Nível Superior) para a pós-graduação. A Educação brasileira passou a ter vários GPS! Não há mais desculpa esfarrapada ou embromação. Estão aí os testes, laudatórios ou mostrando desempenho lastimável.

São confiáveis? No mundo real, nada é perfeito, mas, para a maioria dos fins a que se destinam, cumprem seu papel.

Depois que todos passaram a ter vagas nas escolas, livros, merenda e tudo mais, melhorar a Educação torna-se um processo penoso e politicamente inglório. É preciso fazer com que alunos, professores e diretores se dediquem mais, que se consertem os erros, que se enfrentem as assombrações ideológicas e sindicalistas. Para um gestor, melhorar tornou-se uma tarefa mais árdua. Não há avanços sem distribuir maldades e não bondades.

Mas ao contrário da Alemanha, onde um PISA fracassado gerou uma onda de indignação, considere-se que da ordem de 70% dos pais, professores e alunos brasileiros julgam boa a nossa educação. Com esse nível da aprovação, brigar sério por um ensino de qualidade torna-se um haraquiri para qualquer político.

A boa notícia é que, com o passar do tempo, o GPS da educação começa a ganhar espaço na sociedade brasileira. De fato, sem que os brasileiros conheçam a magnitude da tragédia educacional, é inconcebível esperar que nossa educação melhore.

Em 2008, acompanhei uma equipe do *Bom Dia Brasil* que desejava visitar escolas, boas e más. A pior escola ficava no município mais pobre do entorno de Belo Horizonte. Seria um mergulho no fundo do poço.

Encontramos uma escola modesta e sofrida, mas estava limpa e bem cuidada. Perguntamos qual o seu IDEB. Para nossa surpresa, a diretora conhecia os números, presentes e passados. Explicou também por que as pontuações haviam caído. Além disso, a escola estava entre duas favelas, em pé de guerra. Diante do debacle do IDEB, as professoras estavam reunidas durante as férias, para discutir como melhor manejar a sala de aula. Era o oposto do que esperávamos.

Foi uma surpresa boa, pois pesquisas da época mostravam que, pelo Brasil afora, um terço dos diretores nada sabia de IDEB. Em contraste, a pior escola da região já estava alfabetizada na linguagem das avaliações.

Não houve no Brasil o mesmo choque traumático causado pelo PISA na Alemanha. Mas o vírus da avaliação está lentamente se propagando. O GPS da Educação vai ganhando espaço. O sonho é que a pontuação no IDEB se torne um resultado tão tangível quanto as posições dos times de futebol nos campeonatos. Ainda não chegamos lá. Mas há avanços.

Faz pouco, um prefeito pleiteou sua participação em um programa da Fundação Pitágoras. Segundo afirmou, pretendia com isso aumentar seu IDEB, de 4,1 para 5. Sua Secretária de Educação achou inviável. Mas no telefonema seguinte, ele indicou que já a havia despedido, substituindo-a por outra, mais ousada.

Esse é o caminho. E a estrada é longa.

PISA, o PIB da Educação

IDEB, SAEB e ENEM são os GPS do nosso ensino. Em um plano mais amplo, o PISA é o GPS internacional, permitindo a um país se comparar com outros. Aqui, exploramos suas principais características e algumas conclusões úteis que podemos tirar.

O Produto Interno Bruto (PIB) per capita é a medida clássica de avanço econômico das nações. Tem as suas limitações, mas, como não apareceu coisa melhor, gostando ou não, temos que ficar com ele.

Na educação internacional, o PISA está assumindo esse papel. É o melhor indicador de quanto os alunos aprenderam. Com ele, podemos comparar países e verificar, ao longo dos anos, quem avançou e quem regrediu. É uma iniciativa da Organização para a Cooperação e Desenvolvimento Econômico (OECD), o clubinho dos países ricos. Com o tempo, porém, outros menos ricos entraram no circuito. Pesa a seu favor o rigor com que é desenvolvido e aplicado. Pode e deve ser criticado, mas como o PIB, é o que temos.

Conta a seu favor ser herdeiro de uma pesquisa, também da OECD, testando pessoas empregadas em diferentes setores. As perguntas verificavam se os entrevistados tinham os conhecimentos e habilidades necessários para operar em uma sociedade moderna. O PISA mantém tal orientação, fazendo mais relevantes os resultados. Ou seja, testa conhecimentos e habilidades do mundo real.

Antes de prosseguir, falemos um pouco das limitações do PISA. Faz pouco, um bom número de professores endereçou uma carta aberta, propondo cancelar a próxima prova. Passando os olhos na lista, é fácil ver que estão ausentes os pesquisadores mais prestigiados no tema. Em si, isso não basta para condenar a proposta do grupo. Mas a falta de representatividade não pode ser ignorada.

Há uma grande diferença entre o que é o PISA e como ele deve ser usado. No fundo, o PISA é sólido, mas se presta a usos indevidos. Alguns críticos sugerem que se criou uma frenética olimpíada, alguns países tentando melhorar o seu desempenho a qualquer custo. Sacrificam dimensões importantes e metas de longo prazo. Isso não é um defeito do teste em si, mas sim do seu uso equivocado. É como justificar a proibição do uso de facas de cozinha porque alguém foi esfaqueado com uma.

No fundo, um teste como o PISA mede um aspecto essencial da educação: quanto os alunos aprenderam dos conhecimentos que estão nos currículos? Sem tais testes, como saber onde estamos? SAEB, Prova Brasil, ENADE e as avaliações da CAPES tiraram o país do voo cego da educação. O PISA faz o mesmo para as comparações internacionais. Como dizem os mestres da qualidade e gestão: se não podemos medir, como podemos administrar?

É preciso entender, pequenos avanços e pequenas diferenças entre países são irrelevantes e se embaralham no ruído estatístico. A Finlândia não é mais a primeira? Se houve perda, é tão pequena que se perde na margem de erro do teste. Não podemos tirar muito dessas diferenças.

De fato, no caso de países com os melhores escores do PISA, as diferenças são pequenas e tendem a gerar polêmicas sem sentido. Porém, em outros, como o Brasil, os resultados são tão medíocres que apontam para deficiências que estão longe de ser irrelevâncias ou ruído estatístico.

À proposta de introduzir variáveis qualitativas falta viabilidade prática. Muitos pesquisadores estão tentando medir tais variáveis. Mas essas medidas ainda estão na fase laboratorial.

As críticas atolam nesta mesma questão clássica: se não conseguimos medir tudo que é relevante na Educação, devemos parar de testar o que sabemos medir? Implicitamente, estão propondo o seguinte: não conseguimos medir formação moral, cidadania ou criatividade. Portanto, devemos deixar de avaliar quanto o aluno entendeu do que leu. Ou de sua capacidade de usar números em situações encontradiças na vida real. Não tem sentido.

Diante da relevância do PISA, está em boa hora de perguntar o que nos ensinou.

Como é levado a sério pela maioria dos países, quando surpreendem os resultados, espocam ondas de choque. A primeira foi na Finlândia, em meio a um vendaval de críticas à sua educação. Um belo dia, abrindo os jornais, os finlandeses descobrem que eram os melhores do mundo.

O primeiro PISA, publicado em 2001, deu um grande susto na Alemanha. Dentre 32 países, saiu em 22º lugar, posição considerada aviltante, para um país de tão sólidas tradições educacionais. A sociedade se enfureceu. Discutiram-se as causas do fracasso, à exaustão. Houve protestos e uma pletora de encontros e seminários. Fez-se o *mea culpa*. Novas leis foram desenhadas. Após dez anos de choros e ranger de dentes, o PISA alemão voltou a uma posição digna.

Em contraste, no Brasil, o primeiro PISA causou consternação, mas não indignação. Último lugar? Que chato, não é!

O excelente desempenho dos países do Extremo Oriente pode não haver surpreendido, mas continua impressionando. Entretanto, são pouco palatáveis as suas receitas, baseadas em disciplina férrea e horas infindáveis de estudo.

E o improvável aconteceu. Se há uma boa descrição do ensino português é a sua mediocridade ao longo dos séculos. Pois não é que uma reforma fez com que os resultados em ciência atingissem a média mundial e ultrapassaram os franceses! E se os portugueses conseguiram, por que o Brasil não pode fazer o mesmo?

No Brasil, convivemos com a notícia de que estamos nos últimos lugares. E surpreende a pouca repercussão que traz essa triste constatação. Almas menos avisadas trombeteiam que temos uma das piores educações do mundo. Rematada tolice, pois são os países educacionalmente mais avançados que escolhem participar. Como há mais de 200 países e 70 fazem o PISA, isso sugere que somos os últimos da Primeira Divisão ou os primeiros da Segunda. Estamos longe da Terceira.

"A educação brasileira está indo para o buraco!" Contrariando tais afirmativas bombásticas, o PISA não acusou queda, desde sua criação, na virada do milênio. Pelo contrário, mostrou uma clara tendência de melhoria de desempenho, ainda que nada espetacular. Contudo, os avanços não foram lineares. Criaram-se grandes esperanças, diante de avanços superiores aos dos outros países. Porém, voltou a imperar uma quase estagnação.

O PISA diz que apenas a metade dos brasileiros atinge o nível requerido para lidar com as séries seguintes ou com as atividades profissionais. Não há como minimizar esse achado.

Os alunos brasileiros mostram um desempenho equivalente ao de europeus com três ou mais anos de escolaridade. Na mesma linha, o grupo dos brasileiros com melhor desempenho não ultrapassa os europeus de classe operária.

Curiosamente, o Covid prejudicou nossa educação bem menos do que em outros países. Boa notícia? Ou era tão ruim que não podia piorar? Persiste o mistério.

Como há uma associação muito forte entre PIB per capita e escores no PISA, nossos resultados correspondem, mais ou menos, ao que se poderia esperar em países com o nosso desenvolvimento econômico. Tal resultado não surpreende, jogando um balde de água fria nos negativistas inflamados. Contudo, não devemos nos contentar com escores tão baixos.

Decantada no passado, a educação argentina retrocedeu e já empata com a nossa. Consolo para as almas tupiniquins?

Recentemente, Martin Carnoy, um veterano pesquisador da América Latina, publicou um artigo, analisando o PISA na região. Vale citar alguns dos seus resultados (todos anteriores ao Covid que bagunça as estatísticas).

Inicialmente, traz uma advertência. A mudança de estrutura do seu ciclo Fundamental confunde os resultados do Brasil. Portanto, cautela ao interpretá-los.

Uma tendência geral observada é que a região vem melhorando ao longo dos anos. Não obstante, o nível de desempenho das classes mais altas parou de avançar. Por que será? É grave ter uma elite de fracas ambições.

Pesquisadores sempre registraram, e o PISA confirma, que o nível socioeconômico dos pais é o grande determinante do desempenho do filho. Praticamente, não há resultados discrepantes.

Uma surpresa. Como se sabe, o Chile sempre obtém os melhores resultado da região. Não obstante, M. Carnoy recalcula esses escores, controlando o nível de prosperidade dos alunos. Surpresa! Para alunos com status socioeconômicos equivalentes, os chilenos não são os melhores.

Uma constatação quase esperada é a sistemática inferioridade dos escores em matemática, comparados com os de linguagem. Ou seja, não negamos a nossa origem ibérica, muito mais empolgada pela discurseira grandiloquente do que dedicada a fazer contas.

No México, como há dados por estados, é possível analisar cada um separadamente. Mostram que as variáveis que influenciam a qualidade são diferentes, de um para o outro. Ou seja, dentro do mesmo país, a receita para o sucesso e as atrapalhações encontradas não são as mesmas. Se isso for válido para o Brasil, os maus resultados do Maranhão poderiam não ser explicados pelos mesmos fatores que os do Amapá. Pura especulação.

Tínhamos o PIB per capita. Agora temos também o PISA. São ambos úteis, se usados com prudência. Nem podem ser endeusados e nem demonizados.

O decálogo dos pais

Sem a participação ativa e bem orientada dos pais é inimaginável que possamos dar os passos que faltam para termos um bom ensino. Aqui, apresentamos um decálogo, sugerindo o que podem e devem fazer.

Quando os pais passarem a ver com desconforto, impaciência ou mesmo revolta a falta de qualidade da educação, estaremos no caminho de uma solução definitiva. Contudo, não é só reclamar, os pais têm muito que fazer em casa e na escola.

Pais mais educados tendem a ter muito mais competência para preparar seus filhos para funcionar com sucesso na escola. Porém, mesmo pais menos educados podem fazer muito por eles.

Queiramos ou não, os pais e as escolas compartilham a mesma empreitada de educar os alunos. Em parceria, os pais podem contribuir, se conhecerem as regras do jogo e se dedicarem com afinco à sua parte.

Em casa, os pais podem ajudar os filhos de muitas maneiras. Vejamos as perguntas que deve fazer a si próprio:

1. Converso com meus filhos com frequência? Sugiro que estabeleçam metas pessoais para sua própria educação? As pesquisas mostram a importância destas conversas entre pais e filhos, mesmo que não sejam sempre sobre educação.
2. Acompanho minuciosamente o boletim escolar – que é a fotografia do seu desempenho? Ouço os filhos, para saber se estão sendo educados com competência, desvelo e justiça? O pai pode não entender de educação, mas descaso e displicência ele sabe detectar.
3. Promovo leituras em voz alta? Trago para casa muitas leituras que meus filhos acham interessantes? Não servem, se não capturam a sua curiosidade. Não há bons alunos que não sejam também bons leitores. A leitura e a escrita são os fundamentos da educação. São as ferramentas usadas pela educação escolar.
4. Crio, mesmo com sacrifício, o espaço físico e a tranquilidade necessária para os filhos estudarem? Abro mão de meus confortos e conveniências para criar o silêncio indispensável?
5. Administro a TV, para que não conflite com os estudos? Pesquisas mostraram os alunos vendo mais horas de televisão por dia do que estudam por semana. Não se trata de discutir se a TV é prejudicial em si mesma, mas de preocupar-se com as horas que rouba dos estudos. Ademais, se a TV está

ligada na hora das crianças fazerem seus deveres, isso pode prejudicar o aprendizado. Hoje, computadores e celulares competem com a televisão pelo tempo dos alunos. De resto, roubam ainda mais tempo das atividades escolares.

Na escola, não é menor o papel dos pais. Podem e devem cobrar resultados. E podem tornar desconfortável ou insuportável a vida de quem lá está atrapalhando ou deixar de fazer a sua parte. Eis as perguntas que um bom pai deve fazer à escola:

1. O professor passa dever para casa? Corrige? Discute os erros e os acertos com os alunos? O "para casa" é uma continuação do processo escolar. E bem sabemos que, quanto mais tempo se passa estudando, mais se aprende.
2. Vai à escola indagar e tentar entender o que está acontecendo? Aprende como e por que a escola avalia, aprova e reprova os alunos? Sabe o que é o IDEB? Conhece as normas disciplinares? Busca estabelecer parcerias produtivas com os professores que educam seus filhos? Nas visitas, verifica se a escola está bem cuidada? Os banheiros estão limpos? Há vidraças quebradas? Escola descuidada é sintoma de problemas mais graves.
3. Acompanha a vida da escola, para ver se os professores faltam ou chegam atrasados? Se há greves ou não há aulas, as causas de tais desarranjos são problemas da escola, não seus. A missão do pai é cobrar a falta de aulas, não resolver conflitos da escola.
4. Cobra dos professores, ou do diretor, quando a escola não atende às condições mínimas sugeridas acima? No caso do ensino público, reclama com o Secretário de Educação, quando

a política atrapalha o ensino, por levar à escola diretores, professores ou funcionários com perfis inadequados? Está disposto a acampar em frente à casa do Diretor ou Secretário, se os outros métodos não funcionam? Se a escola conhece a férrea disposição dos pais para protestar, isso já se constitui em mecanismo de pressão para resolver os seus problemas e dissuade os políticos de meterem o bedelho onde não devem. Mas é preciso coragem, energia e persistência.

5. Apoia os professores dedicados com palavras e atos? Os bons professores têm que ser ajudados e prestigiados. Sua missão é preciosa demais para não ser reconhecida com generosidade. Mas os maus professores devem ser questionados com insistência.

Se os pais seguissem este decálogo, as consequências seriam mais benéficas do que qualquer plano de educação feito pelo governo.

Capítulo 6

A ingrata tarefa de ensinar ofícios

"Um encanador excelente é infinitamente mais admirável do que um filósofo sem competência. A sociedade que desdenha excelência nos encanamentos, porque é uma atividade humilde, e aceita bobices na filosofia, porque é uma atividade exaltada, nem terá bons encanamentos e nem boa filosofia. Nem os canos e nem as teorias deixarão de vasar." (J. Gardener)

No presente capítulo, falamos de preparar gente para os ofícios técnicos e profissionais. Além das dificuldades compartilhadas com as escolas acadêmicas, revela-se difícil evitar a maldição da sua baixa estima por parte da sociedade. Esse é um estigma que persegue as profissões manuais, sobretudo, em países como o Brasil.

Leis infelizes praticamente destruíram o velho sistema do mestre-aprendiz. No ensino técnico, temos a convivência forçada dos assuntos acadêmicos com as atividades profissionalizantes. É lesivo o descompasso entre o status de uma e outra vertente, obrigadas a conviverem na mesma escola.

Contrário ao que se poderia esperar, a formação profissional clássica encontrou um excelente nicho no Sistema S (compreende nove entidades, com destaque para o SENAI; SESC, SESI e SENAC). Por ser bem financiado, gerenciado e operar perto das empresas, o modelo vem dando certo por mais de meio século. Porém, não é sem algumas farpas.

Nas profissões manuais, sempre prevaleceu a tradição do mestre ensinando ao seu aprendiz. As Corporações de Ofício estruturam essa preparação para o trabalho, desde a Idade Média. Por esse método, aprendia-se e aprendia-se bem, mas sem uso da língua escrita – que nem mestres e nem seus aprendizes dominavam. Era observar, imitar e receber correções do mestre.

O outro mundo era o da escola, com seu currículo acadêmico, totalmente voltado para palavras, símbolos e abstrações. Originalmente, estava voltado para as elites. Isso, no entanto, foi mudando.

Eram dois mundos separados por uma invencível barreira. De um lado, as tradições acadêmicas, distantes dos assuntos práticos. De outro, os conhecimentos úteis, exigidos para o desempenho profissional, mas desdenhados pelas escolas.

E, desde sempre, uma enorme distância social entre esses dois mundos. Com efeito, descobriu-se uma carta do Egito Clássico (em hieróglifos), em que um pai recomenda ao filho que evite as profissões manuais.[1] O que não imaginaria o autor da carta é que esse preconceito teria vida longa.

Coexistiam os dois mundos, as duas culturas. Antes, tal dualidade atrapalhava pouco, pois era complementada por uma forte separação física. A Revolução Industrial, porém, descarrila o modelo. Trouxe um fenomenal aumento de produtividade, transformou o mundo. Dentre as mudanças do processo produtivo e a complexidade crescente da sociedade, borbulham conhecimentos que não podem ser ensinados em uma oficina ou em uma fábrica. Há a linguagem, os números, as ciências e tudo mais que não caberia a um mestre de ofício transmitir.

O desafio da preparação para os ofícios, após a Revolução Industrial, é encontrar formas de combinar o que tradicionalmente se ensinava nas escolas com o aprendizado, tal como acontecia nas corporações de ofício.

Simplificando, emergem duas tradições, paralelas. Uma é a aprendizagem em alternância, na qual o aprendiz se reveza entre um ou dois dias em uma escola e os restantes no trabalho. A segunda é a escola de ofícios ou centro de treinamento. Nele, há salas de aula com suas matérias escolares. E, também, as oficinas, simulando uma fábrica.

1 Bernd Scheel, *Egyptian Metalworking and tools* (Bucks, Reino Unido: Shire Egyptology,1989), p. 59.

A velha tradição dos mestres com seus aprendizes

Na Idade Média Tardia, forjam-se as duas grandes vertentes de aprendizado. No alto da pirâmide social, aparecem as universidades, sempre aferradas às abstrações e ao uso das palavras. Bem mais modestas, aparecem também as guildas. Nelas, institucionaliza-se a associação do aprendiz com seu mestre. Tudo que vem mais adiante, de uma forma ou de outra, reflete essa dualidade de soluções do passado.

As universidades refletem o mundo da suprema abstração em que nasceram. Mais adiante, com dificuldade, tiveram que aterrissar em assuntos mais práticos, incluindo as ciências. No entanto, têm dificuldades de se distanciar dos símbolos e das abstrações, entrando no mundo dos assuntos práticos.

No outro extremo, as corporações de ofício, datadas da mesma época, nasceram da necessidade de ensinar a trabalhar. A fórmula é simples: o mestre forma seus aprendizes no próprio local de trabalho, trabalhando. O que ele sabe, transmite.

Porém, na Revolução Industrial, esses dois mundos tiveram que se aproximar. De fato, os processos fabris e gerenciais passaram a requerer gente com competências que se originam das duas tradições – escola e oficina. Acomodar esses dois mundos revela-se um processo custoso e demorado. Por todos os lados, ocorrem os choques entre as duas culturas irreconciliáveis.

Em um bar de beira de estrada, na Alemanha, deparo-me com indivíduos bizarramente vestidos. Ternos de veludo preto, com calças boca de sino, coletes com grandes botões de prata. Os chapéus de feltro negro são molengos e de abas largas. Bengalas de madeira enroscada completam o traje. Não entendi nada.

Tempos depois, decifrei o mistério. Pertenciam a uma corporação de ofício, sobrevivente de épocas medievais. Portavam as roupas tradicionais dos carpinteiros, provavelmente, a caminho de uma cervejada com colegas de profissão. Aliás, os doutos me expliquem por que igrejas, universidades, cervejarias e corporações de ofício são as únicas instituições medievais que não desapareceram.

Na França, sobreviveram três dessas guildas. Vejamos como funciona uma delas, nos dias de hoje. Os aprendizes não são selecionados por provas, notas ou indicações. O critério é a sua retidão moral e de suas famílias. Assim que aceitos, devem começar os cursos teóricos (em uma instituição semelhante ao SENAI). São, então, encaminhados para uma espécie de pensionato, administrado por uma matrona poderosa, chamada de "mère". Jantam de paletó e gravata. E à mesa, nada de política ou palavrões.

Fazem sua aprendizagem sob a orientação de um Mestre de Ofício. Ao longo de uns cinco anos (no medieval eram sete), mudam várias vezes de cidade, indo para pensionatos semelhantes. Daí a guilda chamar-se "Tour de France". Para demonstrar que dominaram o seu ofício, constroem, então, a sua primeira obra ("obra-prima"). Esta servirá para atestar sua capacidade profissional. Se aprovada, será guardada em um depósito. As melhores vão para os museus das corporações. Finalmente, entram no mercado de trabalho, sendo particularmente bem aceitos. Entusiasmam até as empresas modernas.

Na Alemanha, as guildas impunham aos aprendizes o *Wanderjahre*, ano em que passavam viajando e oferecendo seus serviços de porta em porta. Para conquistar clientes, o cartão de visitas era a perfeição de suas caixas de ferramentas.

No Japão, também existe uma tradição equivalente. O curioso é que os mestres de lá não explicam quase nada. Cada um que tente aprender observando o *sensei* – que tampouco oferece muitas correções.

Por que, em países avançados, sobrevive e dá certo algo parecendo tão anacrônico? O que isso nos diz sobre os nossos modelos de educação? Como é possível que instituições e formas medievais de preparar mão de obra coexistam com novas e cintilantes escolas, abarrotadas de paetês tecnológicos?

Recordemos, as grandes instituições educacionais de hoje tomaram forma no Medieval Tardio, por via de duas matrizes pedagógicas opostas.

O primeiro modelo é imemorial. Os macaquinhos sempre aprenderam com os macacões mais velhos. Dentre os hominídeos, os principiantes observam os mais experientes. Mas é no medieval que esta milenar associação do mestre com seu aprendiz ganha regras bem definidas e rígidas. Incluem-se aí reservas de mercado para os graduados e provas rígidas para obter o título de ofício.

Em paralelo, nascem as universidades, praticando malabarismos intelectuais e rechaçando qualquer contato com o mundo real.

Mas esses são extremos. Com os avanços produtivos, cria-se um enorme hiato, onde nem um e nem outro modelo é suficiente. Nem só abstração e nem só prática. Soluções híbridas eram inevitáveis.

Com grande relutância, as universidades começaram a lidar com ciência e com assuntos práticos. Mas, até hoje, fraquejam no lado aplicado, sobretudo nos países de tradição latina.

E para o ensino de ofícios, há também uma reengenharia do modelo escola, tentando reproduzir os ambientes fabris em um contexto de sala de aula, combinada com oficinas (as escolas do SENAI e SENAC são assim). É a grande novidade, surgindo de um século e meio para cá.

Na aprendizagem de modelo tradicional, também foi preciso inovar. Não era mais possível que fosse o mestre o único a ensinar tudo que o seu aprendiz precisava saber. Um velho mestre-padeiro na Alemanha contou-me que era obrigado a explicar as causas da Primeira Guerra aos seus aprendizes.

Não sendo uma boa solução, o sistema passa por grandes reformas. Nos países de língua alemã, a tradição evoluiu para o Sistema Dual, combinando trabalho com programas escolares. No caso, uma formação escolar paralela – em um dia ou dois por semana. Lá se aprendem as competências mais abstratas – até história. Infelizmente, como veremos adiante, a legislação brasileira feriu mortalmente as regras que permitem o sucesso desta fórmula dentre nós.

A tradição do mestre-aprendiz sobreviveu melhor na construção civil e nos empregos por conta própria. De fato, na Europa, uma tradição medieval, quase intocada, continua formando gente bem aceita no mercado. Portanto, deve ter suas vantagens. Em vez de um currículo construído em gabinetes, segue-se a rotina de trabalho dos mestres. É o currículo do mundo real. Pesa também a ênfase no caráter, nos valores da profissão e no perfeccionismo.

E não nos esqueçamos da ética, nutrida no pertencimento a um grupo coeso e de sólida autoestima.

Uma curiosa lição dessas guildas atuais é mostrar que há outras maneiras de se aprender. Na nossa cabeça, aprender é em escolas, com carteiras e quadros negros. A aprendizagem no local de trabalho contradiz esta tradição, praticando fórmulas buriladas desde o Medieval.

Surpresa! Funciona bem nos dias de hoje; aliás, o duo mestre-aprendiz até inclui o doutor orientando seus alunos. A escola tradicional despeja abstrações e teorias. Na aprendizagem, quando se precisa de teoria, esta vem embutida na prática. Diante do que sabemos hoje de Teoria Cognitiva, oferecem um estilo mais eficaz de ensinar.

Vejam só, aqueles mestres de ofício medievais têm lições de pedagogia para oferecer aos nossos educadores de hoje!

Sujar as mãos não pode ser boa coisa!

Na presente seção, examinaremos o desafio de oferecer no Brasil um curso profissionalizante. Como já falado, há a aversão atávica da escola diante dos assuntos práticos. Mas somam-se a isso os milenares preconceitos contra as atividades manuais.

Os economistas gostam de acreditar que as pessoas são racionais e escolhem suas carreiras pensando nas vantagens econômicas esperadas. E como bem sabemos, no Brasil, salvo erros de pontaria, os cursos técnicos ou profissionais podem mais do que justificar os seus custos e sacrifícios. De fato, trazem ganhos de salário substanciais. No entanto, esse atrativo parece insuficiente nas nossas terras.

É instrutivo registrar que não nos falta competência na área de formação profissional. Como discutido adiante, no setor industrial, os alunos do SENAI já venceram a maior competição internacional de ofícios ("World Skills"). E nos últimos anos, sempre estão entre os três melhores.

Pego carona no exemplo do "World Skills" para apontar o cerne da questão. Nele, ganhamos de países como Suíça, Alemanha e Japão. No entanto, o feito praticamente não foi noticiado ou festejado. Não passou de uma única noticiazinha, em alguma página do jornal.

Lembremo-nos, o SENAI é o único sistema escolar de padrão internacional que temos. Ainda assim, entra ano, sai ano, algum governante ou representante do povo propõe cortes no seu orçamento. Se dependesse da nossa esquerda, já teria sido fechado, pelo pecado irredimível de pertencer ao setor privado.

A sociologia explica: a culpa está na cultura, nas crenças e nos valores. Vivemos em uma sociedade que sempre desvalorizou o trabalho e, mais ainda, quando este é manual.

A escravidão está longe de ser a única causa. Já diziam os visitantes do século XIX que somos uma sociedade do palavrório e dos bacharéis. A afirmativa de que branco se recusava a trabalhar é repetida por vários deles. Conta-nos Debret (pintor e ilustrador francês) que viu um senhor contratar um escravo para acompanhá-lo, carregando a sua compra. Tratava-se de uma simples caneta. Outro visitante cometeu a gafe de elogiar a dona da casa pelos esplêndidos doces. Ofendida, a anfitriã retrucou que eram feitos pelas escravas, não por ela.

Ainda não nos livramos desses preconceitos. O próprio MEC glorifica os diplomas universitários, sugerindo que sucesso é tê-los. Por que os créditos educativos e as bolsas são para os bacharelados e não para os técnicos e tecnólogos, cujos alunos são bem mais necessitados? Por que as escolas técnicas federais são frequentadas pelas elites, como vias de acesso aos vestibulares mais competitivos? Por que estas escolas – e mais o SENAI e o SENAC – querem virar faculdades – ou até universidades – e desdenham seus cursos técnicos? A resposta é uma só: esses preconceitos estão alinhados com a nossa herança ibérica, com seus valores e com as normas sociais. Refletem o elitismo herdado do atraso, do escravagismo e do semifeudalíssimo.

Participei de uma grande feira de profissões, onde estavam dez mil alunos da rede pública. Como sou marceneiro amador, fui convidado para um painel, visando interessá-los nesta profissão. Na sala com 100 cadeiras, começamos com umas 30 ocupadas. Ao longo da minha apresentação, nem uma só pergunta. Zero interesse na profissão. Ao término, os dois ou três que restavam não eram estudantes. Em contraste, multidões de alunos congestionavam os stands das faculdades.

Muitas marcenarias estão fechando, pois não conseguem quem se disponha a lá trabalhar e aprender o ofício. Note-se, não há marceneiros desempregados. É generalizada a rejeição aos ofícios manuais. Os cursos do SENAI de marcenaria, encanador e pedreiro estão fechando. E os diplomas técnicos têm uma imagem algo murcha. No fundo, os preconceitos da elite se infiltram até nas classes mais modestas.

Nos países avançados, esse preconceito pode existir, mas é muito atenuado. Os profissionais manuais qualificados marcam sua identidade pelas roupas que trajam e pelas suas ferramentas, orgulhosamente exibidas. No catálogo telefônico de Genebra, ao lado dos nomes, constam suas profissões: bombeiro, pedreiro, pintor. Na Europa, ainda há limpadores de chaminés usando cartolas. Reconhecemos, à distância, um americano da construção civil, pelo botinão e o seu cinto com abundantes penduricalhos. Os nossos peões embrulham em jornal as parcas ferramentas, para não serem identificados com a profissão.

A pequenez do nosso ensino profissional não é um complô das elites e nem um preconceito sinistro da nossa administração escolar. Quase tudo que lá acontece está alinhado com os valores da sociedade. Como dito – e soletrado adiante nesse capítulo – não é que faltem bons resultados econômicos para os formados. Trata-se da simples e sistemática desvalorização social das profissões "de pobre", em contraste a uma exaltação dos diplomas e ofícios "de mãos limpas".

Esses preconceitos não são invenções tupiniquins, pois aparecem em outras sociedades, até nas mais igualitárias. Mas na nossa, atingem proporções fulminantes.

Há exceções. SENAI e SENAC souberam criar microcosmos fechados, nos seus centros de formação. Dentro deles, é possível valorizar as profissões que ensinam. Nas suas escolas, constrói-se o *ethos* do profissionalismo e da autoestima. Conseguem isso por serem ilhas isoladas, em um oceano hostil.

Os cursos técnicos públicos, no entanto, não logram criar esse caldo de cultura. Nota-se nele o contraste entre a altivez dos professores e os humildes e cabisbaixos instrutores de ofício. Mesmo no SENAI, já se observam algumas derrapagens. E como dito, progride o encerramento de cursos em áreas da construção civil.

No fundo, o conserto desse desdém não virá de leis, campanhas ou orçamentos bilionários. O que precisa mudar são os valores da sociedade, pois as pessoas só fazem bem o que é admirado. Apesar de significativa, a nossa modernização não foi suficiente para erradicar esses arcaísmos aristocráticos. E pagamos o preço.

Ensino técnico: um casamento infeliz entre as guildas e as universidades medievais

Neste capítulo, já exploramos o contraste e a oposição entre as atividades ditas intelectuais e aquelas em que se sujam as mãos. E tudo seria mais fácil se fosse possível continuar com os mundos separados, uma velha solução que tinha os seus méritos. De fato, os grupos profissionais nutridos nas guildas permitiam lá acalentar e valorizar as profissões manuais ensinadas. Contudo, a complexidade crescente de muitas ocupações, após a Revolução Industrial, quase que obriga à junção desses dois mundos. É inevitável, educação acadêmica e profissionalização têm que ser oferecidas conjuntamente. Nessa convivência constrangedora, está a raiz de muitas dificuldades.

O primeiro grande casamento desses dois polos foi a Comprehensive High School, criada nos Estados Unidos, ao início do século XX. Nela, além de uma vasta lista de disciplinas acadêmicas, foi introduzida a preparação profissional. Aprendia-se a ler e aprendia-se a trabalhar. E no espírito americano do individualismo, a cada um escolher sua trajetória. Dada a natureza mais equalitária da sociedade e o influxo massivo de imigrantes, foi um grande sucesso. Porém, com o passar dos anos, as Shop Classes foram perdendo a sua funcionalidade e prestígio. Hoje, são residuais. Algo se aprende para consertos caseiros, porém, pouco além disso.

Nos países escandinavos, também pelas características dessas sociedades, as matérias profissionalizantes entraram no currículo e permanecem lá. Outro caso de boa convivência.

No Brasil dos anos 60, a cooperação americana trouxe os Ginásios Orientados para o Trabalho. Previsivelmente, foram um grande fracasso, pelo preconceito da escola contra atividades industriais. Em uma visita, pude observar a completa desmoralização da pouca iniciação profissional lá oferecida. Por muitas razões, foram abandonados.

No entanto, no nível médio, essa combinação – acadêmico/profissional – não pode ser evitada. Muitas ocupações requerem os conhecimentos acadêmicos do médio, junto com um aprendizado das profissões correspondentes. Daí, os cursos Técnicos de Nível Médio. Como sugerido, é um casamento de grande turbulência e nem sempre bem-sucedido.

O currículo acadêmico é inerentemente mais valorizado pela sociedade, incluam-se aí alunos e professores. Sendo assim, o lado profissional pode ter um sabor de prêmio de consolação.

Na América Latina e em outras partes do mundo, esse modelo é muito comum. Em geral, são escolas mais pobres, com ensino mais deficiente e alunos de nível social mais baixo. De certa maneira, tudo é congruente.

Desse ponto de vista, o Brasil é uma anomalia. As escolas técnicas do SENAI e SENAC são caras e muito boas. As da rede federal – hoje chamadas de Institutos Tecnológicos – são também sólidas. De fato, têm custos/aluno parecidos aos das universidades federais. Sendo assim, ambas discrepam totalmente das suas homólogas latino-americanas que são muito mais pobrezinhas.

Sobretudo no caso dos Institutos Federais, observou-se uma distorção – já registrada em pesquisas realizadas por mim ao início dos anos 70. Como sua vertente acadêmica é muito forte, mercê dos custos elevadíssimos, recrutam uma boa fração de alunos de classe média e alta. Obviamente, são alunos sem qualquer interesse em profissionalizar-se nesse nível. Almejam os vestibulares mais competitivos. Estão lá por serem excelentes escolas e, ademais, gratuitas. Nos concursos de entrada nos institutos – os "vestibulinhos" – tinham amplas vantagens sobre os candidatos mais modestos que poderiam estar interessados na profissionalização. Porém, não é só isso, mesmo aqueles alunos mais pobres saem preparados para competir em vestibulares difíceis, o que fazem com frequência.

Sendo assim, em boa medida, são escolas técnicas que não produzem técnicos para o mercado. É o pior dos mundos. São gastos regressivos – para ricos – e que deixam o nosso parque industrial desprovido dos profissionais que precisam. Algo do mesmo teor ocorre com as escolas técnicas do SENAI e do SENAC, mas em grau muito menor.

Pouco após a implementação destas catastróficas mudanças, percebi imediatamente a sua inadequação. Desde então, venho denunciando o seu equívoco.

No bojo da reforma do médio, nos anos 90, uma outra alteração foi introduzida. Que fique claro, no Brasil e pelo mundo afora, o ensino técnico é uma combinação de um currículo acadêmico com uma vertente profissionalizante. E, sempre, as disciplinas profissionalizantes substituem outras acadêmicas, para que a carga horária seja equivalente em todos os cursos.

Como descrito no Capítulo 5, o Conselho Nacional de Educação (CNE) estabeleceu um modelo único de escola, com um currículo fixo e único. Mas as desventuras legais não terminaram aí, pois houve uma outra vítima. Parece originar-se de uma resistência feroz do italiano Gramsci à ideia de cursos profissionalizantes.

As disciplinas técnicas deixaram de contar créditos para preencher a carga horária legal. Ou seja, Eletricidade não conta, Educação Física conta. Isso equivale a expulsar do currículo do médio da ordem de 800 a 1.200 horas de aula. Em outras palavras, um diploma de técnico de nível médio passou a ter essas tantas horas a mais.

Essa distorção já era claramente percebida pela Vice-Presidente do BID. Durante a gestão do Ministro Paulo Renato, um empréstimo desse Banco foi condicionado à separação da trajetória acadêmica da profissional. Com isso, os alunos de classe alta, desinteressados da vertente profissionalizante, deixariam estas as vagas para outros mais motivados por elas.

Essa foi uma ideia minha, formulada antes mesmo de trabalhar no BID. Diante do impasse, fiz a sugestão de separar as vertentes.

Isso porque me deparei com pesquisas do SENAI-SP, mostrando que naqueles cursos técnicos oferecidos, para quem já tinha o médio, a classe social dos alunos era muito mais modesta. Ou seja, aí estavam os verdadeiros interessados na profissionalização. Separando as vertentes, liberam-se vagas para quem quer aprender um ofício.

Trabalhando no BID e acompanhando esse empréstimo, estava no bom lugar para fazer essa sugestão. Tal medida criou turbulências em seus momentos iniciais. Ilustrativo notar que me reuni com uma boa dúzia de diretores de Escolas Técnicas Federais, explicando as mudanças. Naquele momento, as reações foram amplamente positivas. No entanto, quando a notícia chegou às bases, tiveram que recuar, diante da ojeriza criada. Com o passar do tempo, a poeira baixou e o novo sistema gerou seus resultados. Resumindo, a vertente profissionalizante deixou de receber alunos desinteressados nela, liberando vagas para os interessados.

Ao inaugurar-se o primeiro governo do Presidente Lula, o MEC voltou atrás na separação, mercê dos gramscianos que lá se instalaram. E diante do ruído negativo gerado pelo setor privado, ficou a regra apenas para suas escolas. Ainda assim, em boa medida, as próprias escolas federais mantiveram a separação, contrariando as normas oficiais. Esse descumprimento sugere que deu certo criar as duas vertentes.

Em uma tese de mestrado na Universidade Federal do Piauí, a autora entrevistou professores e alunos de um Instituto Federal. Claramente, ambas as categorias preferiam as vertentes separadas. Os que se preparavam para o vestibular, na vertente acadêmica, frequentavam de má vontade as oficinas. E o outro grupo achava que o excesso de carga acadêmica atrapalhava o processo de adquirir um ofício. Professores e alunos compartilhavam a mesma preferência.

Seja no Brasil, seja na Suíça, o perfil dos que se dirigem ao ensino técnico é bem diferente. São jovens de origens mais modestas. Oferecer a eles um curso que dura um ano a mais é completamente sem sentido. Talvez isso explique o travamento da matrícula nos cursos técnicos. Os ricos estudam três anos para entrar até nas mais famosas universidades. E os pobres precisam estudar quatro para virar técnicos de nível médio.

No Brasil, não cansa de surpreender a força de ideias que jamais floresceram em outras bandas. Há também a desinformação reinante. Muitos são incapazes de dar-se conta de que estão propondo coisas totalmente diferente do que se faz pelo mundo afora. Mesmo sem entrar no mérito, se é tão na contramão assim, mereceria justificativas muito mais sólidas.

Além de desalinhar o Brasil das tradições internacionais, esse alongamento tornou o técnico uma opção bem menos desejável.

Considerando-se que a clientela típica desses cursos é bem mais modesta, a integração tornava muito mais árdua a sua vida, diante de uma jornada de estudos mais longa. De fato, criou-se um excesso de carga horária – comparada à do médio acadêmico.

Diante dessa mudança estapafúrdia, como havia a possibilidade de cursar a profissionalização após terminar o médio, cresceu a matrícula nessa profissionalização, dita "subsequente". Na prática, virou um curso pós-secundário – ou pós-médio, para usar a nomenclatura brasileira o que não era uma boa solução, pois, justamente, quem tem mais urgência em entrar no mercado de trabalho ganhou um ano adicional, antes de receber o diploma. E, considerando a confusa situação dos estágios formalmente obrigatórios, adicionou-se ainda mais entropia no sistema.

A matrícula global nos cursos técnicos subsequentes confirma a opção voluntária por uma escola em que a formação acadêmica não está obrigatoriamente casada com a profissional.

Por que toda essa trapalhada? Arriscando algum exagero, a resposta parece estar nos "cadernos" de A. Gramsci. Esse italiano desaprovava os cursos técnicos – e os profissionalizantes –, pois maculam a sua tese de uma escola única.

A reforma, aprovada na gestão Temer, repõe as disciplinas técnicas, como uma quinta vertente do médio. A volta aos padrões internacionais, obviamente, não satisfez aos defensores das ideias de Gramsci. A mobilização dessas lideranças educacionais criou muito ruído, ao longo do processo de transformar a lei em realidade implantada. Uma evidência disso está explícita na proposta da Conferência Nacional de Educação (CONAE) para voltar ao que era, antes das mudanças aprovadas no governo Temer. Ainda assim, o Legislativo confirmou as ideias gerais desta reforma.

Esse vai e vem das políticas oficiais para o ensino técnico, provavelmente, é uma das causas para a sua atrofia presente.

Recapitulando, as escolas técnicas latino-americanas são pobrezinhas. Por isso, são deficientes. No Brasil, as da rede pública e do Sistema S são muito caras e muito boas. Paradoxalmente, esta riqueza é também a sua vulnerabilidade, pois atraem alunos pouco interessados em virar técnicos de nível médio. Esperemos que o marco legal reponha as coisas em seus lugares e permita uma expansão dessa modalidade.

O ensino técnico é um bom investimento?

No passado, a pesquisa internacional mostrou resultados muito desapontadores para investimentos em formação técnica e profissional. E, ainda hoje, muitas pesquisas mostram retornos pouco encorajadores. Entretanto, esse não foi e não é o caso do Brasil. Estudos mais antigos mostraram ser um bom investimento e uma metapesquisa recente confirmou de forma bastante contundente os resultados positivos para o ensino técnico dentre nós. Ou seja, no Brasil, vale a pensa investir em cursos técnicos.

Há uma abundância de estudos sobre o impacto da educação no emprego e no rendimento individual das pessoas. Porém, no caso do ensino técnico, são mais escassas as pesquisas e, ainda menos, as metodologicamente rigorosas. O quadro mudou de figura com o aparecimento de uma metapesquisa assinada por Paes e Barros.[2] Através dela, ficamos bem calçados para identificar as grandes tendências.

Como sabemos, a metapesquisa é a pesquisa que reúne e compara as pesquisas disponíveis sobre algum assunto. As possíveis convergências de resultados desse conjunto são muito mais robustas do que os estudos individuais.

No caso, foram encontrados 52 estudos acadêmicos sobre o assunto. Um exame do conjunto, em duas etapas, permitiu eliminar muitos, por terem falhas metodológicas inaceitáveis. Com isso, cai a lista para 16. É ainda um número que dá boa segurança às conclusões.

2 Ricardo Paes de Barros et alia, *Impacto da Educação Técnica sobre a empregabilidade e remuneração* (São Paulo: Insper/Instituto Unibanco/Itau Educação e Trabalho, 2023).

Em outras palavras, podemos considerar essa metapesquisa como sendo um sólido pilar, avaliando o impacto do ensino técnico.

A partir da década de 70, cresceu o número de pesquisas sobre o rendimento econômico da educação. De resto, sempre mostraram taxas de retorno muito expressivas. Porém, ao início, padeciam de uma fraqueza metodológica: ao comparar o grupo de mais educação com o outro de controle, sempre havia a suspeita de que, pelo menos, parte dos resultados fosse devido a diferenças prévias entre os dois grupos. Para ilustrar, se os mais educados são mais inteligentes, não seria apenas a educação a trazer melhores salários. Trata-se de um viés de seleção, embutido nas amostras.

Diante desta limitação, progressivamente, aumentaram os esforços para controlar estatisticamente as possíveis diferenças originais entre grupos. Os modelos econométricos se tornaram mais complexos e a qualidade dos dados melhorou. É o caminho dos malabarismos econométricos.

Em um estudo verdadeiramente experimental, são sorteadas as amostras. Uma recebe o tratamento e a outra serve como grupo de controle. A aleatoriedade torna altamente provável que, na média, sejam grupos equivalentes em tudo. Mas, como todos sabemos, com humanos, experimentos desse tipo não são eticamente aceitáveis. Portanto, busca-se essa igualação por outras fórmulas.

Uma delas é encontrar situações em que os grupos já seriam semelhantes, exceto pelo ensino técnico de um deles. É a busca de experimentos naturais, ou seja, situações reais que tornam os dois grupos iguais ou parecidos Por exemplo, um "experimento natural" foram as bolsas do Programa Nacional de Acesso ao Ensino Técnico e Emprego (PRONATEC) para o ensino técnico. Os alunos que cursaram com ela esse ensino foram comparados com outros, também aprovados na mesma seleção, mas que não prosseguiram.

Em linha com os estudos mais recentes desse tipo, todas as pesquisas incluídas cuidaram de levar em conta o viés de seleção. Mas na prática, são sempre processos menos do que perfeitos, daí a cautela na sua interpretação. Portanto, o viés de seleção não pode ser totalmente descartado.

Os estudos aqui comentados tomam uma direção um pouco diferente daqueles tradicionalmente realizados. Nesses últimos, toma-se como medida de resultado o diferencial de renda entre quem fez o curso e quem parou antes.

Em contraste, os estudos apresentados no livro comparam quem cursou ensino técnico com uma amostra de controle de pessoas com, pelo menos, o mesmo nível de escolaridade. Ou seja, estima-se o adicional de rendimento por fazer um curso técnico, em vez do médio regular. É um conceito comparativo e, como tal, deve ser interpretado. Não é saber se o técnico é um bom investimento, mas, sim, saber se é melhor do que o médio acadêmico.

A primeira e a mais fundamental conclusão do livro é a consistência dos resultados. Apesar da abrangência geográfica diferente dos estudos e de usarem bases de dados distintas (PNAD, Censo Demográfico, RAIS, ENEM e outros), mostraram números bastante parecidos. Resultados disparatados impediriam qualquer generalização.

Como se pode imaginar, 16 estudos, experimentando com diferentes modelos geram uma grande quantidade de resultados. Porém, dada a consistência deles, não precisamos detalhar aqui os números gerados pela multiplicidade de hipóteses. Mencionamos, apenas, os resultados mais gerais.

As três mais fundamentais conclusões são as seguintes:

(i) Os cursos técnicos aumentam em 7% o nível de emprego dos seus graduados. Uma consequência é que, apenas por estar menos tempo fora do mercado de trabalho, a renda média desse grupo é superior.

(ii) A probabilidade de acesso ao setor formal é maior para eles. É um resultado positivo, pois é um setor mais protegido.

(iii) Na média, a sua remuneração é maior em 12%. Em outras palavras, revelaram-se uma excelente opção de estudo.

Vale mencionar outros resultados também relevantes.

(iv) No setor informal, a vantagem salarial dos graduados do técnico é bem menor, comparados com quem fez outro curso. Sugere que a especificidade do que aprenderam não encontra um uso tão próximo.

(v) Em contraste, são mais bem remunerados os que trabalham exatamente na área de sua formação, como seria de se esperar (retorno de 28%).

(vi) Não surpreende, quando comparados a um grupo de controle que terminou o curso superior, os resultados são pouco substanciais. Mas que não sejam negativos já é bem impressionante.

Na literatura técnica da Economia da Educação, é comum expressar esses resultados como se faz com o capital físico. Ou seja, taxas de retorno ao investimento. Dizendo o mesmo de outra forma, um real investido no ensino tal aumenta em tantos reais a renda de quem fez o curso.

As estimativas para o retorno do investimento são muito eloquentes. *Cada real investido em um curso (custando, na média nacional, 16 mil reais) resulta em 8,60 reais de aumento de rendimentos.* Se considerarmos uma taxa de conclusão do curso técnico da ordem de 40%, podemos calcular novamente o retorno, fazendo a hipótese pessimista de que os evadidos não se beneficiaram nada do que chegaram a estudar. Encontramos que cada real investido gera um aumento de remuneração da ordem de três reais.

Citando o livro, isso tudo "coloca a educação técnica entre os investimentos públicos mais rentáveis do país".[3]

Ademais, investimentos em educação trazem outros benefícios que não são captados pelas taxas de retorno. Há benefícios privados como melhor saúde, nutrição, estilos de vida mais saudáveis e outros. Mas há, também, benefícios para a sociedade que não são captados por elas: cidadania, comportamento ético e vida comunitária mais aperfeiçoada são frequentemente citados, embora não seja fácil medi-los. E há os benefícios econômicos indiretos. Profissionais bem formados ensinam as boas práticas aos seus pares e exibem um profissionalismo que pode ser emulado pelos colegas.

Tais resultados positivos são muito importantes, diante de uma considerável literatura internacional. Esta inclui uma proporção preocupante de estudos, mostrando maus resultados para o ensino técnico ou profissionalizante. Não se trata de questionar metodologicamente tais estudos, mas de notar que um mau investimento acolá não determina que outro aqui seja também desapontador. De fato, não apenas os estudos do livro citados mostram excelente rentabilidade, mas não discrepam de vários outros, também sobre o Brasil feitos no passado – eu próprio encontrei altos retornos para o ensino profissional. Ou seja, investir em formação técnica e profissional foi e continua sendo uma excelente ideia no nosso país.

3 *Ibid*, página 109.

É notável o contraste desses resultados com o pouco entusiasmo da sociedade brasileira, diante dessa opção de estudos. Os bons números, conflitam com o pouco caso observado. Mas, também, reforçam a hipótese de que o problema não está na realidade objetiva, mas nos preconceitos atávicos que herdamos e que sobrevivem. Não custa insistir no peso desproporcional das doutrinas educacionais, em contraste com a pequena importância que tem a evidência empírica, apresentada pelas pesquisas sérias.

A formação profissional: uma derrapagem e um grande acerto

Como já mencionado, há dois modelos de formação profissional (além do ensino técnico, acima discutido). O primeiro é a aprendizagem tradicional, com o aprendiz adquirindo seu ofício, sob a responsabilidade de um Mestre. O segundo é um híbrido de escola e fábrica. Os alunos frequentam uma instituição onde há salas de aula para aprender os assuntos de escola. E há, também, oficinas, simulando as que poderiam existir nas fábricas.

Naturalmente, a aprendizagem é muito mais antiga, seja no mundo, seja no Brasil. E ainda é uma excelente solução, tal como existe na Alemanha, Suíça e Áustria.

Infelizmente, mercê de legislações infelizes, tornou-se um modelo em crise no Brasil. Sendo assim, seu porte é pequeno e não se vislumbram cenários de crescimento.

Em contraste, o Sistema S, com seus Centros de Treinamento, desenvolveram-se com muito sucesso no Brasil. São mesmo modelos para outros países.

A farsa da Aprendizagem em Alternância

Em todos os países, ricos e pobres, sobrevive o tradicional sistema de aprendizagem, fruto do contato do mestre com seu aprendiz. No Brasil, apesar de sua abrangência limitada, vinha de séculos atrás. Porém, em anos mais recentes, foi avançando uma legislação perversa, tornando a aprendizagem cada vez mais disfuncional, particularmente, na indústria. Rompeu-se a regra essencial de que deve ser vantajosa tanto para as empresas quanto para os aprendizes. Virou assistência social. Isso gerou uma permanente guerrilha entre empresas e autoridades, pois o Estado tenta impor, pela força da lei, um sistema percebido pelas empresas como indesejável.

Aqui examinamos a situação da Aprendizagem em Alternância (entre empresa e escola). A ênfase é o Setor Secundário, onde uma legislação nefasta causa danos graves. No entanto, muito do que aqui será dito aplica-se, também, a outros setores da economia.

Antecipando as conclusões, de todas as alternativas de preparação de mão de obra existentes no Brasil, a Aprendizagem em Alternância é a mais problemática. Isso é culpa de um marco regulatório equivocado, ainda que bem-intencionado. Por força dele, retiram-se das empresas quaisquer benefícios que superem os custos derivados da presença de aprendizes. O resultado é estagnação e impasse.

Uma empresa compra um novo equipamento se acredita que vai gerar uma produção adicional que supera o seu custo. O cálculo de receber ou não aprendizes segue a mesma lógica. Não obstante, apesar de que a relação custo-benefício de contratar aprendizes seja altamente negativa, a lei obriga as empresas a tê-los. Não pode dar certo.

Para entender, voltemos ao passado. Ao longo da história, aprendia-se com um mestre. Na Europa, esse sistema foi refinado e institucionalizado nas corporações de ofício. Com as alterações necessárias, sobrevive até os dias presentes. O Brasil importou a versão portuguesa, no século XIX, com seu elevado grau de formalismo. Até juízes e vereadores tinham que assinar as cartas de ofício. Mas, lentamente, essa tradição foi definhando.

A partir dos anos 40, aparece uma nova geração de programas, refletindo os novos rumos da formação profissional. Os programas passam a ser operados por empresas. Neles, os aprendizes revezavam seu tempo entre trabalho e estudo. Em outras palavras, por muitos anos, o Brasil conheceu programas de alternância. Aliás o fez sem maiores dificuldades e sem a participação do SENAI, apenas criado mais tarde.

Infelizmente, a Alternância é uma modalidade de treinamento que perdeu espaço no Brasil, tornando-se pequena no panorama geral da formação profissional. As razões para o encolhimento talvez reflitam mudanças nos sonhos e nas aspirações dos jovens. E mais nefastos são os impactos de leis infelizes, concebidas no bojo de fazer da aprendizagem o que ela não pode ser: uma forma de benemerência.

Do ponto de vista econômico, a Aprendizagem sempre foi parte do processo produtivo. É uma troca. Há um toma lá da cá entre o aprendiz e a empresa que o aceita para trabalhar e aprender. Atualmente, tal associação tende a ser mediada pelo Estado, cabendo a ele a criação de um marco regulatório específico – como nos países germânicos. Como se espera que o aprendiz domine também conhecimentos de natureza escolar, não é realista que possa adquiri-los apenas na empresa. Daí a oferta paralela de cursos lidando com assuntos acadêmicos (com ênfase em linguagem e ciências), bem como uma formação tecnológica. Na Europa, os custos destes programas em centros de formação recaem sobre o Estado, direta ou indiretamente, tal como as escolas públicas do ciclo acadêmico.

A Aprendizagem no local de trabalho sobrevive e oferece bons resultados em praticamente todos os países, incluindo os mais avançados. No caso da Alemanha, Áustria e Suíça, é a forma predominante. Há quem considere ser o sucesso econômico desses países, em boa parte, o resultado da excelência de seus sistemas de aprendizagem.

Em contraste, no Brasil, a Aprendizagem está cada vez mais atrofiada. Atualmente, há 460 mil aprendizes. Corresponde a uma fração muito pequena da faixa etária correspondente (de 16 a 24 anos), cujo número chega a 35 milhões. De fato, apenas a metade das cotas legais para aprendizes está preenchida. Em grande medida, isso resulta de uma legislação equivocada.

O bom mocismo brasileiro preocupou-se em proteger os jovens aprendizes da sanha de um "capitalismo selvagem". Mas errou na mão. Protegeu tanto que criou uma situação de desequilíbrio. Quase todas as empresas julgam que os benefícios ficam aquém dos custos (não apenas os monetários, mas também os aborrecimentos na gestão do sistema).

Em uma economia de mercado, a empresa toma suas decisões pensando no que contribui e no que custa. Comprar uma nova máquina? Usar matéria-prima mais cara? É a mesma lógica com o seu pessoal. Contrata um funcionário sempre e quando julga que o valor do trabalho que realizará, pelo menos, iguala o seu desembolso com essa pessoa – além de outros ônus que possa ter.

Do lado do candidato, ele aceita trabalhar na empresa por julgar que aprender um ofício justifica o seu esforço. Ou, pelo menos, é a melhor alternativa que conseguiu. Além disso, estar na empresa abre portas para uma carreira interna ascendente.

Como dito, em todos os países industrializados, a Aprendizagem continua sendo uma forma eficaz de preparar a mão de obra que as empresas precisam.

Vale dizer que, em anos recentes, a Aprendizagem brasileira foi perfilhada à política social, tutelada pelo Ministério do Trabalho e pelos órgãos tutelares. De fato, foi administrativamente incluída dentre as políticas que cuidam de lactantes e crianças. Nesta visão, pouco importa que sentido têm os programas para as empresas e o que contribuem para a produtividade. Conta a missão sagrada de atender aos mais vulneráveis.

Isso é um erro lastimável, pois resulta na criação de um número muito limitado de posições, quase sempre, precárias, efêmeras e com poucas chances de qualificar os aprendizes. Ou seja, mesmo como política social não produz resultados aceitáveis.

E como não trazem uma contribuição para a empresa, compatível com o que custam, são evitadas por elas. Sem exceções, pelo mundo afora, receber um aprendiz se revela vantajoso para a empresa. Em contraste, se o programa andar na contramão do mercado, nem como política social vai funcionar, pois é litigioso e não se expande.

Repetindo, pois essa é a ideia central desta seção, a Aprendizagem apenas funciona quando é atraente para ambos os lados: aprendizes e empregadores. O Estado pode obrigar aos jovens de 18 anos a se alistarem no Exército. E, lá chegando, vão fazer tudo que lhes é mandado. Mas os aprendizes precisam ser atraídos, voluntariamente. Se não atrai os aprendizes, eles não se candidatam.

E é preciso que milhares de empresas estejam dispostas a recebê-los. Se não for uma proposta vantajosa para as empresas, elas tentam se esquivar.

O Ministério do Trabalho e os departamentos de Recursos Humanos (RH) de algumas poucas empresas podem defender teorias românticas de que a Aprendizagem é importantíssima para o país. No entanto, na ponta do lápis, tende a ser um péssimo negócio para as empresas. Daí que estas se esquivam de todas as maneiras de cumprir a lei. Diante disso, fiscais tentam obrigá-las a receber aprendizes. Transformou-se um sistema harmônico e bom para os dois lados em um pesadelo, uma perseguição de gato ao rato. Algumas empresas de primeira linha preferem pagar as multas a contratar aprendizes.

Gostando ou não, nossa economia opera sob as leis do mercado. Os sistemas europeus e americanos funcionam pela simples razão de que oferecem uma boa proposta para os dois lados. A legislação é calibrada para que isso aconteça.

Aqui, ao mesmo tempo em que se criam restrições ao que o aprendiz pode fazer, as regulamentações legais obrigam a níveis de remuneração próximas às dos demais funcionários. Isso torna ainda mais desinteressante para a empresa a contratação de aprendizes.

Ademais, é totalmente hipócrita colocar os aprendizes em posições como faxineiro ou empacotador, sob a farsa de que "aprendem" um ofício. Na verdade, esses não são ofícios. É desmoralizar o milenar instituto da aprendizagem de uma profissão, em aras de uma tentativa canhestra de criar posições temporárias para jovens.

Na Alemanha, os conteúdos acadêmicos, aprendidos em um ou dois dias por semana, são sob medida para os aprendizes e para cada profissão. No caso brasileiro, a alternância não é mais do que cursar o ensino médio no contraturno (embora haja aprendizes ainda no Fundamental). Isso, obviamente, consome a metade do dia de trabalho do aluno, criando problemas nas rotinas produtivas. De fato, se o aprendiz apenas trabalha pela tarde, isso traz uma dificuldade adicional para o empregador. As tarefas dele não evaporam todas as manhãs, reaparecendo pela tarde.

Outra limitação do nosso sistema é que a lei restringe, drasticamente, o que o aprendiz pode fazer na fábrica, caso ele tenha menos de 18 anos. Se houver máquinas no recinto em que trabalha, estas têm que estar lacradas. Em outras palavras, é a negação da aprendizagem, pois ele não pode participar do processo produtivo. Diante desse impasse, acaba em um almoxarifado, empilhando caixas. Se para chegar ao seu local de trabalho precisa cruzar a oficina, pela lei, tem que ser escoltado por um guarda. Em uma pesquisa que conduzi com o SENAI no Paraná, os jovens terminavam seu aprendizado em marcenaria sem jamais haverem entrado em uma oficina dessa profissão, pois todas têm máquinas. Tampouco usaram suas ferramentas.

Os mesmos ambientes aqui considerados "perigosos e insalubres" são seguros e sadios na Europa. Os legisladores daqui ignoram o que acontece no resto do mundo, tentando criar uma redoma imaginária para os menores de idade.

Essa limitação termina aos 18 anos. No entanto, como indica a pesquisa do Paraná, nessa idade, os jovens não revelam mais interesse pela aprendizagem.

A se notar, esse problema não ocorre nos escritórios. Portanto, a Aprendizagem tem menos dificuldades para os ofícios do SENAC. Ainda assim, há muitas outras dificuldades legais. Para começar, a burocracia dos contratos de aprendizagem é considerada infernal pelas empresas.

Resulta ser uma experiência frustrante para todos. Os aprendizes terminam o programa sem haver conhecido sequer uma oficina e nem aprendido os rudimentos da profissão escolhida. Os outros operários se ressentem dos aprendizes que ganham praticamente sem fazer nada e não podem ser despedidos, mesmo quando a firma se vê obrigada a dispensar outros, muito mais produtivos. E os aprendizes se ressentem de serem malvistos pelos outros funcionários.

Ao final do programa, poucos aprendizes se interessam por permanecer na empresa. Segundo as estatísticas divulgadas pela CEPAL, na Inglaterra, 73% dos aprendizes são efetivados; na Alemanha, 55%. Em contraste, no Brasil, apenas 10,3% querem ficar na empresa. Sem dúvida, trata-se de uma estatística que, sozinha, ilustra o fracasso do programa brasileiro, já que sua motivação é o emprego.

Do lado da empresa, ouçamos o que diz um funcionário de RH sobre seus aprendizes industriais:

> "Essa vaga não existe, a gente tem que criar algo para eles fazerem. Então, não é algo que nós precisamos, mas temos que engolir e inventar tarefas. E o pior é que eles não podem fazer qualquer coisa, então tudo é complicado. Acaba colocando os meninos para fazerem arquivo, que é a única coisa que eles podem fazer."

As glórias, teimosias e agruras do Sistema S

O Sistema S é único no mundo. É, também, muito admirado. Conseguiu a improvável façanha de criar uma rede exemplar de escolas de formação profissional no Brasil, apesar das nossas tradições beletristas. É um êxito e tanto. Contudo, encontra fortes resistências, de todos os lados. Em vez de incensado, é ameaçado. E, obviamente, tem seus problemas.

O Sistema S é inaugurado pelo SENAI, em 1942. Depois, foi criado o SENAC, seguido dos outros irmãos: SESI, SESC, SEBRAE, SENAR, SEST, SENAT e SESCOOP.

Portanto, tem seis filhotes, cada um com suas características e preparando para setores igualmente diversos (indústria, comércio, agricultura, transportes, cooperativismo e pequenas empresas). Ainda assim, cabem algumas generalizações.

Todos são bastante bem-organizados, eficientes e dispõem de recursos consideráveis para atingir suas metas. Nenhuma das três premissas se cumprem para as redes públicas, dos jardins de infância aos doutorados.

Previsivelmente, há diferenças muito substanciais dentre os filhotes. Alguns são orgulho para o país. Outros estão "na muda", vacilando diante de novos rumos e até patinando.

Vale a pena explorar rapidamente as origens históricas da formação profissional em centros de treinamento. Afinal, o Sistema S é isso.

Vem de meados do século XIX a ideia de formar operários em escolas, em vez de cada aprendiz aprender com seu Mestre. No caso, a Rússia foi pioneira na organização detalhada desse modelo.

A ideia é simples. Cria-se uma escola de dupla militância. De um lado, há as salas de aula, ensinando a educação necessária para as profissões oferecidas. De outro, montam-se oficinas, com um ambiente e com equipamentos tão parecidos aos de uma indústria quanto possível.

Esta solução tem vantagens e desvantagens. Em países de pouca tradição industrial (era o caso do Brasil), a qualidade dos mestres existentes era muito variável. E os bons são poucos. Uma solução escolarizada permite que um mestre ensine a muito aprendizes, na sala de aula. Na aprendizagem convencional, cada mestre tem apenas um ou dois.

A desvantagem clássica é que nada garante que haja emprego para os graduados. De fato, esse é o mais grave problema desse tipo de curso. Pode começar com ampla empregabilidade para os graduados. Porém, os mercados se saturam e revela-se difícil mudar de rumo. Na Aprendizagem, se não há mestres dispostos a contratar, nada acontece, nada se perde.

Por causa de sua estrutura de governança, o Sistema S teve grande sucesso, conseguindo evitar os problemas clássicos desses cursos. Por ser um sistema pertencendo a associações patronais, isso cria uma preciosa vacina contra o desencontro entre oferta e procura por cursos. Nos sistemas públicos, faltam prêmios para escolas que se ajustem sempre às demandas. A dinâmica é outra, dominada por interesses dos professores e dos administradores do Estado. Já no Sistema S, quem manda é quem emprega os graduados. E embora isso pouco aconteça, basta uma canetada do Presidente da federação para despedir sumariamente um diretor recalcitrante. Em tese, isso significa que há poderosas forças pressionando as escolas para responderem às demandas do setor produtivo. Na maioria dos casos, esses incentivos funcionam, explicando em parte o sucesso do Sistema S.

Mas nem tudo é perfeito. As exceções são os estados brasileiros em que as federações patronais são frágeis ou politizadas. Nelas, pode haver derrapagens.

Como conheço razoavelmente o SENAI, sinto-me confortável para falar dele. Nos anos 70, como pesquisador do Instituto de

Pesquisa Econômica Aplicada (IPEA), com colegas, resolvi estudá-lo. Nos termos de referência da pesquisa submetida à direção, postulamos como hipótese que era uma instituição séria, porém pouco eficaz. Produzimos dois livros substanciais. No prefácio, anunciamos que a segunda hipótese não era verdadeira. De fato, os números mostraram que era muto eficiente.

Observando o seu funcionamento, logo pudemos notar o alto nível de organização e de dedicação das equipes. Além disso, sua eficácia impressionou vivamente aos autores. As taxas de retorno para o investimento eram particularmente elevadas. Pesquisas do IPEA recentes, apoiadas no PNAD, apesar de pouco precisas quanto aos cursos considerados, mostraram também que formação profissional continua sendo um ótimo investimento em Capital Humano.

Por haver trabalhado na Organização Internacional do Trabalho (OIT), Banco Mundial e BID, pude visitar dezenas de escolas profissionais pelo mundo afora. Obviamente, são modelares na Europa e América do Norte. No entanto, deixam muito a desejar na América Latina, no mundo árabe, no mundo soviético (ainda era assim, quando lá trabalhei), em partes da Ásia e da África. Em particular, tendem a ser bem pobres, malcuidadas ou ambos. Porém, o que mais chamou a atenção foi o seu descolamento dos mercados. De fato, a mais grave e frequente limitação delas é produzir alunos para empregos inexistentes.

As soviéticas são velhas, mas valorizadas e cuidadas com desvelo. Contudo, o melhor trabalho prático que vi, feito pelos alunos, era mais lambão do que o pior trabalho já observado por mim em qualquer escola do SENAI.

E, na empregabilidade, as diferenças são chocantes. Como os donos são os patronatos, as do SENAI são muito cuidadosas nesse particular. Não cabe aqui oferecer números, pois variam com o local e com a conjuntura econômica. Todavia, tendem a empregar, em um prazo bem estreito, uma proporção predominante dos seus graduados. Em muitos casos, quase todos.

Todas as minhas visitas – e têm sido muitas – revelaram escolas infinitamente mais bem cuidadas e cursos mais sérios do que em qualquer outro sistema, em qualquer nível, em qualquer país de Terceiro Mundo.

Quem sabe, por tais proezas, tornou-se um dos maiores sistemas de formação profissional do mundo? E os resultados tendem a ser muito satisfatórios, seja como retorno ao investimento, seja como caminho para o mercado de trabalho.

Mas seu sucesso não é sem ônus. Como acompanho o Sistema S, faz décadas, observo a previsibilidade dos botes contra ele ou nos seus orçamentos – que dependem de um tributo de 1% sobre as folhas de salário. E há quem queira até fechá-lo ou estatizá-lo. Não me lembro de governo que não haja tentado. Até agora, os danos foram leves. Mas nada garante que não haja uma mordida mais sangrenta.

Há instituições que podem ser desprezadas ou odiadas e não há como fazer-lhes mal, pois tem defesas sólidas. Contudo, o Sistema S é muito vulnerável, pois seu financiamento depende de arranjos legais que podem evaporar do dia para a noite. E não é visto pela sociedade como um patrimônio inalienável – como é o futebol, apesar das derrotas.

Curioso, o Sistema S tenta fazer tudo direitinho e acerta muito mais do que erra. Não obstante, coleciona antipatias e críticas. É mal-amado.

A esquerda não gosta porque é privado, horrendo pecado original. Os sindicatos de operários da indústria, predominantemente liderados por graduados do SENAI, até que toleram bem, mas têm certa vergonha de defendê-lo. O próprio Lula, torneiro do SENAI, sempre ficou em cima do muro.

Algumas alas da direita não gostam, por achar que o mercado resolve tudo. Se é assim, por que treinar gente com o dinheiro de impostos? Se há demanda, haverá quem vá oferecer a formação. No entanto, para ter peso esse argumento, falta aos seus defensores apontarem um só país bem-sucedido em que a formação profissional não seja abundante, pública e cara (quem faz não importa, o que interessa é quem paga). Simplesmente, não existe nenhum em que isso aconteça, sejam os que operam puramente sob as leis de mercado, sejam social-democracias ou economias coletivistas.

Em particular, não faz sentido para as empresas oferecer a formação inicial, pois é cara e o risco de perder o graduado para o concorrente pode se materializar. Seja no Brasil ou alhures, praticamente, não há quem ofereça formação inicial para seus funcionários. A exceção são empresas muito ricas – e que pagam muito bem – ou plantas longe de tudo.

Alguns donos de escolas acham que é concorrência desleal oferecer cursos subsidiados ou gratuitos. Em alguns casos, esse pode ser um argumento ponderável. Mas, no geral, a iniciativa privada não oferece os mesmos cursos, pois a clientela do Sistema

S tende a ser pobre e, portanto, não pode pagar. E os cursos são caros, pela exigência de equipamentos sofisticados e instrutores altamente capacitados.

Muitos educadores têm profunda antipatia pelo Sistema S, pois acham que oferece puro "adestramento". Pena que nunca hajam visitado uma escola do SENAI, para comparar com as suas.

E pasmem, até dentre os capitães de indústria afloram os preconceitos e desdém pela formação profissional. De um lado, não surpreende muito, por serem parte da sociedade brasileira. Não obstante, são os maiores beneficiários do SENAI.

Almoçava com o Presidente de uma Federação de Indústria. À mesa estava também um empresário conhecido, Presidente de um sindicato patronal. Ao discutirmos a montagem de um painel sobre formação profissional, em um evento futuro, foi logo dizendo que o assunto não interessava aos seus colegas. Como podemos esperar mais fervor do povo, se essa crença é frágil, mesmo dentre os que são obrigados a contratar mão de obra precariamente preparada?

Pelas melhores razões, o Sistema S tem que ser cobrado severamente. Afinal, opera com um subsídio pago por nós, os contribuintes. E não faltam pecadilhos, aqui ou acolá. Porém, cruzadas ideológicas não levam a nada. Consomem energia e não apontam para algumas falhas que precisam ser corrigidas.

Com efeito, não faltam críticas levianas. Faz alguns anos, um jornal respeitado de São Paulo publicou um longo artigo, criticando o SENAI. Causou mal-estar e foi combinada uma reunião da cúpula da Confederação Nacional da Indústria (CNI) com a sua redação. Na contenciosa matéria, o jornalista perguntava por que o SENAI tinha tanto dinheiro em caixa. Como estava presente, argumentei que dinheiro em caixa era uma questão periférica. Antes de tudo, é preciso perguntar se a instituição está cumprindo o papel crítico de formar boa mão de obra. Se o seu desempenho se revela satisfatório, então, vamos perguntar se está cometendo algum pecado venial no seu trato com dinheiros. Em contraste, se o desempenho é inadequado, o assunto é muito mais grave e os dinheirinhos guardados no banco tornam-se um problema menor. Ao fim e ao cabo, tudo não passou da antipatia gratuita do jornalista, pouco disposto a se informar, mas pronto para criticar um braço rico do capitalismo brasileiro.

Nos anos que passei na OIT (Genebra), no Banco Mundial e no BID, nunca cuidei de elogiar ou defender o SENAI. Eram os alemães e suíços que o faziam. A cooperação alemã considerava como o sistema do Terceiro Mundo mais próximo de suas próprias escolas. Em uma visita ao Brasil, no relatório final, a equipe alemã conta que chegou com ânimo de oferecer assistência técnica. Depois do ciclo de visitas, concluiu que intercâmbio seria uma meta mais condizente.

No meu julgamento, a rede SENAI é o melhor conjunto de instituições educacionais do Brasil. Um bom número dos nossos doutorados é exemplar e atinge os melhores níveis internacionais. Mas a rede como um todo é desigual (e falo isso como ex-Diretor Geral da CAPES). Portanto, tenho para mim que arranhar ou prejudicar o SENAI é causar danos na melhor instituição educacional do Brasil. Não pode ser uma boa ideia. É claro, tem seus cacoetes e suas falhas. Portanto, criticá-las criteriosamente é mais do que justificável.

Ao longo dos anos, tenho sido impiedoso diante do que vejo como suas fraquezas, teimosias e cacoetes. Foram dezenas de artigos e livros, mostrando aspectos pouco lisonjeiros.

Às vezes me surpreendo ao verificar que as equipes ainda me toleram, apesar de que acuso o SENAI de "burro empacador". De fato, a minha maior crítica é ser uma organização pesada e rígida. Tende a fazer tudo direitinho. Mas custa muito a corrigir seus rumos. E, por razões que nunca logrei entender, é de difícil trato com quem está de fora.

À guisa de conclusão, falemos de duas avaliações. O PISA mede o desempenho acadêmico dos países a ele associados. E o "World Skills" faz o mesmo para as competências profissionais dos participantes. No PISA, o Brasil está sempre nos últimos lugares. E no World Skill, foi primeiro uma vez e permanece entre os três primeiros nos últimos seis anos.

No futebol, a grande avaliação é a Copa do Mundo. Por coincidência, no ano do 7 X 1, o Brasil obteve o primeiro lugar no "World Skills", vencendo a Alemanha. O que é mais importante para uma sociedade que quer se desenvolver: vitórias no futebol ou na formação profissional?

Capítulo 7

Ensino Superior: muita pujança, muitos equívocos

Ao passar em revista o ensino superior, há vários aspectos a serem considerados. Inicialmente, mostramos a sua gênese, derivada que é das universidades medievais. Copiando e ajustando, chegamos ao sistema brasileiro atual – que tem alguns méritos e várias limitações.

Em seguida, examinamos a lógica interna do seu funcionamento, com os diplomas, privilégios e equívocos. Falta clareza na identificação do que deveria ser um ensino mais acadêmico, em contraste com as necessidades de uma formação profissionalizante. Terminamos essa parte propondo uma taxonomia para as instituições existentes, seja no Brasil ou alhures.

Surgem as dificuldades, para ser capaz de lidar com a profissionalização dos graduados. Formação geral mais longa e menos tempo preparando para uma profissão? Ou foco exclusivo nas matérias diretamente ligadas ao mercado de trabalho? As dúvidas são antigas, mas o Brasil parece haver errado na mão, deixando de reforçar mais as humanidades e uma formação geral.

Indagamos, em seguida, sobre a origem das dificuldades das nossas universidades federais. São excessivamente dominadas pelas regras de Brasília, sendo controladas de forma equivocada.

Comentamos, também, as políticas para introduzir mais equidade no ensino superior. No caso, examinamos o Programa Universidade para Todos (PROUNI), o Fundo de Financiamento Estudantil (FIES) e as cotas.

Finalmente, e como contraponto, algumas palavras sobre as Universidades Corporativas. Pela lei, não são universidades. Mas, pouco importa, pois tendem a ser muito eficazes.

A trajetória histórica do ensino superior

Nesta seção, cobrimos uma boa variedade de aspectos do ensino superior. Começamos com as suas origens históricas e passamos às versões brasileiras. Discutimos as grandes opções, o que nos leva a uma taxonomia das modalidades de instituições e funções. Nesse mesmo contexto, falamos do papel da pesquisa no ensino superior, bem como a discussão de quanto do currículo deve ser de educação geral e quanto deve ser profissionalização. Terminamos examinando o perfil do profissional do futuro e como preparar graduados para esses novos cenários.

Invenções e cópias no ensino superior

Ao longo da história, as arquiteturas organizacionais das instituições de nível superior vão sendo criadas e copiadas. Essa seção passa em revista esta evolução. Em seguida, mostra como os diferentes modelos foram adotados e ajustados no Brasil. Erramos bastante, mas também criamos algumas soluções bem-sucedidas.

Diante de um desafio, inventa-se uma solução. Ou copia-se alguma existente. Como previsível, copia-se muito mais do que se cria. Assim acontece também no ensino superior. Aqui, identificamos os seus principais modelos e apresentamos a sua adoção progressiva no Brasil.

Como já dito, ao fim da Idade Média, definem-se melhor dois modelos polares de ensino. De um lado, as universidades; de outro, as guildas, ensinando os ofícios pela via da sua tradição de mestres e aprendizes.

Para formar o clero e as elites, lá pelo século XII, aparecem, na Europa, as primeiras universidades. Ensinavam teologia, filosofia e humanidades. Mais adiante, direito. Tudo nos ares rarefeitos da abstração e com as piruetas logicas da escolástica.

Na outra vertente, até o século XIX, as profissões manuais eram aprendidas no convívio do mestre com seu aprendiz. Porém, como a Engenharia e a Medicina foram ficando mais complexas e teóricas, foi preciso guindar a sua formação para o nível superior. Inova a França, criando escolas profissionais. São as chamadas faculdades napoleônicas, focalizando as profissões.

No mesmo período, cria-se na Alemanha a universidade Humboldtiana. Introduz as ciências naturais e combina ensino com pesquisa – grandes novidades. Na sua versão americana, os Land Grant Colleges dão um passo além, sendo abrigadas em campus próprios e lidando também com assuntos práticos, como agricultura.

As Humanidades (como a filosofia, história e literatura) são parte essencial de uma boa educação. Em alguns países, são estudadas até o nível médio. Em outros, formam também parte do ensino superior.

Nos Estados Unidos, combinadas com as ciências, cobrem os dois primeiros anos dos cursos superiores. A profissionalização vem nos dois subsequentes.

Porém, alguns Colleges dedicam os quatro anos apenas a essa formação geral. São os Liberal Arts Colleges. Não ensinam profissões e nem têm pós-graduação. A pesquisa é periférica, se existe. Formam bons generalistas, gente culta e de cabeça arrumada. Na prática, os graduados dos melhores continuam tendo um grande sucesso profissional. Em contraste, nos últimos anos, os menores e mais fraquinhos estão desaparecendo.

Consolida-se, também nesse país, uma pós-graduação bastante estruturada. Contrasta com as fórmulas mais artesanais da Europa. Estas são imbatíveis se há poucos alunos, porém ineficazes para lidar com os grandes números que bateram às suas portas, no último meio século.

Ao início do século XX, aparecem os Community Colleges americanos, oferecendo educação de massa, com dois anos de duração. Abrigaram, no nível superior, muitas ocupações técnicas, antes oferecidas nas Comprehensive High Schools.

Diante desse cardápio, o Brasil teve que selecionar seus modelos. Acertamos e erramos. Algumas boas escolhas também foram comprometidas por adaptações canhestras.

Como só criamos universidades a partir da década de 30, já não fazia sentido copiar as velhas e escolásticas universidades – como havia feito a América Hispânica.

A partir da chegada de D. João, embarcamos nos modelos franceses de faculdades disso ou daquilo. E, na metade do século XX, há uma transição para os modelos alemães e americanos. Portanto, o que temos é um conjunto algo desconexo de instituições datadas de diferentes momentos da história e importadas de diferentes culturas.

Ao início do século XIX, copiamos as escolas profissionais francesas, seguindo o modelo pioneiro da École Polytecnique. São as nossas "faculdades". Na sua versão original, era um excelente modelo, claramente voltado para as elites. Dedicava-se à educação profissional de uma pequena e selecionada fração da sociedade.

O pecado original das nossas faculdades vem da versão original francesa. A École Polytechnique não tinha professores com prática profissional, apenas cientistas. Daí seu viés de oferecer teoria demais e prática de menos. Como disse um autor respeitado, durante a Revolução Industrial, os ingleses construíam usando as fórmulas matemáticas francesas. Mas os franceses, diante de uma obra mais complicada, chamavam os engenheiros ingleses.

O Brasil, confortavelmente, importou esse curso com excesso de teoria. Isso prejudica até hoje nossa graduação profissional. Isso porque não importamos o complemento francês para cursos de engenharia excessivamente teóricos: os Institutes Universitaires de Technologie. São também escolas de engenharia, mas bem mais práticas. Trata-se de um desenvolvimento paralelo ao da Alemanha. Lá existem as escolas de engenharia clássicas. Mas também, com a mesma duração, os cursos técnicos superiores (Fachhochschulen).

No pós-guerra, apaixonamo-nos e copiamos o atraente modelo da Universidade de Humboldt. Todavia, essa aproximação foi mais de sua versão americana, plasmada nos Land Grant Colleges. Algumas poucas cumprem bem esse papel de universidades de pesquisa e ensino. Mas foi um lamentável equívoco a tentativa de moldar todo o ensino superior nessa solução caríssima e elitista. Para a maioria delas, a realidade é um alto custo pago e uma pesquisa que permanece uma miragem inatingível.

Suspeito que nos influenciamos demasiado pelos bolsistas brasileiros no exterior, pois, sistematicamente, cursaram as melhores universidades de pesquisa. Portanto, desconhecem que estas não passam de um pedacinho do ensino superior, mesmo nos próprios países onde estudaram. De fato, neles convivem vários modelos, cada um com um papel diferente.

Acertamos ao copiar o modelo bem-estruturado da pós-graduação americana, muito mais apropriado para formar uma grande quantidade de mestres e doutores. Criamos uma extensa rede de programas, muitos atingindo padrões mundiais de excelência. Mercê desse modelo, nossa pesquisa cresceu em ritmo acelerado.

Erramos redondamente ao não tratarmos de forma diferente os mestrados em áreas profissionais. Privilegiamos demais os diplomas acadêmicos dos professores e privamos os alunos dos profissionais competentes que labutam no mercado. Nossos mestrados estão distantes da prática profissional. E não parece haver clima para alterar essa direção.

Diante desse obrigatório viés academicista, muitas instituições optaram por dar ao mestrado um nome em inglês (e.g. MBA), justamente, por não ter existência legal. Sendo assim, podem oferecer neles o que faz sentido para um profissional do ramo. Só não servem para a docência.

Ignoramos olimpicamente o modelo dos Liberal Arts Colleges, voltados para formar uma elite bem-educada, ainda que sem oferecer vertentes profissionalizantes. Ademais, não percebemos que, nos países avançados, mesmo as escolas profissionais, dedicam a metade da carga horária a uma formação geral, incluindo as humanidades.

Quando criamos nossas faculdades, à imagem e semelhança das francesas, mesmo lá, era ínfima a matrícula. Como consequência, formavam-se no ensino médio alunos superlativamente preparados. Ao fim da Segunda Guerra, não passavam de 5% da coorte. O mesmo acontecia no Brasil, abastecido por colégios celebrados, como o Pedro II. Hoje, porém, 86% dos franceses se formam no secundário. Não é a mesma matéria-prima burilada nas escolas elitistas do passado. E, no Brasil, as diplomações no médio já bem ultrapassaram a metade da coorte. Com isso, lá como cá, a formação que antecede o nível universitário vai-se tornando mais aguada. Não consegue mais formar alunos com uma sólida base nas humanidades e ciências.

Na França, como no restante da Europa, diante de um secundário que se inflava, em vez das escolas serem inteiramente profissionais, como era a Polytechnique, foram introduzidos dois anos de estudos gerais. Mais recentemente, alinhando-se com o restante do continente, são três anos.

Inexplicavelmente, o Brasil se aferra a um modelo totalmente abandonado na Europa e nos Estados Unidos. Ou seja, após um médio aguado, oferece um curso de graduação quase totalmente formado de disciplinas profissionalizantes. Onde está a base cultural, essencial para uma formação sólida?

Nas formações superiores mais curtas, atrasamo-nos escandalosamente. Fizemos uma tentativa ingênua de imitar os Community Colleges. Ignoramos a rigidez da nossa estrutura curricular. Por essa e outras razões, não podia dar certo.

Os tecnólogos, criados na década de 90, corrigem alguns equívocos, mas permanece excessivo o peso das teorias, talvez influenciado pelos currículos das graduações de quatro anos. Nem são fortes em teoria e nem claramente voltados para a prática – como deveriam ser.

No seu conjunto, terminamos com uma mal digerida justaposição de modelos. Alguns são melhores do que outros, como é o caso da pós-graduação. Bem ou mal, tudo funciona, porém há arestas por todos os lados. A estrutura carece de ajustes, mas não se vislumbra uma vontade política de enfrentar as penosas reformas.

Ao fim e ao cabo, no ensino superior, não inventamos modelo algum. Contudo, veja-se a grande ironia. Apesar do prestígio e da centralidade do ensino superior, a única invenção brasileira de sucesso internacional não foi nesse nível. O SENAI, atrelado às federações de indústrias, criou seus Centros de Formação próximos às empresas. O financiamento, através de um tributo sobre a folha de salários, permitiu grande estabilidade financeira. Esse modelo (com seus materiais de ensino bem estruturados), foi copiado por quase todos os países da América Latina e por alguns africanos. É considerado pelas agências das Nações Unidas e pelos bancos multilaterais como um grande sucesso. Mais uma surpresa da história.

A inovação que vem dos países atrasados

Com toda a tradição universitária da Europa, como foi possível que o primeiro curso de administração tenha sido concebido em Belém do Pará e implementado em Portugal? De fato, isso aconteceu. São os inesperados labirintos da história.

O fascínio da história é que alterna o previsível com desfechos que ninguém esperava. Nunca se sabe quando o óbvio não vai acontecer e somos brindados com surpresas.

Dos cursos superiores que andam por aí, o de Administração é o campeão de matrícula. Por que não surgiu nos países de comerciantes inveterados, como Inglaterra, França ou Holanda?

Em vez disso, apareceu em Portugal, um país mal preparado para o comércio.[1] Não foi por acaso.

Portugal sempre foi um país de grandes bravuras nas guerras e competência nas navegações. Porém, sua nobreza vacilante e atrasada não dominava os conhecimentos de como organizar empresas e como gerir sua contabilidade. Os aprendizes não aprendiam os ofícios comerciais, por não haver mestres que os dominassem – o clássico círculo vicioso. Sem bons mestres, não há discípulos. Havia até que trazer contadores de fora.

Cheio de iniciativas e disposto a passar Portugal a limpo, o Marquês de Pombal despontava como o grande estadista da época. O Vice-Rei do Grão Pará, Mendonça Furtado, era seu irmão, com quem se correspondia. Iniciavam-se as cartas com a saudação: "Ilmo. e Exmo. Sr. Meu irmão do meu coração.".

Mas o Vice-Reinado estava falido. O comércio estagnava e os comerciantes não sabiam as noções mais elementares de contabilidade. Ademais, já espocavam as primeiras faíscas de um monumental curto-circuito com os jesuítas locais.

Diante da crise profunda, ocorre a ele sugerir ao irmão que se criasse uma escola para ensinar as artes do comércio. Ouvidos atentos, Pombal (ainda Conde de Oeiras) resolve criar em Portugal a Aula do Commercio.

Apoiado por quem sabia do assunto, foi então estruturado o primeiro curso de práticas comerciais e contábeis. Tudo muito concreto e com os pés no chão. A escolástica e as teologias nefelibatas da Universidade de Coimbra podiam ter seu lugar, mas não na contabilidade e gestão.

1 O presente ensaio se vale do livro *A Aula do Commercio* (Rio de Janeiro: Xerox, 1982), escrito por meu avô, Marcos Carneiro de Mendonça.

Começava o currículo com Regra de Três, conversão de medidas e valores de divisas. Seguia com o método das partidas dobradas e prática comercial. Curiosamente, grande ênfase era dada à caligrafia. Boas contas e bela caligrafia eram o esperado. O curso durava três anos, com quatro horas de aulas diárias. Um ano a menos que um atual curso superior de Administração.

Para contornar a precariedade empresarial e administrativa da aristocracia portuguesa, o curso mobiliza a pequena burguesia do país, mais ambiciosa e à busca de canais de mobilidade. De fato, acorrem a ele jovens com menos brasões e mais energia. Com seu sucesso, tornam-se "Comendadores empatacados", fazendo visível a sua riqueza. Vale mencionar, o Rei assistia às provas finais, tal qual veio a fazer o seu bisneto, Pedro II, ao assistir as provas do colégio que hoje tem seu nome.

Na França, os graduados da École Nationale d'Administration – os famosos "énarques" – por muitos anos supriram os quadros administrativos do país. A Aula do Commercio teve o mesmo papel. O comissariado dos navios recrutava seus graduados. Para as posições na administração do país, seus conhecimentos favoreciam a contratação.

É de se crer que o grande salto do país naquele momento teve substancial ajuda da competência profissional desta nova classe. Afinal, havia que administrar as companhias então criadas. Meio século depois, testemunha a solidez da ideia o Brasil reivindicar e conseguir uma escola semelhante.

Curioso, a Aula do Commercio foi a primeira Business School! E a ideia veio de uma província ultramarina paupérrima em conhecimentos de gestão. Esse pioneirismo dos atrasados encontra paralelo em outras situações de países que quiseram andar mais depressa do que daria conta o estoque de profissionais competentes. Para ombrear-se com a Inglaterra, o grande salto industrial da Alemanha de Bismark foi amplamente apoiado na criação de cursos técnicos superiores. O nosso SENAI foi uma resposta à vibrante industrialização que tomou corpo na Segunda Guerra. Aqui, faltavam bons mestres para formar o exército de operários industriais que as empresas demandavam. Daí uma solução escolarizada, mais eficaz para lidar com grandes números de alunos. Não é por acaso que foram os industriais paulistas que lutaram pela criação desse modelo escolarizado de formação profissional.

Quem ficou para trás e quer recuperar o terreno perdido busca soluções alternativas e mais rápidas. No caso de Portugal, era preciso criar uma formação escolarizada, por meio da qual alguns professores pudessem preparar muitos aprendizes de gestão.

Assim caminha a história. Tem suas regularidades, mas também nos surpreende com o inesperado. Até o livro contando essa história traz algumas surpresas. Foi denunciada nos jornais a compra de documentos públicos por um historiador particular. Isso leva à visita do Presidente da Xerox ao historiador. Do encontro nasce o patrocínio para a sua produção.

Público ou privado? Eis a (falsa) questão

O Brasil teve, até o fim do século XIX, ensino superior público. O básico era privado. No pós-guerra, montou-se uma grande rede de universidades federais, particularmente ambiciosas, caras e declaradas como de pesquisa. Algumas poucas satisfizeram a esse modelo. As outras eram apenas caras. Diante da impossibilidade de replicar um modelo único, para a expansão subsequente, foi necessário permitir a entrada do setor privado. Hoje, a proporção se inverteu. No ensino básico, o setor privado tem menos de 20% da matrícula. Já no superior, está próxima de 80%. Apesar da forte retórica de esquerda, os números mostram que, na média, a sua qualidade é pouco inferior à das universidades federais. E seus custos, muito menores. Mas cumpre salientar, dentre as instituições de mais destaque, quase todas são públicas.

Se mapearmos a história da educação no Brasil, veremos que privado e público sempre estiveram presentes. O curioso é que sua participação se inverteu, em meados do século XX. No Império, as famosas escolas de Direito, Medicina e Engenharia eram públicas, como era o seu modelo francês. Porém, todo o ensino básico era privado e pago pelos pais dos alunos. Redes públicas, ensinando as primeiras letras apenas começaram a pipocar ao fim do século XIX. Uma das poucas exceções foi o colégio que veio a ser chamado de Pedro II – criado pelo Império.

No superior, o privado apenas surgiu quando as Igrejas católicas se aventuraram. Começaram a aparecer as Pontifícias Universidades Católicas (PUCs), em meio a um acirrado debate nacional, lá pela década de 30. Vieram também os metodistas americanos, criando uma rede de escolas e instituições que, se não eram, viraram de ensino superior.

O caso desgarrado é a Universidade de São Paulo (USP), dentro de uma lógica diferente e curiosa. Nasce como uma ferramenta propulsora do Estado de São Paulo. É um caso raro de uma universidade criada como protesto a uma revolução perdida. Porém, o que importa foi haver tido uma concepção ousada. E, como se sabe, foi muito bem-sucedida.

A partir de então, crescem lentamente, tanto as públicas quanto as privadas. Nessa segunda categoria, há apenas as PUCs e as protestantes. Porém, no pós-guerra, com o auxílio de um empréstimo do Banco Interamericano de Desenvolvimento (BID), dispara o crescimento da rede federal, com a meta de ter, pelo menos, uma universidade em cada Estado da federação.

Crescem, tendo como doutrina e marco legal a universidade humboldtiana, com ensino, pesquisa, campus e tudo mais. Esse crescimento foi oportuno para aquelas já mais consolidadas. No entanto, foi abrupto demais para as outras. Criaram-se instalações físicas grandiosas e a estrutura formal de universidades de pesquisa. Tudo isso, com os custos elevados de operar com professores de tempo integral e dedicação exclusiva.

Em paralelo, Coordenação de Aperfeiçoamento de Pessoal de Nível Superior (CAPES) e Conselho Nacional de Desenvolvimento Científico e Tecnológico (CNPq) estabelecem sólidos programas de formação de professores no exterior. No médio prazo, isso reforça todas as universidades. Porém, não dá às mais recentes ou precárias o fôlego imediato que precisariam para operar programas ambiciosos de pesquisa.

Três resultados se sobressaem. Em primeiro lugar, a presença de uma universidade federal em estados mais pobres parece ter tido um impacto altamente positivo no seu desenvolvimento.

Em segundo lugar, por poderosas que tenham sido as emanações intelectuais de uma universidade em estados mais atrasados, isso não foi o suficiente para gerar pesquisa de qualidade nelas. Permaneceram apenas como instituições de ensino. A maioria, não foi além, até o presente.

Em terceiro lugar, paga-se nas mais fracas o custo/aluno de universidade de pesquisa, com laboratórios caros e professores doutores de tempo integral. Contudo, apenas nas poucas mais consolidadas, materializa-se a pesquisa. Em conclusão, a rede de 69 universidades federais (e mais seus campi avançados) tem custos elevadíssimos. Aproximadamente, os mesmos da média das europeias. Porém, estão longe da sua excelência.

Ao mesmo tempo que esse cenário se materializa, a economia brasileira desabrocha, o ensino básico avança e as bandeiras desenvolvimentistas são desfraldadas. Era inevitável que, lá pelos anos 70, a demanda por vagas no superior explodisse.

Nesse momento, o erro de origem do modelo brasileiro de ensino superior começa a aflorar. Não apenas optou-se por um modelo único e caríssimo, mas também criou-se a miragem de que todo o superior deveria ser assim.

O resultado era inevitável. De um lado, a pressão crescente para o aumento de vagas. De outro, a incapacidade de financiar esse modelo de instituições públicas, de forma a acompanhar o ritmo da demanda. Um primeiro confronto foi a "crise dos excedentes". Resultou, justamente, de ser inviável acomodar os pretendentes no sistema federal, por ser um modelo de lenta expansão.

A se notar, os países educacionalmente avançados criaram vários sistemas paralelos. Uns mais caros, outros menos. A exemplo, nos Estados Unidos, há as State Universities, os State Colleges e os Community Colleges. Tipicamente, nas primeiras, os custos/aluno podem ser cinco a dez vezes mais elevados do que nas outras.

No Brasil, essa pressão não atendida da demanda cria espaço para a iniciativa privada. Cria-se, então, uma situação esquizofrênica no MEC. São muitos e veementes os defensores de uma educação "pública e gratuita". Esse é o slogan, repetido à exaustão.

Mas a armadilha estava preparada. Por razões político-ideológicas, não havia clima para criar modelos menos dispendioso – como fizeram outros países. E não havia recursos para crescer no ritmo que atenderia à demanda por vagas. Isso era e é inviável, no modelo da universidade de pesquisa adotado. Mesmo, por exemplo, no Estado da Califórnia, sua riqueza não alcançaria para oferecer um ensino superior para todos, com os mesmos custos das suas universidades de pesquisa.

Diante do impasse, o MEC tinha duas opções. Ou enfrentava uma pressão política cada vez mais forte ou favorecia as autorizações para a entrada do setor privado. Já era óbvio que a segunda alternativa era inevitável.

A segunda linha de defesa dos ideólogos, para impedir o crescimento do privado, era a burocracia interna do MEC. Ali se mesclava uma ideologia antiprivatista com um cartório lucrativo para alguns funcionários da Secretaria de Ensino Superior. Disfarçado de exigências acadêmicas, o percurso de um processo de abertura era uma *via crucis,* mas nada sagrada. Ainda assim, a rede privada foi avançando, diante da quase estagnação da pública.

Na gestão Paulo Renato, ministro da Educação no governo de Fernando Henrique Cardoso (FHC), há uma progressiva abertura para a expansão do setor privado. Com frequência, ouvimos denúncias de que os critérios haviam sido afrouxados. Mas no caso, eu próprio era assessor do Ministro e presenciei um quadro diferente. As exigências acadêmicas tornaram-se mais duras. O que facilitou foi a redução das barreiras burocráticas. Antes, eram propositadamente excessivas e travadas. Quanto tempo e quanto dinheiro custava para ir de uma mesa para a próxima?

Muitas instituições surgiram, além das católicas e das protestantes. Mais adiante, permite-se que operem com objetivos de lucro, como já era no ensino básico. Isso atrai para o setor empresários dinâmicos e agressivos. Incluem-se, aí, muitas instituições, criadas como cursinhos pré-vestibulares e que viraram colégios regulares. Seus proprietários tendem a ter um perfil empreendedor e pragmático.

O resultado é o que todos assistimos. O sistema federal foi incapaz de uma expansão considerável, cada vez mais limitado pelas peias administrativas e invadido pela politização. Em contraste, o sistema privado disparou. Nos dias que correm, quase 80% da matrícula no ensino superior está no privado. No total, temos hoje da ordem de 9 milhões de alunos no superior.

Naturalmente, o setor privado é alvo de pesada artilharia, por parte daqueles mais à esquerda do espectro. "Caça-níqueis", "Tubarões do ensino", "univeresquina", e por aí afora. A realidade, porém, é muito mais matizada.

Com colegas, analisei os resultados de um ano do Exame Nacional de Desempenho dos Estudantes (ENADE) (2008). A se registrar, são informações bastante confiáveis; pelo menos, para esse tipo de comparações. Olhando para a tabela da distribuição de notas, as curvas do público e do privado estão bastante próximas. São duas curvas que se sobrepõem, com a das públicas um pouco mais à direita. E, dentre as muito ruins, tanto há privadas quanto públicas.

Esse resultado, entretanto, é mais do que enganoso. Isso porque não inclui, apenas, a prova aplicada aos alunos. Trata-se de um índice que inclui a proporção de mestres e doutores, professores em tempo integral e outros indicadores que favorecem as públicas e são financeiramente inviáveis para as privadas. Nelas, um exercício simples demonstrou que, se um terço dos professores passar a tempo integral, as mensalidades precisarão dobrar para cobrir os gastos adicionais.

Mas, convenhamos, esses são indicadores de insumos. Podem ou não contribuir para o resultado. E se temos uma medida do quanto aprenderam os alunos, isso é tudo que interessa. Se os professores ensinam por telepatia, e daí? O que conta é o quanto os alunos aprenderam.

Diante disso, refizemos a base de dados, fazendo-se os mesmos cálculos, mas apenas para o ENADE. Essa estimativa demonstrou que não gastar em doutores e ter poucos professores em tempo integral não se revelou uma desvantagem no ensino privado. De fato, pois não é significativa a correlação do desempenho dos graduados com a proporção de doutores, mestres ou tempo integral. Ou seja, Ph.D. e tempo integral encarece, mas não melhora o ensino privado. É o que dizem os números.

Essas novas estimativas trazem uma mudança considerável na posição das duas curvas. De fato, elas se aproximam bastante. Torna-se muito pequena a diferença entre privado e público.

Em suma, o índice usado pelo INEP penaliza o desempenho das privadas e não introduz qualquer aspecto relevante para a qualidade do aprendizado.

Olhando as duas distribuições, o que se destaca é uma presença maior de notas altas nas poucas públicas de excelência. Há resultados superlativos em ambos os setores, mas são bem mais numerosos os das públicas.

Considerando as diferenças de custo/aluno entre os dois sistemas, impressiona o gigantesco "miolo" da distribuição, onde públicas e privadas compartilham resultados semelhantes. E, no lado dos custos, pode ser entre cinco e dez vezes mais caro o ensino público.

Faz alguns anos, observei em uma tabela que os orçamentos da Universidade Federal de Ouro Preto (UFOP) e os da PUC-SP eram muito próximos – pura coincidência. Mas a PUC tinha dez vezes mais alunos. E tinha também a reputação de oferecer um excelente ensino. Já a UFOP, em uma fase muito ruim, não projetava a mesma imagem.

Nessa discussão, é preciso ter cuidado para não confundir com as demais as poucas federais que, efetivamente, fazem pesquisa.

Nesse grupo, de pouco mais de dez, o que custam é perfeitamente compatível com a sua respeitável produtividade científica. Como já dito, o erro de origem foi criar prematuramente instituições com custos equivalentes às de pesquisa, mas sem as precondições de amadurecimento institucional e acadêmico.

Naturalmente, ambos os sistemas são altamente heterogêneos. Nas privadas, há de tudo, da PUC-Rio, FGV, ESPM e INSPER, até muitas outras onde se registram ocasionais encontros com a polícia. Nas públicas há a USP, UNICAMP, UFMG e URGS. E há outras de lastimável desempenho.

Mas, ao contrário de países como Índia e alguns latino-americanos, as nossas piores não são fantasmas, figmentos da imaginação, fraudes ou fontes de escândalos. Por muito que se critique o MEC, há critérios e há algum tipo de inspeção. Ademais, temos uma imprensa investigativa muito agressiva. Pode não ser nada boa, mas tudo funciona e a lei é cumprida.

Em suma, dos anos 80 para cá, o crescimento do setor privado abasteceu o país de graduados de ensino superior, o que o sistema público não conseguiu fazer na quantidade demandada.

Em anos mais recentes, dada a lenta expansão nas graduações no médio, a capacidade de atendimento do ensino superior brasileiro parece amplamente superior à demanda. Na maioria dos cursos, os vestibulares são uma mera formalidade. Ainda assim, não são preenchidas as vagas. Entramos, portanto, em um período de competição acirrada no ensino superior.

Na média, não se pode dizer que o ensino oferecido seja de qualidade. Não obstante, a maior fragilidade está do lado dos alunos. Como mostram as pesquisas, entre 70 e 80% dos resultados no ENADE são explicados pelo nível dos alunos ao passarem no vestibular. Aliás, o Programa Internacional de Avaliação de Estudantes (PISA) mostra que, comparados com um aluno europeu, estão três a quatro anos atrasados. Ou seja, ainda que houvesse recursos ilimitados, não seria possível superar a fragilidade acadêmica dos que entram no sistema.

Vale mencionar, do ponto de vista de instalações e qualificação dos professores, mesmo as piores estão vários degraus acima do que havia nas melhores, faz bem menos de meio século.

Aqui, apenas arranhamos a superfície dos problemas com o ensino superior. Na verdade, o grande desafio é despir-se dos mantras ideológicos e examinar friamente o que está acontecendo. Será pedir demais?

Uma taxonomia do Ensino superior (que inclui o pseudossuperior)

No Brasil e alhures, o ensino superior tende a ser uma colcha de retalhos. Aqui, oferecemos uma taxonomia que pode ajudar a entender o seu funcionamento e a sua estrutura. Tanto se aplica ao Brasil como a outros países.

Dois cacoetes tupiniquins moram na cabeça dos nossos doutos. O primeiro é que a educação superior deve seguir um modelo único. O segundo é que a "universidade" é para todos. O primeiro é uma ideia obsoleta. O segundo é um devaneio prejudicial.

Ao longo de quase um milênio de história, o ensino superior amadureceu e foi se bifurcando. Multiplicaram-se as suas vertentes.

Pensemos nas suas funções. A mais nobre e de origem é preparar as elites intelectuais. E, também, ser uma caixa de ressonância da sociedade, sua consciência crítica e fórum de discussões. Grandes confrontos políticos espoucaram nos anos iniciais da Universidade de Paris, no início do século XIII. E continuam espocando até hoje. Harvard, Yale e MIT estão embrulhados em uma crise, associada à guerra de Israel com a Palestina. Era e é inevitável, esse papel lida com temas conflitivos. Era também previsível que apenas uma minoria de instituições cumprisse esse papel.

Outra missão valiosa e delicada é a pesquisa. Esse papel surgiu e se ampliou, de dois séculos para cá. Mas sempre será para poucas instituições, pela própria natureza frágil da criação científica.

Atualmente, a principal missão do ensino superior é profissionalizar uma enorme massa de concluintes do médio. De fato. uma vasta proporção de ocupações passou a requerer mais tempo de estudos (digamos, entre 20 e 30%). Nessa vertente, estão quase todos os alunos, seja em cursos longos, seja em cursos curtos.

As instituições de ensino superior lidam com essas três missões de diferentes maneiras. Algumas podem assumir vários papéis (ensino, pesquisa e preparação de elites). No Brasil, predominam as grandes universidades públicas. Porém, a maioria fica apenas com o ensino. É assim por toda parte. Se são batizadas como universidades ou outro nome, depende da geografia e não de alguma imanência recôndita.

Mas, no Brasil – e alhures –, aparece uma outra missão, meio de soslaio: é o pseudossuperior. Há quem chame de "colegião".

Ao olhar uma tabela com a distribuição dos alunos por curso frequentado, nota-se uma hipertrofia das áreas sociais, humanidades, ou como se queira chamar.

Mas não se trata disso. Os brasileiros se formam no ensino médio com um nível de maturidade intelectual que corresponde a um europeu com três a quatro anos a menos de escolaridade. Portanto, há uma enorme proporção de matriculados que não atingiu o nível exigido para um real curso superior.

Como o ideal "universitário" habita o imaginário tupiniquim, criaram-se faculdades ou "colegiões" para esses alunos. São cursos "aguados", inflando as áreas sociais, diante dos temores frente às matemáticas.

À primeira vista, não parece uma boa ideia. Além do gasto adicional de tempo, esses cursos não foram desenhados para esses alunos. São abstratos demais e longe do mundo real, o oposto do que deveriam ser. Os graduados não entendem bem o ensinado e nem sabem o que poderão fazer com o pouco que aprenderam.

Ainda assim, são mais quatro anos na escola. Parcialmente, poderiam compensar a falta de qualidade da educação precedente. Uma hipótese razoável é que, após quatro anos, atinjam um nível intelectual equivalente ao dos europeus ao fim do médio. Assim, terminamos com milhões de brasileiros com muito mais bagagem educacional, comparada à que teriam se houvessem abandonado os estudos no médio. E, como pagaram, eles próprios, os seus estudos (ao setor privado), não oneraram os cofres públicos.

No todo, é um remendo grotesco, mas cujo resultado líquido parece ser amplamente positivo. É uma educação pseudossuperior, mas não podemos condená-la em si, já que resulta da fraqueza do ensino básico nas redes públicas. Por sua própria iniciativa, os alunos fazem o conserto.

Naturalmente, esses "colegiões" convivem e mesclam-se com o verdadeiro superior. Além deles, temos razoáveis instituições de pesquisa – mas, como em todas as partes, são poucas. E temos, também, algumas instituições de excelência, participando dos grandes debates da atualidade. Como alhures, não são muitas.

Quase todos os alunos estão matriculados em cursos que se propõem a ser profissionalizantes. Parece razoável, mas há ambiguidades.

As matrículas, incluindo as dos muitos "colegiões, cresceram muito mais rápido do que a economia. Sendo assim, encolhe, a cada ano, a proporção dos que encontram emprego com o mesmo nome do diploma. Nos dias de hoje, isso acontece com bem menos da metade dos graduados. Tais "sobras" causam alarme, denúncias e comentários furibundos.

Mas, pensemos bem. Em praticamente todos os países maduros, acontece o mesmo. Pesquisa recente mostrou números próximos de 50% para os Estados Unidos. Não há como evitar esse chamado "desvio ocupacional". Ele, no entanto, não chega a ser um problema, pois, com mais escolaridade, em qualquer que seja o curso, os graduados do superior têm maior produtividade, como bem comprovado pelos números. De fato, no Brasil, ganham quase três vezes mais. Tendo mais escolaridade, são capazes de mobilizar seus conhecimentos e transformá-los em melhor desempenho. O curso, qualquer que seja, é ensejo para exercitar o intelecto. Deixa a desejar, mas é educação.

Diante desse ajuste espontâneo, o real problema é que os cursos não foram pensados como uma educação genérica, apropriada para fazer de quase tudo – como é o caso. Os fazedores de currículo debatem, à exaustão, se o Capítulo 17 da ementa da disciplina de finanças públicas traz um conhecimento essencial para o emprego futuro. Mas, como sabemos, menos de 10% dos economistas exercerão o ofício aprendido. E falta o mais importante: os alunos leem pouco, escrevem pouco, pensam pouco e resolvem poucos problemas. E, ao contrário dos países avançados, adquirem escassa formação nas humanidades.

Naqueles cursos que seriam verdadeiramente profissionalizantes, desaba um dilúvio de teorias. Os alunos voam na estratosfera e têm pouco contato com o mundo real. Podem ser cursos longos, como Direito. Ou de dois anos, como os mal resolvidos tecnólogos. No primeiro mundo, a matrícula nesses últimos é sempre superior à dos bacharelados de quatro anos. Aqui, pouco ultrapassa 10%.

O jornalista e crítico americano H. L. Mencken já nos dizia: para todo problema complicado existe uma resposta clara, simples e errada.

A indissociabilidade do ensino e da pesquisa. Será?

Nosso ensino superior foi legalmente estruturado, seguindo o modelo da universidade de pesquisa. Porém, foi um erro não separar as poucas universidades onde a pesquisa é possível das milhares de faculdades que não fazem e não precisam fazer pesquisa para oferecer um ensino sério.

Um par de milhares de brasileiros ganharam bolsas para frequentar as melhores universidades do mundo. A partir dos anos 60, o país enviou os seus melhores alunos para doutoramentos no exterior, sendo a bolsa condicionada a ser aceito por uma universidade de primeira linha. Nos Estados Unidos, praticamente todos foram para as melhores cinquenta. Mais adiante, o fluxo se bifurca para a Europa, com as mesmas regras. Terá sido uma boa ideia?

Esse povaréu voltou (Aleluia!). Com sua competência e conhecimento foi se aboletando na hierarquia das universidades e do MEC. Bem alinhados com o sistema americano, criaram uma pós-graduação de boa qualidade e com pesquisa séria – antes inexistente.

Com o que mais poderíamos sonhar? Newton Sucupira (professor e filósofo brasileiro) conhecia o sistema americano e era afinado com a filosofia alemã. Sua reforma de 1968 desemboca na universidade de pesquisa, ao estilo Humboldtiano e americano. Nossos jovens doutores consolidaram tal sistema em umas poucas universidades.

Um remédio pode salvar milhares de vida, mas tem seus efeitos colaterais, vitimando alguns poucos. Assim foi com os jovens doutores. Além do bom que trouxeram, involuntariamente, contribuíram para uma distorção no nosso ensino superior.

Onde está o problema? Tomemos os Estados Unidos – e a Europa não é diferente. Das quase 5 mil instituições de ensino superior, apenas cerca de mil são universidades. Dessas, pouco mais de 100 correspondem ao modelo de universidade de pesquisa – que o Brasil universalizou, mas apenas no papel. As outras 5 mil são *colleges*, de dois e quatro anos.

Não sabemos o que Sucupira e Valnir Chagas (também professor brasileiro) pensavam. Perdeu-se no tempo. Mas o fato é que o marco regulatório para todo o nosso ensino superior foi calcado nas 100 universidades de pesquisa americanas. Herdado delas, ainda reverbera o mantra da indissociabilidade do ensino e da pesquisa. Mas será para todos?

Parte do problema é a cabeça dos nossos doutores. Exemplifiquemos com meu próprio caso. Quando estudava em Yale, ia visitar meus amigos de Harvard. Em Berkeley, visitava os de Stanford. Como todos os meus colegas, enclausuramo-nos em uma redoma elitista. O que ficamos conhecendo não passa de um pedacinho muito limitado do ensino superior. E os Liberal Arts Colleges, excelentes e sem pós-graduação ou pesquisa? E os "four-year colleges", matriculando muitos milhões? E os Community Colleges, profissionalizantes de dois anos e formando quase o dobro de tudo o mais somado?

No meu caso, por circunstâncias da minha carreira, vim a conhecer esse outro mundo, mas muitos anos depois. Porém, a maioria dos que estudaram no exterior, nem suspeitara da sua existência.

Essa distorção se revela até em cacoetes linguísticos. Fala-se das nossas 200 universidades, como se fossem de pesquisa. Na verdade, esta acontece em apenas uma ou duas dúzias. E, também, costumamos querer que sejam assim as outras 3 mil faculdades que "apenas" ensinam. Pior, ganham maior nota no MEC as quem têm mais doutores e pesquisa (verdadeira ou tapeação). Os consultores do MEC, ao visitarem faculdades, sempre reclamam de que não encontram pesquisa. E lamentam, pois o seu modelo é a universidade de elite que frequentaram.

Mas como já notado, Ph.Ds. e pesquisa até podem atrapalhar o ensino de graduação. Nela, sucesso é um professor excelente em sala de aula e bom nexo entre o ensinado e a carreira futura.

Pesquisa se faz em um segmento do superior que é pequeno e elitista, ainda que vital. Porém, um marco regulatório concebido para esses poucos foi imposto a todo o ensino superior. E nossos doutores até defendem isso. Continuamos cegos para esse outro mundo que tem dez vezes mais instituições e 8 milhões de alunos. Na ordem geral das coisas, tão difícil e meritório quanto pesquisar é trazer luzes a estudantes malformados no Básico.

Nisso tudo, há uma lição muito clara. É indisputável a eminência e o prestígio dos doutores formados nas melhores universidades do mundo. Tiveram e têm um papel importante. Porém, contribuíram para uma quase completa cegueira, diante da realidade do ensino que se destina a avassaladora maioria dos alunos. Não o conheceram nos países onde estudaram e não o conheceram na nossa realidade.

Mais especialistas ou mais generalistas?

Ao longo dos séculos, o ensino superior foi se diferenciando, com algumas instituições e se voltando mais para uma preparação específica para o trabalho e outras mantendo a tradição de oferecer uma formação geral mais longa, apoiada nas Humanidades e, depois, nas Ciências. Nos países mais avançados, devota-se bastante tempo para esta educação mais abrangente. No Brasil, seguindo uma tradição francesa já abandonada lá, as disciplinas profissionalizantes ocupam quase toda a carga horária.

Para ilustrar o argumento, começamos discutindo as diferenças de formação de dois desportistas célebres.

Ao nascer, o pai decidiu que seria campeão de golfe. Aos dois anos, começaram os treinos, "científicos" e obsessivos. Aos cinco, venceu todos no clube local. E toma tacada na bolinha! Tigerwoods virou o melhor de todos.

A família do tenista suíço R. Federer nunca o pressionou para nada. Na sua juventude, praticou inúmeros esportes, sendo um excelente competidor em vários deles. Sua escolha do tênis veio bem mais tarde. E tornou-se o grande sucesso que conhecemos.

Um é especialista, outro generalista. Qual a melhor fórmula? Depende do esporte. Quando a gama de opções é restrita e bem definida, como no golfe, especializar-se é uma boa estratégia.

Mas, no tênis, mudam a raquete, a quadra, a técnica, a personalidade do adversário e o clima do jogo. Cada momento pede uma estratégia. A largueza da experiência de Federer deu-lhe uma vantagem indiscutível.

Até aqui, inspirei-me no esplêndido livro *Range* de D. Epstein. Vejamos, agora, como essas ideias se rebatem no ensino superior brasileiro.

Na cirurgia de catarata ou na microcirurgia, vence o dono das mãos mais precisas e adestradas. No entanto, do clínico geral, espera-se um repertório técnico variado, amplo, crescente e com intuições criativas. E, também, preparo para enfrentar os dramas e as idiossincrasias de cada paciente, lidando com a vida, o sofrimento e a morte. Esse ramo da medicina pede uma formação mais abrangente.

Na antiga fórmula francesa, os cursos superiores eram estreitamente focados na profissão. Foi lá desenvolvida, quando o ensino médio tinha excepcional qualidade, pois atendia apenas a uma elite (5% dos jovens franceses). Sendo assim, os alunos saíam com uma impecável formação, nas ciências e nas humanidades. Estavam prontos para a aprender a profissão. Mas, com o agigantamento e a banalização do ensino médio, a França gasta hoje três anos do superior em formação geral – de resto, a mesma fórmula adotada em quase toda a Europa.

Nosso ciclo básico, mambembe, fornece ao ensino superior alunos mal preparados. Não obstante, copiamos e insistimos na mesma fórmula francesa antiga, oferecendo um curso puramente profissional, como se a formação prévia fosse adequada, como era antes na França.

E para que serve a nossa especialização profissional estreita? Como alhures, nem a metade dos graduados faz o que diz o diploma. Nas áreas sociais, nem um quarto. Na maioria dos casos, aprende-se quase tudo na prática profissional do emprego obtido – qualquer que seja. E, nesse formato, quanto mais sólida e ampla a educação prévia, mais eficaz o "aprenda fazendo", após a formatura. Portanto, maior o desempenho e mais crescimento na carreira.

Atualmente, as profissões que exigem a especialização extrema são repetitivas. São um convite à invasão pelas máquinas e pela Inteligência Artificial (IA). Nessas ocupações – difíceis ou fáceis –, as máquinas estão à espreita. Por exemplo, radiologistas e escrevinhadores de petições legais já perdem para as soluções tecnológicas. Sendo assim, é mais prudente abrir os horizontes durante o curso.

Por que não reforçar a formação geral, inspirando-se no ensino superior dos países mais avançados? Pouco se fala nisso. Será que as nossas doutas autoridades – em coro com os conselhos profissionais – não entenderam a burrice de ignorar o que dá certo em outras plagas?

Como formar o profissional do futuro?

"A única função das previsões econômicas é fazer com que astrologia pareça uma atividade respeitável."

(J. K. Galbraith)

O foco desta seção é o mercado de trabalho que vem por aí. Como se preparar para ele? Não há dúvidas de que haverá terremotos e é limitada a nossa capacidade de prever sua magnitude. Mas algo sabemos desses temas e o pânico é mau conselheiro. Nosso objetivo é examinar, friamente, o assunto. Cumpre fugir, seja de fatalismos, seja de visões ingênuas.

Está na moda afirmar que as tecnologias digitais varrem o mundo e que acabarão com as profissões existentes. Em seu lugar, outras serão inventadas. Será? E, será que sabemos como preparar as futuras gerações para a avalanche de novas tecnologias e as tais profissões que estão a caminho? Será que os empregos vão acabar?

Ao fim e ao cabo, parece que, no nosso país, a maior dificuldade não está nas novas tecnologias, mas na precariedade da formação de base. Esse passivo educacional será o nosso maior obstáculo.

Anunciam-se nuvens carregadas e tempestades no mercado de trabalho. Os mais alarmistas pensam que será ainda pior: são os empregos que encolherão dramaticamente, criando multidões sem chances de encontrar trabalho.

O curioso é que cataclismas equivalentes vêm sendo anunciados, há mais de dois séculos. O primeiro, ao início da Revolução Industrial, foi obra de um grupo conhecido como ludistas que incendiou fábricas e jogou o maquinário nos rios. Porém, suas previsões de desemprego e as muitas subsequentes não se materializaram. Será desta vez? Não sabemos. É uma controvérsia com advogados de peso dos dois lados.

Fala-se, também, que seria gigantesco o cemitério dos ofícios falecidos. No entanto, quando pedimos exemplos, muito poucos aparecem: linotipista, telefonista, taquígrafo, o que mais? Segundo a McKinsey, empresa de consultoria empresarial americana, nos Estados Unidos, 5% das ocupações desaparecerão na próxima década. Não é um número alarmante e esta consultora não é dada a devaneios.

Outra assombração do mesmo naipe é a tese da desqualificação do trabalho. Segundo seus arautos, as ocupações se tornam cada vez mais fáceis e simples. Contudo, esta teoria caiu do cavalo. De fato, em paralelo a uma substancial simplificação de muitas ocupações, outras tantas passam a exigir formação mais longa e mais complexa. Nas caixas registradoras de algumas lojas, como as teclas têm ícones dos produtos, até analfabetos podem operar. Em contraste, nos automóveis atuais, só o computador fala com o mecânico. Zero a zero? Segundo muitos analistas, parece haver uma demanda crescente por qualificação.

Afirma-se que, daqui a tantos anos, a metade dos empregos será em ocupações que não existem. Admitamos que isso seja verdade, apesar da nebulosidade de previsões desse tipo. Se assim for, como vamos preparar mão de obra para tais profissões? Neste cenário, torna-se turvo o que precisamos ensinar hoje para as ocupações futuras que permanecem desconhecidas.

Será necessário fechar os atuais cursos profissionais e criar outros totalmente diferentes? Antes de prosseguir, perguntemos o que é uma nova ocupação? Será realmente nova ou uma mera derivação de outra já existente? Antes era só soldador, agora é soldador MIG, MAG, a laser e outras variedades. O soldador que aprendeu a tecnologia velha irá se tornar um dinossauro imprestável? Não é o que acontece.

Situação semelhante ocorreu com os tornos de controle numérico. Revelou-se necessário inventar cursos diferentes para eles? Ou se trata de uma complementação dos cursos existentes? A segunda opção foi a que se materializou.

Esses não são falsos problemas. Mesmo nas ocupações que existem hoje faltam certezas na sua preparação. Continuamos atrapalhados com as necessidades e opções já geradas pelo avanço tecnológico do presente.

Dúvidas angustiantes se materializam na afirmativa repetida *ad nauseam*: poucos anos após se formar, a metade dos conhecimentos de um engenheiro terá se tornado obsoleta. Esta afirmativa tem um defeito fatal. Para lançar luzes sobre o assunto, temos que penetrar no âmago do processo de aprender.

Suponhamos um engenheiro encarregado de instalar relés. É obrigatório, precisa conhecer a mecânica deste componente. Na escola de engenharia, deve haver aprendido a lidar com relés eletromecânicos. Porém, se os novos passam a ser de estado sólido, seu conhecimento está obsoleto e ele não dá um passo à frente. Nem sabe qual fio vai aonde. Essa pareceria uma boa ilustração da tese da obsolescência dos conhecimentos. De fato, com o que ele aprendeu no passado ficará paralisado diante do novo trabalho.

Mas não é bem assim. Em uma escola de engenharia séria, ele terá gastado anos estudando os princípios da eletricidade e da eletrônica. Dominando esses assuntos, estudará relés. Só que o relesinho agora é com tiristores e não com platinados, como eram no tempo do seu curso. No entanto, se ele dominou os fundamentos da eletrônica tradicional, para aprender a lidar com o novo componente, basta ler o manual ou ter uma conversa com alguém que sabe. O princípio é o mesmo.

Eu era um apaixonado pela eletrônica e pela montagem de rádios e amplificadores. Quando aprendi, por correspondência, apenas existiam válvulas. Mas apareceram os mágicos transistores. Surpresa! A adaptação foi imediata e nada traumática. Os meus amplificadores passaram a ser montados com transistores e não válvulas. Um transistor e uma válvula fazem exatamente o mesmo, só que usam soluções diferentes.

Em outras palavras, a preparação para a maioria das ocupações requer uma base teórica e conceptual. E, também, a formação de atitudes e percepções apropriadas. Tudo isso exige longos anos de maturação, com poucos atalhos. Em contraste, a tecnologia nos traz uma enxurrada incessante de novidades. Mas isso não nos deve assustar.

A afirmativa acerca da obsolescência se refere a este segundo aspecto, às técnicas e aos produtos. Na ordem geral das coisas, é uma mudança epidérmica. Se a formação de base foi sólida, o resto vem fácil. Ou seja, é sem sentido dizer que a metade do aprendido tornou-se obsoleta. Por abundantes que possam ser as transformações, as novidades estão apenas na superfície.

Leva-se tempo para aprender a ver o mundo como um engenheiro. Porém, passar da eletrônica analógica para a digital é um salto modesto. A 'internet das coisas' vai requerer alguns conhecimentos adicionais de circuitos e técnicas. Mas quem dominava as bases do que havia antes não terá dificuldades em lidar com o novo.

Tais argumentos preparam o terreno para algumas conclusões. Não sabemos bem o que vem por aí. Ainda assim, certas generalizações são possíveis.

São cada vez mais críticas as exigências genéricas de ler com fluência e precisão, usar matemática e estatística para resolver problemas do mundo real, lidar com computadores e ter uma base cultural sólida, incluindo bons alicerces nas ciências naturais. E entender inglês! Não nos esqueçamos, as humanidades e ciências sociais, além de ajudar a entender nossa vida e o mundo que nos cerca, blindam-nos contra as investidas da Inteligência Artificial. Igualmente, isso tudo nos prepara para lidar com as chamadas fake news.

Lembremo-nos, sempre, de que não basta algum assunto estar no currículo. É necessário, realmente, haver incorporado seus fundamentos no repertório de conhecimentos disponíveis para serem usados mais adiante. Entre lembrar-se da fórmula e saber usá-la no mundo real a diferença é abismal. Não basta haver "visto" isso ou aquilo. É preciso dominar o aprendido. Este não é um desafio menor, considerando a precariedade da nossa educação. De fato, esse é o real obstáculo, mais perigoso do que os desafios das novas engenhocas.

Faz uns tantos anos, conversando com M. Gonthier, o diretor de uma escola técnica de mecânica de precisão na Suíça, perguntei-lhe como era essa história de se preparar para as novas tecnologias. Lembro-me ainda de sua resposta, simples e convincente. Segundo ele, antes, um técnico precisava gastar tempo aprendendo a ler, a escrever e a usar matemática. Com as novas tecnologias, simplesmente, é preciso gastar muito mais tempo em aprendizados deste naipe.

Falamos da formação de engenheiros. Mas o dito vale, ainda, para profissões mais simples, como mecânicos e eletricistas. Eles também precisam entender como o mundo funciona. Não se pode, seriamente, pensar em consertar um automóvel sem saber ligar nele um computador e ler o diagnóstico que traz. Isso é completamente diferente de decorar fórmulas da Física. Repetindo, só se aprende aplicando. Portanto, nesse tipo de cursos, são necessárias aplicações práticas de tudo que se ensina, de preferência, usando as mãos.

O programa televisivo *Destruidores de Mitos* é uma boa introdução para o que é o método científico. Nele, os dois protagonistas tomam um mito do cotidiano e testam a sua validade. Por exemplo: um automóvel trafegando com as janelas abertas gasta mais gasolina? Para chegar a uma conclusão, estabelecem com rigor as hipóteses, a maneira de testá-las e vão a campo para verificar se é confirmada. Com outros problemas, ciência é isso.

Em quaisquer ocupações, há conhecimentos genéricos que são de imensa importância. Saber buscar informações, encaminhar a solução de problemas e trabalhar em grupo são competências indispensáveis. Nada disso é novidade, a diferença é que tais competências ganham proeminência, diante da complexidade da sociedade moderna.

No fundo, a tese aqui defendida é muito simples. É preciso caprichar nas competências de base, quanto mais complexa for a ocupação considerada. O especialista puro é um imbecil, se é que existe.

Com uma base sólida, as carências de conhecimentos específicos são resolvidas *just in time*. Ou seja, quando aparecerem as necessidades, que esteja disponível um bom curso para supri-las. Ou alguém disposto a ensiná-las. E, junto com a experiência profissional, vem o conhecimento tácito, que não está nos livros, mas é essencial.

Precisamos saber cada vez mais assuntos. Porém, não há tempo para estudar tudo! Só faz sentido aprender a 'internet das coisas' após ter uma pista concreta de que, em nosso trabalho, depararemo-nos com ela. O mercado de trabalho nada tem de disciplinado ou previsível.

De fato, as estatísticas de graduados que exercem a profissão escolhida mostram uma tendência clara. Nas sociedades modernas, foi-se a correspondência entre o nome do diploma e o que faz o seu detentor. Portanto, os conhecimentos específicos das tarefas não podem ser previstos. O engenheiro que aterrissa no departamento de controle de qualidade precisa dominar técnicas diferentes do que vai para a boca do alto-forno. Mais adiante, o do controle de qualidade pode ir para o forno. E vice-versa. Diante de tal volatilidade, não dá para se preparar em tudo. A solução é formar gente capaz de mover-se rapidamente de uma ocupação para a próxima. Isso é aprender a aprender. E, de fato, nas ocupações mais desejáveis, é uma previsão segura ter que seguir aprendendo pela vida afora.

Não nos esqueçamos de uma troca real. Quando é mais precária a educação de base, mais a formação profissional é necessária. No extremo oposto, quanto mais bem preparada a pessoa, mais terá competência para aprender sozinho ou com mínima ajuda.

O filho do contador, que vai herdar os clientes do pai, apenas carece conhecer contabilidade. Para a maioria, porém, é turvo o mercado futuro. Sendo assim, é essencial uma boa formação de base, bem digerida e abrangente. Ao se definir melhor o rumo profissional, aí então vêm os estudos específicos.

Nos últimos tempos, as competências socioemocionais ganharam visibilidade. São traços de extrema relevância tanto no desempenho educativo como no profissional.

E as profissões que não existem, como preparar-se para elas? Na verdade, é difícil imaginar uma profissão nova que não seja uma derivação de alguma velha. Soldadores com eletrodo revestido passaram para MIG e MAG, sem traumas. Engenheiros de turbinas hidráulicas se ajustam à energia eólica. O piloto de avião, facilmente, vira piloto de drone. Quem trabalha em informática não faz outra coisa senão ajustar-se a novas linguagens e novos métodos.

Tomemos um exemplo moderno: a exotérica *nutrigenômica* que permitirá oferecer a qualquer pessoa seu mapa genético, para que possa melhor decidir o que não deve comer. Ainda é uma profissão praticamente inexistente. Mas, no fundo, é apenas uma derivação da genética. Um profissional da área pode aprender o necessário. Assim por diante.

Este raciocínio nos leva a propor as mesmas ideias alinhavadas acima, quando lidamos com as misteriosas e evanescentes ocupações que estão por vir. Nada de novo, é preciso uma base sólida nas ocupações mais próximas que irão servir de alicerces para dominar as novas. Este problema não chega a ser preocupante. Mas que se entenda, não faz sentido aprender várias ciências ou várias profissões, ao mesmo tempo; é confusão mental na certa. O que funciona é começar com uma e aprendê-la muito solidamente.

Talvez a grande novidade seja uma competência genérica para mover-se na interdisciplinaridade. Na prática, a interdisciplinaridade tende a se resolver com o praticante de uma ocupação aprendendo os rudimentos da outra ou das outras. E, também, aprendendo a conversar produtivamente com os profissionais das outras. O eletricista troca ideias com o mecânico sobre estratégias para diagnosticar uma vibração percebida. Desmonta-se tudo para examinar cada componente? É possível fazer alguns testes antes? O economista descobre que o status das ocupações tem impacto sobre escolhas individuais. Abre, então, um livro de sociologia. Os exemplos abundam.

Vale a pena examinar o topo da pirâmide científica. Era zoólogo Francis Crick, um dos autores da *Double Helix*, que justificou um prêmio Nobel na Medicina.

Diante do novo, temos que nos aparelhar para o seu domínio. E isso se faz caprichando na solidez inicial da formação. Ao aprender a manejar-se com maestria em uma ocupação, vai rápido o aprendizado de uma outra. Richard F. Burton, celebrado explorador do século XIX, falava mais de 30 línguas. Segundo ele, depois da décima, as outras iam ficando mais fáceis.

O mundo do trabalho está mudando e a velocidade é maior do que no passado. Muita coisa está acontecendo. Mas não parece que o pânico seja uma reação comensurável ou inteligente, diante do que sabemos destas tendências.

Afirma-se que as máquinas engolem empregos, com um apetite voraz. O desaparecimento de ocupações ocorreu, ocorre e ocorrerá. Desemprego catastrófico pela frente? Não sabemos, mas, certamente, é um cenário preocupante.

Sabemos que as ocupações passam a exigir menos destreza manual e mais conhecimentos abstratos e teóricos. E estes requerem mais tempo na escola para serem adquiridos. Por exemplo, marceneiros estão usando programas de CAD (desenho auxiliado por computador) para criar seus móveis. É um desafio, pois se trata de competências diferentes daquelas necessárias para plainar uma tábua cujas fibras são arrevesadas. Marcenaria se aprende na bancada. Os conhecimentos complementares requerem mais tempo nos bancos escolares.

Porém, não parece que sejam novos os problemas de preparação de mão de obra. No geral, quando se domina uma base sólida, as novidades são rapidamente aprendidas. Nada indica que o futuro ofereça desafios diferentes ou mais intransponíveis.

O temor de não saber lidar com uma enxurrada de ocupações que não existem hoje tampouco parece se justificar. O que quer que surja, acaba sendo parente próximo de alguma outra ocupação, para a qual já temos certa tradição de preparar.

Dito isso tudo, cabe um comentário fundamental. O sucesso de tudo que dissemos sobre preparação de mão de obra depende de uma formação inicial sólida. E isso é o que não temos. Em outras palavras, preparar-se para lidar com os novos perfis tecnológicos começa com uma boa educação. Se o alicerce é fraco, as dificuldades serão maiores.

Concluindo: preocupação, sim; insônia, não.

Educação e a Lei: uma convivência espinhosa

Neste grupo de escritos, discutimos as regras de funcionamento das instituições de nível superior. Dentre outros, um tema candente é o poder legal dos diplomas. No nosso caso, um excesso de privilégios para os diplomados traz distorções e ineficiências no mundo econômico, onde irão trabalhar os graduados.

Falamos também dos humores e das preferências das instituições de ensino superior. O que dizer da bandeira revolucionária brandida para o mundo ao redor? Ao mesmo tempo, como explicar o extremo conservadorismo e politização, das portas para dentro? Também discutimos as fórmulas equivocadas de escolher dirigentes.

A universidade: revolucionária para fora e conservadora para dentro

Em países latinos, e o Brasil não é exceção, as universidades podem ter um forte protagonismo na política. No limite, ajudam a derrubar governos e a catalisar revoluções. Porém, intramuros, opõe-se com veemência ao processo de modernização que as aproximaria das universidades mais respeitadas do mundo.

Após a Segunda Guerra, as grandes universidades tiveram um protagonismo político e ideológico, pouco presente na América Latina. Diante de sociedades pouco educadas e passivas, a universidade mostrou sua face pioneira. Movimentaram-se cabeças e corpos em torno de temas candentes. Defenderam-se ideias nobres – e outras nem tanto.

Seu ativismo extramuros agiu como o superego da sociedade, denunciando equívocos e problemas no seu funcionamento. Isso é mais do que bem-vindo. Mas apoiaram também ideias tolas e mesmo atrasadas. As misturas de temas beiram o surreal. Preço do bandejão e clamores pela queda do governo!

Com Fidel Castro, os movimentos saem para as ruas. Afinal, a Revolução foi possível em Cuba. Com a emergência de regimes militares, as confrontações adquirem mais foco. Eram os estudantes, idealistas e de esquerda, lutando contra os militares opressores. Em paralelo à indiferença da sociedade, há uma progressão do conflito. Evolui de gritarias para pancadarias nas ruas.

Nisso tudo, a direita se mantém muito mais silenciosa. É *gauche* ser de direita.

Vale lembrar uma ironia desses movimentos, durante o nosso regime militar. Marx, pregava a luta armada do proletariado contra a burguesia. Foi exatamente isso que aconteceu, mas com sinal trocado. O proletariado eram os soldados e policiais, agindo em nome da lei. Protestavam os universitários de classe alta, alunos das universidades mais elitizadas. Era a burguesia sendo contida pelo proletariado.

Há algo de paradoxal na agressividade de alguns grupos. A esquerda brasileira bradava contra um governo militar diabólico. Mas esse mesmo governo havia, drasticamente, modernizado o país, trazia grande prosperidade e promoveu o crescimento das universidades a um ritmo desconhecido até então. Até as carreiras "perigosas", como sociologia e filosofia, cresceram livremente.

Passados quatro decênios, sobrevive, dentre nós, um marxismo meio obsoleto. Não deixou de ser o "ópio dos intelectuais", denunciado pelo sociólogo francês Raymond Aron. A esquerda, no entanto, envelheceu e tornou-se ranheta. Evaporou-se a agenda positiva de outrora.

É interessante observar uma mudança de centro de gravidade. Na década de 50, eram os alunos que protestavam. Mas, progressivamente, os professores assumem o protagonismo desses movimentos. E mostram a outra fase do ativismo, voltado para dentro, por meio dos seus sindicatos.

É difícil não tachar de idiota a oposição maciça a todas as iniciativas de modernização das universidades públicas. Há uma rejeição automática às regras que são comuns e correntes nas universidades alhures que se destacam pela sua excelência na pesquisa e no ensino. Os quadros administrativos, os sindicatos e as associações docentes são contra avaliar alunos, avaliar professores, o princípio da meritocracia, a flexibilidade e autonomia orçamentária e a proximidade ao setor produtivo. Eficiência e produtividade são palavras satânicas. O fervor revolucionário, pregado para a sociedade, não se materializa portas adentro.

As nossas universidades têm substanciais realizações, incluindo um copioso fluxo de pesquisas. Mas isso está em áspero contraste com o ativismo de uma minoria que pouco se destaca na área acadêmica. Discursando para o mundo, vociferam contra a injustiça, contra o governo, contra a corrupção. Entretanto, na sua face interna, jamais deixa de bloquear as mudanças requeridas para acompanhar as boas práticas das melhores universidades do globo. Em suma, persiste o discurso revolucionário para fora e a reacionária defesa do status quo intramuros.

As barreiras para os pobres em diplomas e ricos em experiência

"Quando me perguntam se frequentei uma escola de cinema, respondo que não, fui ao cinema."
(Quentin Tarantino)

Alguns conhecem um assunto porque aprenderam na universidade. Outros, pela prática. Uma sociedade precisa de gente com ambas as origens. Isso porque não preparamos nas escolas todos os profissionais requeridos. Não obstante, há uma clara tendência a cercear, aos que aprenderam na prática, o acesso a cada vez mais ocupações.

Ilustramos, aqui, as perplexidades desta evolução, comentando um filme muito bem recebido pela crítica. Nele, há uma competição entre um arqueólogo autodidata e um outro, cheio de diplomas.

No filme *A Escavação* (Netflix, 2021), um arqueólogo com vasto pedigree acadêmico é desafiado por um senhor que abandonou escola com 12 anos e aprendeu com o pai a arte de desenterrar arqueologias. Em um filme muito próximo de um caso real, os dois colidem na empreitada de identificar e desenterrar um barco funerário. Com sua intuição, conhecimento técnico e cultura histórica, o modesto Basil Brown enfrenta o sofisticado acadêmico do British Museum.

Tudo começa quando uma senhora desconfia serem sepulturas antigas algumas ondulações nas terras de sua propriedade, em Sutton Hoo. Contrata, então, Basil para a escavação. O valor histórico das peças desenterradas atrai o museu local de Ipswich e o British Museum, ensejando a rivalidade entre Basil e os arqueólogos acadêmicos.

O filme ilustra os diferentes caminhos que levam à competência profissional. Na via acadêmica, frequentam-se cursos. Em seguida, nos programas sérios, passa-se à prática, sob a supervisão de algum pesquisador respeitado.

Já o percurso dos práticos começa e amadurece na experiência. A bagagem teórica tende a ser pouco sistemática, mas não necessariamente menos substancial. Vai sendo adquirida por conta própria, quando isso acontece. No caso, Basil lê copiosamente em vários idiomas, sorvendo conhecimentos de todos os azimutes.

O filme é oportuno, pois, ao longo dos anos, há uma deriva muito clara, aumentando a proporção dos arqueólogos academicamente formados. O escavador de Sutton Hoo, provavelmente, é um dos derradeiros casos em que um arqueólogo autodidata enfrenta com garbo uma vaca sagrada da academia.

Nos dias de hoje, nas áreas tecnológicas, praticamente todos vêm das boas universidades. Mas não era assim no passado. No século XVIII, em Cremona, na Itália, Antonius Stradivari (luthier italiano) tinha que ser prático, pois nada havia além das oficinas.

O caso mais paradigmático é a Revolução Industrial inglesa. A maior transformação da história (rivalizando com a sedentarização do homem) foi, exclusivamente, feita por mecânicos práticos. A contribuição da ciência, se havia, era aproveitada por eles, pois sabiam ler e escrever. Porém, os cientistas não se metiam no lado utilitário dos seus assuntos. E a burguesia e a elite nada sabiam de tecnologia, velha ou nova.

Qualquer balconista de loja de ferragens sabe o que é um parafuso de um quarto com rosca Whitworth. Mas ele não saberá que este é o nome de um mecânico de Manchester que aperfeiçoou e padronizou roscas de parafusos. E assim tantos outros, inclusive H. Royce, um mecânico que se associou a C. Rolls para construir automóveis.

Se hoje os Basil Browns escasseiam, na Revolução Industrial, nada que servisse para o avanço profissional se aprendia na escola. Era a prática de bancada, a imaginação e a capacidade de capitalizar no conhecimento existente em outras cabeças e no que havia ido parar no papel.

O entorno desses mecânicos inventivos permitia e estimulava essas proezas. Eram bem alfabetizados e podiam ler as revistas científicas. Havia bibliotecas adequadas. Podiam se corresponder com os cientistas e com os colegas. A lei de patentes alimentava o sonho de enriquecer, se tivessem uma boa ideia. O caldo de cultura para a inovação estava bem entranhado na sociedade.

O que isso tudo tem a ver com o Brasil? Mal temos arqueólogos, ainda menos, formados na prática. Todavia, um engenheiro civil e um bom mestre de obras, praticamente, equivalem-se, apesar da diferença de trajetórias. E o caminho da prática aqui ainda é essencial, pois vivemos em um país onde as alternativas escolares são escassas. Pior, prevalece uma legislação que destorceu e encolheu a formação de aprendizes no contato com mestres. Faz todo o sentido, em paralelo ao desenvolvimento de escolas profissionais, garantir aos práticos as condições para que aprendam mais e melhor na prática. Assim, podem ser mais produtivos no trabalho.

Infelizmente, falta, também, o que a sociedade inglesa já oferecia a todos no século XIX: domínio da leitura, bons livros, acesso à informação e por aí afora. A formação do nosso mestre de obras é atrofiada, por viver em um mundo aonde não chegou o hábito de ler sobre os assuntos que enriquecem o seu repertório. Mais grave, o PISA mostra que não entenderiam o que está escrito e mal sabem calcular.

A maior parte do que sabemos foi aprendida após sair da escola – em todos os níveis. É aquele aprendizado que vem junto com a ação. Por assim dizer, é um subproduto dela. Mas é fatalmente determinado pelas ferramentas intelectuais antes adquiridas na escola.

Dito de outra forma, na escola, adquirem-se as ferramentas para aprender ao longo da vida. Não é surpresa ser a trajetória profissional fortemente condicionada pela solidez da bagagem intelectual nela adquirida. Não bastava a experiência prática de Basil Brown para se ombrear ao cientista do British Museum. Tinha também que haver adquirido a competência para ler e entender os livros da profissão. Quantos pedreiros no Brasil já leram livros sobre o assunto ao qual dedicaram sua vida profissional?

Está mal uma sociedade em que nem se ensinam direito as profissões e nem se instrumentam as pessoas para que possam, ao longo da vida, aprendê-las por iniciativa própria.

E, dado o vezo de criar reservas de mercado para os diplomas, corre-se sempre o risco de alijar do mundo produtivo os que sabem, mas não têm as credenciais exigidas. O mesmo acontece com a docência, onde os que sabem vão perdendo o direito de ensinar, em benefício dos mestres e doutores, que aprenderam nos livros, mas nunca fizeram – e, portanto, não sabem fazer.

Reserva de mercado para mestres e doutores?

"É preciso um engenheiro para empreender o treinamento de um engenheiro. E não, como costuma acontecer, um engenheiro teórico, hábil no quadro negro com suas fórmulas matemáticas, mas de total inutilidade no que diz respeito à produção."
(Rev. E. B. Evans)

O bom senso indica que as leis devem ser feitas para melhorar o funcionamento da sociedade. Contudo, podem atrapalhar. Isso acontece com exigências descabidas dos diplomas de mestrado e doutorado em um número crescente de posições. Esse é particularmente o caso dentro da máquina governamental.

O empresário brasileiro J. Gerdau poderia ser diretor de uma Escola Técnica Federal de metalurgia? Afinal, ele entende disso. Amaro Lanari Jr, notável presidente da FIAT e da Usiminas, poderia dirigir a escola técnica de metalurgia de Ouro Preto? Rubens Menin, o poderoso líder da construção, poderia ensinar em um curso de Engenharia Civil de uma Universidade Federal? O publicitário Washington Olivetto, no auge de sua carreira, poderia ser aceito como professor da USP? O professor universitário Rafael Lucchesi, comandando 738 escolas do SENAI, estaria autorizado a dirigir uma escola técnica federal? E o economista Jorge Paulo Lemann, graduado de Harvard, poderia ensinar Administração?

Pelé professor de futebol em um curso federal de Educação Física? Afinal, sabia jogar e foi Ministro dos Esportes. E Bernardinho, ensinando vôlei?

Jacques Klein, o maior pianista brasileiro de sua geração, seria aceito como professor em uma universidade federal?

A todas essas perguntas a resposta é um retumbante **NÃO**! A legislação do MEC exige doutorado para dirigir uma escola técnica federal. E as universidades federais exigem, pelo menos, Especialização para ser professor.

Isso gera situações pitorescas. O compositor e musicólogo brasileiro Bruno Kieffer dirigiu o Departamento de Música da UFRGS, apenas porque tinha um doutorado, embora fosse em Matemática. Era professor na Universidade de Brasília (UnB) Claudio Santoro, um dos mais destacados compositores de música contemporânea. Tinha uma posição mais modesta que um colega, cuja tese de Ph.D versava sobre a obra de Claudio Santoro.

E o caso de um estudante de Física da Universidade Federal do Rio de Janeiro (UFRJ) tão genial que foi mandado para o MIT, no meio da graduação? Lá, saltou direto para o doutoramento. Ao completá-lo, pleiteou uma posição na mesma UFRJ. Foi-lhe negado o pedido, pois não tinha diploma de graduação.

A Universidade Positivo tinha que escolher um professor para o seu Tecnólogo de Manutenção. Um candidato era o chefe da manutenção da Volkswagen. O outro, um jovem mestrinho, jejuno de experiência. Se escolhesse o primeiro, a avaliação do Positivo no MEC cairia, pois seria um mestre a menos, dentre seus professores.

São todos casos em que a legislação é claramente nociva aos interesses da sociedade. Por que esta aberração? Vejamos como tais assuntos são tratados em países bem-sucedidos.

Quando estudava em Berkeley, alguém apontou para um barbudo de aparência algo rústica: Lá vai Eric Hoffer, estivador e Pesquisador Associado da Universidade.

Quando Joichi Ito virou Diretor do Media Lab do MIT, apenas tinha diploma de High School. Seu doutoramento foi realizado após deixar esta posição.

Uma jovem arquiteta brasileira, com seu mestrado da Johns Hopkins, dois prêmios nacionais e um internacional, candidatou-se a uma posição docente em uma faculdade privada de Belo Horizonte. Foi rejeitada, pois seu mestrado não foi revalidado (embora a lei apenas exija graduação). Hoje, ensina arquitetura na Universidade da Califórnia, em Berkeley.

O Conselho de Economia ia prestar uma homenagem ao ex-ministro da Fazenda Pedro Malan, mas voltou atrás, quando descobriu que, apesar do Ph.D em Economia, sua graduação era em Engenharia. Veja-se o contraste com o comitê do Prêmio Nobel. James Watson ganhou o de Medicina, sendo um zoólogo. Ganhou também o de Medicina um estatístico. E na Economia, três já foram para psicólogos.

Para começar, temos um vício atávico, a "síndrome do não pode". Atrapalhar parece gerar um prazer recôndito nas "autoridades". Há também o *lobby* dos Ph.Ds. Se ralaram para conseguir os seus, que os outros sofram outro tanto. E óbvio, é mais doce a vida com reserva de mercado.

Exigir diplomas pode fazer sentido. Quando foi estruturada a nossa pós-graduação, havia que criar incentivos para o tremendo esforço de um doutoramento. E isso teve um impacto fortemente positivo. Porém, o erro foi ignorar as diferenças entre as áreas científicas e aquelas profissionais ou de serviços. Entre outras, isso gerou as burrices citadas acima.

Qual a essência do trabalho na profissão? Físico pesquisa e publica *papers*, como fazia Einstein. O mesmo com matemáticos e biólogos. Mas advogados, engenheiros, administradores e enfermeiras? O cerne do seu trabalho é a prática profissional e não publicar ensaios nefelibatas. Sendo assim, a busca deve ser pela excelência do seu desempenho no cerne do ofício, qualquer que seja.

As disciplinas, dentro de cada curso, também têm perfis distintos. Nas científicas, a formação acadêmica é mais relevante. Nas aplicadas, a experiência na profissão é fundamental (o que não dispensa uma sólida formação de base). A legislação ignora essas diferenças. Conta o diploma, e nada mais.

O que interessaria no currículo de Bruno Kieffer são seus livros de musicologia, não o intitulado *Derivadas Parciais de Primeira Ordem*.

Reclamaram da falta de doutores, dois visitadores no recredenciamento de um curso de Direito. Durante a reunião, ponderou um velhinho: "Pois é, na minha época não havia tais programas, depois preferi fazer concurso para o Ministério Público. Mais adiante, pensei no doutoramento, mas preferi virar Desembargador. Nesse período, escrevi os livros que vocês tiveram que ler no mestrado.".

O país perde enormemente por criar reservas de mercado para mestres e doutores, sem abrir espaço para quem tem a mesma ou mais competência, apesar de não ter esses diplomas.

A dinastia dos Ph.Ds e os mestrados profissionais

A própria origem das palavras já sugere: mestrado é para as profissões e doutorado para as áreas acadêmicas, como ciências e humanidades. Não obstante, por um acidente histórico, terminamos com um mestrado acadêmico, uma aberração. E o que é pior, a pressão política dos doutores impede que seja criado um verdadeiro mestrado profissional.

Desde sempre e de formas muito variadas, aprendemos uns com os outros. Apenas na Idade Média Tardia estruturaram-se e consolidaram-se os dois grandes modelos de ensino. Tudo o que veio depois é filhote deles.

Nas igrejas, respondendo ao adensamento dos conhecimentos abstratos, criam-se as universidades medievais, para transmitir de forma organizada as ideias e os temas da teologia e da filosofia. Os doutos graduados ganham o título de doutor.

Do outro lado da cerca, cada profissão da época se estrutura em uma guilda ou corporação. Pedreiros, carpinteiros e ourives, cada um tem a sua. A guilda confia seus aprendizes a mestres plenamente qualificados. Ao cabo de sete anos, apresentando um exemplo de obra da sua profissão, o aprendiz se gradua. Com mais experiência, pode virar mestre de alguma "arte" (palavra originalmente ligada ao "fazer" e não à pintura ou música). Ou seja, vira Mestre de Ofício (pode ser de obras, ferreiro ou Maitre D'Hotel).

Curiosamente, até as liturgias sobrevivem. Com efeito, as becas de formatura medievais resistiram a todas as revoluções da moda. E, na Europa, ainda sobrevivem trajes festivos, correspondentes às profissões manuais qualificadas.

Voltemos ao presente e fixemo-nos nos Estados Unidos, cujo sistema de pós-graduação moldou todos os outros – em décadas recentes, até a Europa convergiu para ele.

As universidades preservaram algo de suas origens. Os que chegam aos píncaros do conhecimento são doutores. Na tradição anglo-americana, são Philosophy Doctors, ou Ph.Ds, para o vulgo. Seu título reflete a natureza filosófica ou científica do conhecimento adquirido. Não podemos nos esquecer, a ciência era incluída no campo da Filosofia Natural. Daí a palavra no título.

Quando a universidade começa a lidar com assuntos práticos, ou seja, as profissões, seus novos títulos refletem o fazer. São os Master of Arts, indicando a natureza aplicada do que se ensina.

Fiel à etimologia, os doutorados, ou Ph.Ds, são oferecidos nas Humanidades e Ciências. E os mestrados (Masters of Arts), na Engenharia, Administração, Medicina e em outras áreas aplicadas. Sendo assim, um mestrado em Física seria uma contradição semântica, pois se trata de uma ciência, e não de uma arte.

Deixemos este ar rarefeito, aterrissando nas plagas tupiniquins. Lá pelos anos 50, praticamente, nem tínhamos pesquisadores e nem bons professores para as nossas universidades públicas. Cria-se, então, uma "Campanha para a Preparação de Pessoal de Ensino Superior" (ou seja, a nossa conhecida CAPES).

E desenha-se, também, o marco legal para estruturar os programas de mestrado e doutoramento. Felizmente, opta-se pelos modelos americanos. Os europeus eram estupendos, enquanto havia poucos alunos. Doutorandos de Oxford eram convidados para tomar chá (às cinco, naturalmente), com seus orientadores. Porém, com a gigantesca expansão da matrícula, os processos americanos, mais "industriais", revelaram-se melhores.

Em grande medida, foi uma das iniciativas mais bem sucedidas na educação brasileira. Algumas décadas depois, nos tornamos o 13º país que mais publica nos periódicos de primeira linha.

Logo ao início, tomamos uma decisão ditada pela prudência. Até que amadurecessem os doutoramentos, decidiu-se que seriam inicialmente apelidados de mestrados, apesar de a maioria ser na área científica – um pecado semântico. Contudo, ocorre um acidente de percurso. Por razões que desconheço, foram adiante criados os verdadeiros doutoramentos, mas os mestrados continuaram, impávidos! Não desapareceram como planejado. Obviamente, isso alonga muito a formação, mas esse é outro assunto.

Como as regras dos mestrados eram as de um doutoramento, que deveria ser seu novo nome, foram concebidas para as ciências e humanidades. Nelas, escrever e publicar são os produtos nobres. É assim que avança o conhecimento.

Mas, quando aparecem os mestrados nas áreas profissionais, à força, eles são submetidos aos critérios das ciências e não àqueles da sua essência que é a aplicação. Isso trouxe uma horrenda distorção em todos os mestrados, necessariamente, em áreas aplicadas. Ou seja, foram obrigados a entrar na camisa de força da ciência.

Com o passar do tempo, cresce mais a demanda para as profissões e não para a docência. É normal, pois o ensino não consegue absorver os números consideráveis de formandos na nossa pós-graduação *stricto sensu*.

Pateticamente, foram criados "mestrados profissionais", com o objetivo de contornar o pecado original. São absurdos, até na redundância do nome, pois "mestrado" já sugere que são profissionais. Suas regras são quase as dos doutorados acadêmicos: exigência de professores doutores de tempo integral, zero valorização da experiência prática, intermináveis trabalhos escritos (inexistentes nos mestrados americanos), e por aí vai. Passam-se os anos e nada avança.

Parece haver uma retranca intransponível. CAPES e CNPq tornaram-se casamatas dos milhares de Ph.Ds que lá trabalham ou servem como poderosos consultores. Parece haver uma "dinastia" de Ph.Ds, entrincheirada nos comitês da CAPES e travando os avanços. Pode-se mesmo fazer a conjectura de que, sendo quase todos professores de universidades públicas, temem que, ao se permitir um verdadeiro mestrado, o setor privado engolirá os públicos, dada a sua maior agressividade e flexibilidade.

A melhor solução encontrada foi montar um mestrado como deve ser e, então, traduzir seu nome para o inglês. Como um Master em Business Administration (MBA) não existe perante a lei brasileira, escapa ileso. E não faltam alunos. Suprema ironia, o diploma mais apropriado para o desempenho profissional não tem qualquer validade legal.

"Pós-doutor", um invento brasileiro

Não poucos se vangloriam de serem "pós-doutores". O probleminha é que esse título não existe. Em nenhum lugar do mundo, há diplomas de pós-doutor. Trata-se, apenas, de um estágio, realizado em alguma universidade, sem qualquer controle ou critério. Nada impede que seja útil. Mas inexistem mecanismos para assegurar que não é turismo ou uma total perda de tempo.

No campo da educação, os inventos brasileiros são poucos. No entanto, pipocou um novo. Já havia percebido, mas avivou-me a memória um blog do sociólogo brasileiro Simon Schwartzman: inventamos o Pós-Doutor!

Em todas as sociedades, em algumas mais do que outras, há palavras ou letrinhas mágicas que se acoplam ao nome de certas pessoas. No Império, alguns eram premiados com o título de barão, conde ou visconde. Mais adiante, o título de coronel era oficialmente atribuído a potentados locais, com diploma e tudo – ou podia ser apropriado com impunidade. O Vaticano sempre praticou o comércio de ungir comendadores, a bom dinheiro.

Quando um título universitário era uma prenda rara, ser "doutor" separava os escolhidos da plebe. Os anéis, um para cada profissão, identificavam os seus envaidecidos portadores. Durante o curso, antes da assinatura de cartas, convinha apor a expressão "saudações universitárias". Até hoje, há prisão especial para os heróis da pátria que conseguiram vencer a barreira do diploma, mas colidiram com as leis.

Porém, inflou-se o número de diplomados, era inevitável. E pela lei da oferta e da procura, "doutor" deixou de ser grande coisa. Providencialmente, aparecem os cursos de mestrado, criando um degrau acima para diferenciar do povaréu os seus possuidores. Mas a palavra tem fragilidades. Qualquer mestre-escola é chamado de mestre. E havia mestres ferradores, instalando ferraduras em muares.

Viva! Aparece um novo título, o Ph.D! É o verdadeiro doutor, com tese defendida diante da namorada, da mulher ou até dos netos. Recupera-se, assim, a superioridade, nos píncaros nobiliárquicos da vida acadêmica. É até possível comprar baratinho um desses diplomas, em países vizinhos. Mas não é fácil escapar ileso desta falcatrua, pois o território é bem defendido pelas autoridades do MEC.

Até aqui, nada de novo, pois quase todos querem ser um pouquinho mais do que o próximo. Tampouco é algo tão errado. Aliás, um Ph.D só faz enriquecer intelectualmente o proprietário. E como atesta quem vos escreve, obter um doutorado em uma universidade de primeira linha é um processo longo, penoso e merecedor de algum reconhecimento.

Mas acontece que os Ph.Ds se autorreproduzem. Mais se formam, mais professores disponíveis para os novos programas de doutoramento que pipocam por aí. A cada ano, produzimos mais de 20 mil doutores. Esta inflação é ótima para o país, mas uma catástrofe para os previamente glorificados por tal diploma.

Era preciso providenciar um novo patamar de status. Entra em cena a criatividade brasileira: cria-se o Pós-Doutor.

Mas acontece que o tal Pós-Doutor é um título vazio ou inexistente, pois não há cursos de pós-doutoramento, nem critérios para serem obtidos e nem os diplomas correspondentes. Na prática, se autointitulam "pós-doutores" aqueles que passaram alguns meses em uma universidade no exterior.

Dado o isolamento acadêmico do Brasil, nada mais bem-vindo do que arejar nossos professores com um período no exterior. Mas como há milhares de universidades, das esplêndidas às vergonhosas, só Deus sabe por onde andaram e o que realizaram os tais pós-doutores.

Um ano trabalhando em uma pesquisa conjunta com um pesquisador de boa cepa é um uso irreprochável dos recursos da CAPES. Mas acontece que não há qualquer filtro para conseguir uma salinha em alguma universidade e lá passar algum tempo. Quando se oferecia computador e telefone, ainda havia algum custo para a instituição. Mas hoje, para a universidade hospedeira, custa pouco mais do que a sala, e a carteirinha para usar biblioteca não custa nada.

Alguns são convidados para ministrar seminários ou cursos. Há os que fazem pesquisa e interagem com colegas locais. Alguns assistem aulas como ouvintes, não é má ideia. Outros passeiam pelo campus ou fazem turismo. Ninguém fica sabendo o que aconteceu. Inexiste o prêmio de ser aceito por uma boa universidade, pois, como elas não oferecem notas, diplomas ou mesmo certificados, aceitam alegremente quase todos que aparecem. Afinal, não se documenta qualquer desempenho, bom ou ruim, que possa comprometer a instituição. É fácil tornar-se um "visiting scholar", mesmo em universidades de primeira linha. Vem sendo até um prêmio de consolação para autoridades destronadas. Pelo menos, espera-se que aprendam inglês ou francês.

Pode ser uma esplêndida ideia passar um ano em uma boa universidade estrangeira. Documentar como o tempo foi dispendido contribui para o currículo. Mas o título de Pós-Doutor é pura invencionice brasileira. Simplesmente, não existe.

Democracia Representativa e a universidade pública

À primeira vista, a escolha dos dirigentes por professores, alunos e funcionários pareceria uma solução democrática. Mas isso é um equívoco, pois a universidade pertence à sociedade e é financiada por ela. E tais grupos não são legítimos para representá-la nessa escolha, além de serem grupos com agendas potencialmente conflitantes com o interesse social. Em uma Democracia Representativa, elege-se o Executivo. E os escolhidos delegam aos seus ministros o poder de indicar os dirigentes das instituições públicas, incluindo as universidades. Sendo assim, a eleição de reitores não é democrática.

Próximo de nós está um exemplo de democracia direta: os donos dos apartamentos escolhem o síndico do prédio, por votação. Ótima fórmula.

Mas não é viável eleger por voto direto as milhares de autoridades que vão mandar no país, do administrador dos esgotos ao chefe dos bombeiros. Ainda menos, cabe ao cidadão meter-se nas decisões do cotidiano da máquina administrativa.

Daí ser inevitável a Democracia Representativa: nela escolhe-se, pelo voto, o Grande Cacique e confia-se nele para escolher seus prepostos que, por sua vez, administram a máquina pública. Apesar das falhas, não se encontrou fórmula melhor – exceto naquelas pequenas comunidades suíças em que os eleitores cabem na cervejaria local.

As universidades públicas pertencem à sociedade e são financiadas pelos contribuintes. Porém, não é possível mobilizar, a cada quatro anos, 100 milhões de eleitores para eleger 100 reitores. Diante disso, os países adotam as regras da Democracia Representativa. O governante é escolhido pelo povo e escolhe o reitor. Na prática, pode errar, mas o princípio é o menos ruim. Nos Estados Unidos, os governos estaduais delegam a escolha do Presidente das suas universidades a um conselho de notáveis, próximos a ela, mas sem interesses diretos.

E vale sempre o princípio da assimetria de conhecimentos. Uns estão lá porque não sabem, são os alunos. E os que sabem mais, mandam mais. São os administradores e professores. É o reinado supremo da meritocracia.

Para limitar o poder dos dirigentes, deve haver *checks and balances,* justificando os conselhos e outros corpos colegiados. De resto, mandar não é deixar de ouvir alunos, professores e funcionários, através de diálogos produtivos. Mas decidir é responsabilidade com endereço único.

Segundo H. Rosovsky (Ex-Decano de Harvard), deve mandar quem ainda estará lá, para conviver com as consequências das suas decisões. Sendo assim, poder maior aos mais longevos. Estudantes ficam de fora, pois se vão em quatro anos.

Esses princípios colidem com o sistema de eleição pelo corpo docente – que não representa senão os interesses da classe. Seria, mais ou menos, como eleger o Presidente da República apenas com os votos dos funcionários públicos.

A lista tríplice ameniza o equívoco? Na prática, não, pois já irromperam greves quando não foi escolhido o primeiro da lista. Ou seja, vozes internas não aceitam a soberania e a legitimidade do Estado, representando a sociedade. Conceder o poder para sindicatos e professores é alijar do processo decisório as forças vivas da sociedade. Não deveria o setor produtivo, a sociedade civil e os pais estarem solidamente representados?

Mutila a democracia entregar aos professores a governança da universidade, por meio do seu voto. É presentear uma instituição pública a um grupo de interesses, com uma agenda que, não necessariamente, coincide com a da sociedade. Por exemplo, nada vai acontecer com professores inadequados se o reitor é eleito por eles. E como fechar os cursos que perderam o sentido? Os professores que não deram certo não deveriam partir?

Uma consequência nefasta do nosso sistema é o emaranhado de compromissos de campanha, incluindo a nomeação futura de correligionários ou visando uma composição política. E a partidarização é cada vez mais pronunciada. Nas conversas de corredor, fica patente que o peso das ideias vale menos do que ser aliado.

Por que será que não há universidades de primeira linha cujo processo de escolha seja semelhante ao brasileiro? A Suécia tentou, mas, rapidamente, voltou atrás. Antes de perder mais tempo com discussões inúteis, que seja respondida essa pergunta.

Tropeços nas universidades federais: culpa de Brasília?

No embalo de criar umas tantas universidades de pesquisa, terminamos postulando que todo o ensino superior seguisse esse modelo. Uma rematada tolice. De fato, com as leis do MEC ou sem elas, na prática, o ensino superior é cada vez mais diversificado. Por isso, requer um marco regulatório muito mais diferenciado e flexível. O que temos é confuso e distanciado do mundo real. Tal como nesse descompasso, muito do que anda mal nas universidades federais resulta de cacoetes ou equívocos embutidos nas regras e legislações concebidas em Brasília.

A universidade pública tem de tudo. Muitos professores são abnegados e dedicados, preparando belas aulas e conduzindo pesquisas relevantes. Aparecem reitores ilustres e dedicados. Nossa pós-graduação é amplamente superior à de todo Hemisfério. Mas o lado podre existe e traz danos ao seu funcionamento e, *ipso facto*, à sua imagem. Pior, acaba punindo quem se comporta exemplarmente.

O tema deste ensaio é que foram paridos em Brasília muitos dos enguiços das universidades federais. Resultam de concepções, regras e marco regulatório infelizes ou perversos. E não parece haver clima para desanuviar esse pesadelo jurídico.

Nos Estados Unidos, dentre as 5 mil e tantas instituições de ensino superior, há próximo de mil instituições chamadas de universidades. Delas, apenas 131 são verdadeiramente de pesquisa. Se a mesma proporção valesse para o Brasil, seriam apenas dez federais de pesquisa. De fato, metade das nossas publicações se concentram nelas.

Sobrevive na cabeça de muitos o falso discurso da indissociabilidade do ensino e da pesquisa, ainda que, na maioria das instituições, a pesquisa seja quase nada. Nas verdadeiras universidades de pesquisa, há uma certa ambiguidade nas cobranças: ensino ou pesquisa? Mas quando, praticamente, não há pesquisa, cobrar qualidade nas aulas é essencial. Infelizmente, isso não acontece.

Resultado? Tirante um punhado de boas instituições, custo/aluno de universidades europeias e resultados de vira-latas terceiro mundistas.

Na média, os custos aluno/ano equivalem às das universidades europeias (37 mil reais). Mas pouquíssimas constam nas listas das mais destacadas do mundo. Diante desse quadro, o que faz o MEC? Rigorosamente, nada. Nem é assunto das agendas.

Dos professores, 88% têm contratos de 40 horas. Deste grupo, 4,5 mil atuam na pesquisa, enquanto 8,8 mil apenas ensinam. Portanto, os números denunciam, são duas vezes mais numerosos os que não fazem pesquisa. Mas ganham para isso, pois estão em tempo integral.

Admitamos que, entre aulas e atividades correlatas, gastem-se 20 horas semanais. Mas quem não pesquisa, como usa as 20 horas restantes?

Com que lógica Brasília dá mais fundos para umas universidades do que para outras? Das dez mais caras, apenas quatro estão entre as entre as melhores.

Alguém me contou: o seu departamento tem duas funcionárias para servir o café. Uma estatutária e uma celetista. Somente a segunda se digna a cuidar do café. E assim vai.

Os pesquisadores operam, não necessariamente com poucos fundos, mas com regras malditas. Comprar um reagente é uma epopeia de vários meses. As fundações, salvadoras, são execradas pela esquerda.

Os orçamentos de pessoal são feitos em Brasília e inflexíveis. Se, com grande sacrifício, o Reitor logra afastar um péssimo professor, a economia resultante não pode ser usada nem pelo departamento e nem pela universidade. Portanto, não há incentivos para escoimar os improdutivos.

Reitores e chefes de departamento não têm mecanismos eficazes para punir os recalcitrantes ou premiar os mais destacados. Note-se, até, no botequim da esquina, há prêmios e punições para os funcionários.

As disciplinas profissionalizantes podem ser mais bem atendidas por quem exerce a profissão, qualquer que sejam seus diplomas. Mas os doutos do MEC decidiram que não é assim. Pela regra, quanto maior o grau de atravancamento com mestres e doutores, mais elevada a avaliação da Universidade. E, com grande frequência, esses diplomadíssimos carecem de experiência profissional.

No mundo, não há uma só universidade de primeira linha onde os reitores sejam escolhidos por votação, como ocorre no Brasil. Ainda mais bizarro, votam alunos e funcionários.

Em contraste, os sindicatos, eleitos por uma fração ínfima dos professores, mandam mais do que os reitores. Como havia escrito no passado, reitor é jóquei de dinossauro. Empunhando seu chicotinho, assume a pose de quem comanda o paquiderme. Vã pretensão. Aliás, não discordou um amigo, reitor de federal que havia lido o artigo.

Não há por que perdoar os pecados dos dirigentes locais. Cometem muitos, inclusive, preferir o conforto de não manejar o seu próprio orçamento, evitando, dessa forma, ter que assumir decisões penosas. É sempre mais fácil dizer que a culpa é de Brasília.

A universidade federal tem suas fraquezas. Não obstante, é espantoso o prejuízo causado por regras, políticas educativas e mitos, gerados e perpetuados em Brasília. Lá está a fonte de muitos males. Portanto, o seu conserto começa no Planalto.

Políticas de equidade no ensino superior?[2]

A presente seção trata dos temas de equidade no ensino superior brasileiro. É um assunto controvertido e colorido por ideologias e interesses espúrios. Examinamos o PROUNI, o FIES e as cotas. Apesar de alguns equívocos, os resultados se revelaram positivos.

2 O autor agradece os comentários de Ana Maria Rezende Pinto, Simon Schwartzman e Cândido Gomes que, obviamente, não são responsáveis pelo texto aqui apresentado.

A estonteante complexidade das transações econômicas em uma sociedade moderna não teria êxito sem os mecanismos de mercado. Não obstante, esses têm as suas falhas, algumas graves. Em alguns casos, permitem distorções, como monopólios e abusos do poder econômico. São casos de mau uso e têm seus remédios. Em outras situações, o mercado funciona, porém os resultados discrepam de princípios éticos que gostaríamos de respeitar.

Vejamos uma situação clássica. Cada um tem o seu poder de compra que lhe permite pagar por algo. Esta é uma situação que se repete, seja com educação, iates ou um mero prato de comida. Neste caso, não podemos acusar o mercado de qualquer vício. Quem pode e quer comprar, compra. É assim que funciona e não admite aperfeiçoamentos, mas podem gerar situações eticamente indesejáveis.

Na educação, acredita-se que vale a pena criar políticas que compensem algumas das desvantagens econômicas dos mais pobres. Mesmo quando o ensino é totalmente gratuito, há gastos de manutenção que podem estar além do alcance de muitos. Essa é a justificativa para as políticas de equidade ou ação afirmativa. De fato, tais intervenções se justificariam, por duas razões: (i) A educação traz benefícios para a sociedade, além dos que aufere o próprio aluno. (ii) E reduz a distância entre pobres e ricos, uma causa moralmente justificável.

Por essas razões, pensamos que uma sociedade justa deve apoiar aqueles cujo poder econômico é insuficiente para estudar. No caso mais evidente, a educação inicial gratuita é uma solução universal, mesmo nos países mais adeptos de uma economia de mercado.

No nível superior, para lidar com a desigualdade, o Brasil tem três grandes programas, o PROUNI, o FIES e as cotas, cada um com suas características, méritos e limitações.

O PROUNI atende a alunos de baixa renda. São ofertadas próximo de 300 mil bolsas integrais e 100 mil parciais. O programa é uma forma bastante criativa de prover subsídios. Na sua mecânica, as faculdades privadas abatem dos impostos devidos o valor da mensalidade do aluno admitido. Para ele, isso equivale à gratuidade. Como exige-se ultrapassar certo nível de rendimento no ENEM, são uma boa combinação entre equidade e eficiência. Ou seja, não são para subsidiar qualquer um a quem, falte meios, mas apenas àqueles atingindo certos patamares de desempenho. Sendo assim, é um programa com um efeito progressivo, pois financia os mais pobres que chegam ao superior. Ao mesmo tempo, revela-se eficiente, por escolher alunos mais bem preparados e com mais chances de sucesso. Sua implementação tem alguns percalços, mas funciona.

O FIES é a outro caminho para apoiar alunos pobres. É a versão brasileira do crédito educativo, existente em inúmeros países, cada um com regras ligeiramente diferentes. Se forem empréstimos com juros de mercado, ainda assim, podem facilitar a vida de quem deseja cursar uma faculdade. Nesses casos, é difícil ser contra, pois é um crédito como outro qualquer. No Brasil, existem vários desse tipo, apoiados por bancos comerciais. É como tomar dinheiro emprestado para comprar um carro.

No entanto, o FIES tem características que merecem discussão. Em primeiro lugar, como os juros são muito subsidiados, devemos perguntar que grau de prioridade se deve atribuir a uma transferência a quem já está bem acima da linha de pobreza. Em segundo lugar, o FIES não tinha quaisquer filtros de aptidão acadêmica. Sendo assim, durante um período, foi levado a recrutar alunos sem o perfil para cursar com sucesso um programa de nível superior. Hoje, exige-se um ENEM de 450, uma saudável mudança. Em terceiro lugar, os mecanismos para assegurar o pagamento das dívidas se revelaram mais do que frágeis. A inadimplência é gigantesca. De fato, o FIES tem vulnerabilidades sérias na amortização da dívida.

Na história dos programas de crédito educativo no mundo, a amortização do empréstimo é o seu calcanhar de Aquiles. Observa-se uma tendência geral de dar pouca atenção a isso. Nos Estados Unidos, essa dívida, com frequência impagável, é um pesadelo para o governo federal.

No nosso caso, a inadimplência acaba também virando um pesadelo administrativo. A dívida dos atrasos acumulados já atinge 11 bilhões de reais. De fato, 54% dos mutuários estão atrasados nos seus pagamentos, por mais de três meses. Para padrões bancários usuais, é um quadro desolador. Algumas mudanças estão sendo introduzidas, mas é cedo para avaliá-las.

Em 2016, o FIES oferecia 180 mil bolsas alunos. Em 2014, eram 732 mil. Em 2022, o número cai para 100 mil. Não faz o mais remoto sentido essa flutuação errática. Mas vale notar que esses números são muito modestos, diante dos 8 milhões de estudantes do superior.

A se considerar, as taxas de juro de 6,5% ao ano estão bem abaixo daquelas do mercado. Ou seja, há um substancial subsídio para os mutuários.

Vale a pena refletir sobre o impacto dos dois programas, diante do quadro do ensino superior brasileiro. O confronto com as universidades públicas não pode ser ignorado, se pensamos em políticas redistributivas. Consideremos a elevada proporção de alunos de classe média e alta, sobretudo, nos cursos de mais difícil acesso. Sendo um ensino gratuito, configura-se um gasto altamente regressivo. Com efeito, além de gratuitos, os cursos são caríssimos – na média, quatro vezes mais caros que os privados, cobertos pelo FIES e pelo PROUNI.

Se discutimos equidade, não podemos ignorar que, ao não cobrar, as universidades públicas oferecem um polpudo subsídio a uma vasta proporção de alunos que poderiam pagar. Ou seja, são subsídios altamente regressivos. Cada universitário de classe média ou alta recebe um subsídio que, mais ou menos, equivale a manter quatro alunos no PROUNI. Do ponto de vista de equidade, é um gasto mais do que justificável.

Há, porém, o outro lado da equação. Hoje, no Brasil, a matrícula bruta no superior anda por volta de 25%. Cerca de 13% da população de 25 anos têm diploma superior. Mas devemos considerar que o contingente frequentando faculdades com mais idade é muito grande. Ou seja, breve teremos uma força de trabalho com nível superior tão amplo quanto é necessário para o bom funcionamento da economia.

Portanto, é questionável se devemos comprometer, no ensino superior, à guisa de políticas de equidade, recursos vultuosos que poderiam ser usados para melhorar a situação em níveis escolares mais baixos. Afinal, ensino superior não é direito no Brasil ou em qualquer outro lugar.

Em última análise, temos gastos progressivos que são o PROUNI e o FIES. Somando os dois, não atingem meio milhão de alunos. E temos os subsídios regressivos criados pela universidade federal gratuita e frequentada por um vasto contingente de alunos cuja renda familiar é bastante elevada.

Um milhão de alunos está matriculado nas federais. Se considerarmos que 57% são das classes A e B, temos quase 600 mil alunos capazes de financiar seus estudos – pelo menos, em parte. Ou seja, há nelas mais alunos das classes A e B do que beneficiados pelo FIES e PROUNI. Como cada aluno de federal custa quatro vezes mais do que recebem de apoio os beneficiados dos dois programas, os ricos recebem mais subsídios que os mais pobres.

Em conclusão, discretamente, os subsídios são mais fartamente concedidos para as camadas da sociedade que menos precisam. Nosso ensino superior público, subsidia o rico muito mais do que o pobre. Do ponto de vista de equidade, é o pior dos mundos. Diante disso, fica difícil ser contra o PROUNI. Já o FIES, permanece uma ideia boa, mas não sabemos se são satisfatórias as reformas recentes, dada a sua alta evasão e altíssima inadimplência.

A terceira forma de promoção de equidade são as cotas. Foram adotadas no Brasil faz quase uma década. Em contraste com bolsas e créditos educativos, não envolvem subsídios, mas uma reserva de vagas para pessoas com determinadas características. Em geral, são grupos vistos como discriminados ou prejudicados por alguma razão. No caso brasileiro, são negros, índios e alunos de escolas públicas. O lado financeiro das cotas é um aspecto positivo para o MEC, pois não se comprometem recursos.

O aspecto polêmico da ideia é que poderiam estar substituindo o mérito pela reserva de vagas para os destinatários das cotas. Vale a pena ter mais equidade e menos qualidade? Isso pode acontecer; todavia, *a priori*, não se pode antecipar.

As cotas beneficiam alunos mais pobres ou de grupos étnicos desfavorecidos. Portanto, têm a óbvia justificativa de promoverem a equidade em instituições que, cronicamente, favorecem aos de maior status.

Desse ponto de vista, são mais do que justificadas. O ponto a ser discutido é se correspondem à melhor maneira de promover a equidade. E, nesse caso, há dúvidas.

Uma crítica séria que se pode fazer é apoiar candidatos ao nível superior. O dano causado por uma educação de má qualidade já foi consumado ao longo do ensino básico. Tentar um conserto mais adiante beneficiaria apenas aos sobreviventes desse ensino. Do ponto de vista da equidade – e de outros critérios –, seria muito mais apropriado melhorar o ensino inicial. E, claramente, o MEC pode ser acusado de oportunismo político, pois o programa se destina a grupos muito mais visíveis e politicamente barulhentos.

Igualmente, causaria menos mal-estar se, em vez de cotas, as políticas afirmativas fossem programas para preparar para os vestibulares as clientelas colimadas pelas cotas. Em vez de abaixar a barra, prepara-se o candidato para saltar mais alto. A Universidade Federal de Santa Maria fez isso com grande sucesso, antes das cotas.

Na concepção do programa, a decisão mais contenciosa foi oferecer as cotas para negros e índios. Muito mais fácil, mais justo e menos problemático seria fazer como no PROUNI, em que o critério é renda familiar. A cota racial traz duas limitações. Primeiro, perde-se em equidade, ao beneficiar os negros não pobres, às expensas de muitos brancos pobres. Em segundo lugar, a definição de negro é mais do que problemática, dando lugar a abusos e métodos embaraçosos de dirimir os muitos casos contenciosos.

Em tantas palavras, as cotas têm méritos e têm problemas. O próximo passo é avaliar a sua eficácia, confrontada com suas limitações.

Transcorreu suficiente tempo para que os resultados do programa pudessem ser avaliados. Não temos ainda um volume de pesquisas com a qualidade que nos permita decifrar totalmente o que aconteceu. Contudo, há algumas que já nos dizem alguma coisa, minimamente confiável.

Nos estudos mais refinados, as médias de rendimentos entre cotistas e os demais alunos tendem a mostrar diferenças nulas ou pequenas. Ou seja, desta perspectiva, as cotas podem trazer benefício para quem as têm e praticamente nenhuma perda para o objetivo de preservar o princípio do mérito.

O problema é que estas médias refletem o grande número de cotistas em carreiras de relativamente fácil acesso. Nada dizem acerca do pequeno contingente daqueles matriculados nos cursos mais competitivos, nos quais as cotas seriam mais impositivas. Como os estudos agregam tudo, pouco ficamos sabendo acerca, por exemplo, dos cotistas em cursos de medicina.

No agregado, os números medindo a presença dos negros nas universidades públicas mostram um avanço muito substancial. Em 1997, correspondiam a 1,8% da matrícula. Esta proporção passa para 11,9 no ano de 2011.

Mas esse crescimento se dá, *pari passo* com aprovação de diferentes versões da legislação sobre cotas, cuja final aparece em

2012. Previamente a esta data, a adoção de cotas nas federais foi progressiva. Portanto, sem negar que possam ter tido um impacto, pouco se sabe acerca do que se deve às cotas e o que resulta de muitos outros fatores.

Ademais, há problemas com a confiabilidade desses números. Quando foram instituídas as cotas, tornou-se mais vantajoso para candidatos de sangue miscigenado autodeclararem-se como negros. Ou seja, talvez os números acima estejam distorcendo a realidade, superestimando o sucesso.

Seja como for, além de não onerar os cofres públicos, as cotas são uma alternativa que pode ter seus atrativos. Temos hoje bons estudos sugerindo que trazem para a universidade alunos mais pobres e, ao fazer isso, não comprometem a qualidade. Todavia, permanecem as dúvidas acerca do rendimento dos cotistas em cursos difíceis.

Com base no que foi dito ao longo da presente seção, algumas conclusões parecem se impor.

1. Pareceria mais aconselhável concentrar as políticas de equidade nos níveis iniciais da escolaridade. Atingem muito mais alunos e podem ter um impacto bem mais significativo.
2. É persuasiva a ideia de que programas para aumentar as chances de aprovação nos vestibulares também fariam mais sentido. Não são programas caros e podem ser executados pelas próprias universidades ou oferecidos por outras entidades, devidamente acreditadas e financiadas. É pena que não se caminhou por esta via.

3. Há excelentes razões para oferecer bolsas de estudo para alunos pobres e de bom rendimento acadêmico – como faz o PROUNI. Na medida em que o FIES lida com a mesma categoria de candidatos, justificam-se os subsídios aos juros e outras facilidades. Porém, a sua elevada inadimplência é inaceitável, pois beneficia um comportamento pouco ético. Finalmente, as violentas oscilações na sua oferta denunciam um péssimo desempenho do governo.

4. Não é tão óbvio que se devam subsidiar alunos de cursos superiores, apenas por serem pobres ou de grupos raciais considerados prejudicados pelas circunstâncias e pela menor qualidade das escolas que frequentaram. Por outro lado, considerando que as universidades públicas e gratuitas subsidiam pesadamente os mais ricos, não é descabido beneficiar também os mais pobres, como fazem o PROUNI, o FIES e as cotas.

5. Se política de igualdade de oportunidades é oferecer o que mais pode beneficiar cada aluno, segue daí que os cursos técnicos e tecnológicos deveriam ser privilegiados. Afinal, são a escolha mais frequente de alunos com maiores dificuldades financeiras para estudar. No entanto, permanecem esquecidos dos responsáveis pelo nosso ensino.

Universidades corporativas: são corporativas, mas serão universidades?

Praticamente todas as grandes empresas têm amplos programas de formação de pessoal em seus centros de treinamento. Mais recentemente, muitos desses centros passaram a ser chamados de "universidades corporativas", um nome fantasia, mas inofensivo. Com o status assim guindado, os cursos tornam-se mais atraentes para a sua alta administração. No todo, funcionam bem e cumprem seu papel.

Era o início dos anos 50. Em um grotão das Minas Gerais, a cada ano, uma siderúrgica contratava um bando de jovens de 14 anos. Cada um iria aprender o seu futuro ofício, guiado por um oficial experiente. Em três manhãs por semana, tinham aulas de aritmética, português (incluindo caligrafia) e desenho geométrico.

Pensemos hoje, por exemplo, nas universidades corporativas da General Electric ou da Petrobras. São gigantescas, com orçamentos espantoso, uma estonteante gama de atividades e usando tecnologias de realidade virtual.

De um lado, o modesto programa da siderúrgica. Do outro, vemos bichos de espécies bem diferentes. E que diferença!

Errado! É o mesmo bicho, com a mesma lógica. Diferem por serem respostas, em momentos diferentes e a demandas diferentes. Todos estão lá para suprir as qualificações que as empresas não encontram no mercado ou não acham vantajoso contratar fora.

Decidem, livremente, o que querem fazer. São iniciativas delas próprias e financiadas por elas. Podem usar a pedagogia que lhes dê na telha. Não dependem de governo e passam ao largo das labirínticas regras legais do ensino.

Grande ou pequena, a sua alma, seu DNA, a sua vocação é sempre a mesma: quando a firma não encontra no mercado o perfil que necessita, forma ela mesma. A siderúrgica encontrava no ginásio local seus futuros escriturários. Mas como poderia encontrar fundidores ou modeladores naquela cidade? A Petrobras pode achar no mercado soldadores de janelas basculantes, mas não de oleodutos. Sendo assim, abster-se de treinar não é uma opção.

Com o passar do tempo, esforços singelos ou desencontrados vão se estruturando e adensando. E, obviamente, empresas maiores e de mais forte base tecnológica têm necessidades cada vez mais extensas de perfis não encontradiços nos mercados. Torna-se, então, mais amplo o leque de atividades e de modelos de ensino oferecidos.

Com o amadurecimento da economia, cada vez mais, encontra-se no mercado alguém com formação inicial próxima da requerida. Mas tende a ser incompleta ou insuficiente, gerando a necessidade de formação adicional, para as especificidades da posição. E novos processos e máquinas exigem retreinamento. Não apenas se ensinam destrezas, mas também gestão, bem como a cultura organizacional e os valores idiossincráticos da empresa. O conjunto de tudo que se faz é abrigado nos chamados de Centros de Treinamento ou nome parecido.

Não tendo as peias legais de outras instituições de ensino, pode experimentar livremente. Daí o seu pioneirismo em Educação à Distância (EAD), em uso de computador e todo o leque das novas tecnologias de ensino. E sobrevive até a tradição do mestre-aprendiz, mas com outro nome: "mentoring". Com sua cultura empresarial, são também mais abertas a serem avaliadas.

Nesse espantoso espraiamento das suas atividades, há uma direção crítica. Porém, mais delicada. A empresa oferece cursos para operar empilhadeiras, sem problemas. Mas os seus gerentes e diretores também precisam ser reciclados nessa ou naquela nova atividade ou técnica que apareceu. Contudo, poderiam torcer o nariz diante da ideia de voltar aos bancos escolares de algo com um nome tão cabisbaixo.

Vasculhando as possibilidades, logo aparece um título fulgurante. Desde o fim da Idade Média está associado a alto status. Hoje, é uma instituição que, em vez de gerentes, é administrada por alguém intitulado "Magnífico Reitor". Nada melhor do que a palavra Universidade para sungar o status de um modesto centro de treinamento. E assim vem sendo feito por todas as partes. Uma operação linguística faz a mágica. A "Universidade Corporativa" não é e não poderia ser uma verdadeira universidade, mas quem se importa?

Com tal nome, até o Presidente da empresa se digna a fazer cursos. Abertos os portões para o Olimpo gerencial, agora vêm todos.

Sempre se oferecerão cursos como Metrologia para funcionários da manutenção. Mas, aos poucos, começa a se delinear um papel adicional para elas, pois há um outro cenário mais estratégico. Que valores e cultura organizacional deve reforçar? Para onde irá a empresa? Como lidar com ESG (a sigla vem do inglês e significa

Environmental, Social and Governance {Ambiental, Social e Governança})? Que novas tecnologias usará? Como entrar em novos mercados? Tudo isso e muito mais precisa plasmar-se em orientações para os funcionários. E o papel de materializar essas diretrizes recai sobre os programas da sua universidade corporativa. Nessas linhas, muito se espera delas.

Nesse ponto, jaz também a sua maior vulnerabilidade. Se não tiver um diálogo direto, permanente e brutalmente franco com os principais executivos, como saberá que rumo tomar? Como captará os desígnios de quem verdadeiramente manda? O problema é que, sendo ligadas aos departamentos de Recursos Humanos, pode faltar a elas esse acesso imediato às cúpulas. Isso acontece em alguns casos e pode comprometer a sua eficácia. E, obviamente, os erros são mais graves.

Para os leitores interessados nos múltiplos e novos aspectos das universidades corporativas foi lançado pela Qualitymark o livro: *Educação Corporativa no cenário pós-pandemia*, organizado pela Prof. Marisa Eboli. Como inclui um artigo meu, não me sinto à vontade para comentar a obra. Apenas sublinho a descrição de dez universidades corporativas, permitindo captar a pujança do seu desenvolvimento no Brasil.

Capítulo 8

Ciência e Tecnologia: casamento com incompatibilidade de gênios

Em um livro sobre educação, por que diabos falar de tecnologia, um campo que até tem seu próprio ministério? A razão é simples. A produção de ciência depende da qualidade da educação e está imbricada com a vida universitária. E como a produção de tecnologia está intimamente associada aos avanços da ciência, tende a acontecer nela também. A promiscuidade forçada dessas duas atividades torna inevitável lidar com as duas aqui. Mas, como nos casamentos, estar próximo não implica em convívio harmônico.

A ciência é uma aventura do intelecto, tecnologia é aplicar o conhecimento

Este capítulo lida com ciência e com tecnologia. São áreas adjacentes, com traços comuns. Porém, há, também, diferenças fundamentais entre uma e outra. E ignorá-las traz consequências pouco auspiciosas.

A ciência opera em circuito fechado. O cientista pesquisa e redige seus achados, encaminhando-os para outros cientistas. Pode até ignorar o resto do mundo. Os prêmios e puxões de orelha ocorrem dentro da casa da ciência.

A tecnologia, simplificando, utiliza os achados científicos para produzir objetos, ferramentas, remédios e tudo mais que tem o potencial de tornar a nossa vida mais prática, mais agradável e mais produtiva. No entanto, se ninguém compra ou usa a tecnologia gerada, fracasso total.

Ao longo da história, o homem criou tecnologia e nada havia de ciência. Nos tempos modernos, ciência e tecnologia andam muito próximas uma da outra. Em geral, a tecnologia se deriva de avanços na ciência. Porém, a interação é confusa, o que gera renitentes perplexidades e tropeços.

Nesta parte do livro, começamos explorando a natureza da ciência. Em seguida, tentamos entender como avança a tecnologia.

A ciência é fruto da eterna curiosidade do homem. É a maneira mais refinada e eficiente de buscar respostas às perguntas que faz, sejam relevantes ou não.

Já a inovação e o desenvolvimento da tecnologia ocorrem na interação com a sociedade, mais especificamente, com os mercados. Isso adiciona uma outra camada de complexidade, comparada com a ciência que produz para ela mesma. Vai daí um dos erros mais egrégios do processo tecnológico: tentar desenvolver tecnologia com a lógica de circuito fechado da ciência.

Atualmente, vemos, com frequência, a palavra Tecnologia acoplada à Ciência. Por toda parte, pipoca a expressão (C&T, S&T, em inglês). Temos um Ministério de Ciência e Tecnologia. Tal proximidade é inevitável, mas traz confusão e desencontros. É preciso ter bem clara a diferença, pois o caldo de cultura da ciência é muito diferente do da tecnologia. O que faz uma andar não é o mesmo que faz a outra progredir.

Um pesquisador explorando um bom tema, dificilmente, deixa de publicar seus resultados, mesmo diante de atrasos vergonhosos na condução da pesquisa. Mas um projeto tecnológico atrasado de um par de semanas pode chegar depois da concorrência, pondo tudo a perder.

A beleza e a glória da ciência

Nesta seção, soletramos as características da ciência. Trata-se de uma forma organizada de formular e responder a perguntas sobre a realidade observável. Ela nasce da curiosidade inerente ao homem, sempre fazendo perguntas. E avançou muito, no rigor com que as perguntas são feitas e respondidas. Como foram tomados todos os cuidados, os resultados merecem bastante confiança.

A Ciência é uma aventura do intelecto. A Tecnologia é uma busca de resultados práticos. Cada uma tem sua lógica. Como ficará claro adiante, as duas lógicas são bem diferentes e até podem se revelar incompatíveis.

Se há um traço marcante no desenvolvimento do *Homo Sapiens* é a sua omnívora curiosidade. Um ramo dos H*omnídeos* vira *Sapiens*, porque tem sempre perguntas, quer sempre saber o como e o porquê.

Boa parte dos avanços desse primata resulta de que costuma encontrar boas respostas. Ao início, são indagações soltas, desestruturadas. Progressivamente, a forma de perguntar e o método de buscar as respostas vão se aperfeiçoando.

Na Grécia clássica, já se pode falar de um embrião da ciência, sobretudo, com os filósofos Aristóteles, Arquimedes e Tales de Mileto. Há perguntas e respostas acerca da natureza e dos seus fenômenos. Mas a confirmação empírica das hipóteses é por demais assistemática e incipiente.

Os árabes, coetâneos com nossa Idade Média Tardia, dão mais alguns passos, sobretudo na Astronomia e na Matemática. Enquanto isso, na Europa de então, pouco acontece.

Leonardo da Vinci, uma das mais importantes figuras italiana do período renascentista, apesar do seu gênio, contribuiu pouco, pois não tinha de onde tirar ideias e nem onde encaixar suas explorações científicas. Como engenheiro, foi um sucesso. Mas, como cientista, nasceu cedo demais. Ciência se constrói como uma rede de conhecimentos articulados.

Os grandes saltos da ciência ocorrem bem depois do Renascimento, com os físicos Galileu, Newton e muitos outros.

Nada impede que alguns cientistas estejam à busca de resultados práticos e úteis. No entanto, a sua motivação essencial vem da curiosidade. Querem empreender aventuras no reino do intelecto. Como as coisas acontecem? Por que acontecem? Como se aceleram os corpos que caem? Como se descreve, matematicamente, a trajetória de um planeta ou estrela? Ou de uma partícula subatômica? O desafio último é a beleza das ideias e a astúcia do cientista em formular hipóteses explicando o que observaram.

Obviamente, apenas as publicações tornam os avanços científicos conhecidos, sem o que não poderiam ser utilizados por outros pesquisadores. Ademais, os cientistas se alimentam do reconhecimento que trazem as publicações que assinam. E, pela lógica interna da Ciência, o êxito é reconhecido pela proeza intelectual, não por uma eventual utilização prática. A vocação da ciência é ajudar a fazer mais ciência.

Os cientistas não ficam infelizes quando não se encontram usos práticos para sua elocubrações. Muitas, nascem e morrem como curiosidades científicas. Mas, por vezes, o uso pode ser imediato. O descobrimento das propriedades dos semicondutores leva logo ao transistor. O uso, entretanto, pode tardar. O físico alemão Albert Einstein escreveu um artigo em 1905. Meio século depois, torna-se a base teórica para a bomba atômica. Não haver usos práticos tangíveis não é a sentença de morte da ciência. O primeiro prêmio Nobel de Economia foi dado ao Economista norte-americano A. Samuelson, por resumir em um sistema de equações diferenciais as leis da microeconomia. Mas nada de prático se faz com tal fulgor matemático. Nem os próprios economistas têm uso para isso. No máximo, fica a vaidade intelectual de ser parte de uma ciência que conseguiu expressão matemática. Símbolo de maturidade e status.

Dito isso, em que pese o credo dos cientistas na busca da teoria perfeita, a sociedade espera resultados práticos. E, como são sempre financiados com dinheiro público, tal cobrança é inevitável. Até há alguns extraordinários resultados práticos de pesquisas, ditas "puras". Mas não necessariamente. Daí os desacertos, pois as falsas expectativas criam controvérsias infindas e irresolúveis, já que não é esse o motor da ciência. Ainda assim, é financiada por uma sociedade que sempre espera resultados.

A única maneira de chegar a um acordo é entender que a ciência opera por tentativas e erros, tanto nas pesquisas individuais, como nos temas escolhidos. No agregado, o esforço financeiro gera amplos resultados práticos e que justificam os gastos. No entanto, não se espere que isso aconteça em cada caso.

Bilhões de dólares são gastos na busca de uma molécula capaz de curar alguma doença. Da ordem de 100 mil são testadas. Se nessa montanha delas aparecer uma que é eficaz, seus resultados podem pagar pelo exame das 999,999 que para nada servem.

Tentou-se distinguir pesquisa aplicada de pesquisa básica. Porém, a "pesquisa aplicada" permanece um conceito resvaladiço. Nos anos iniciais da Financiadora de Estudos e Projetos (FINEP), ela apenas financiava a "pesquisa aplicada". Daí que os pesquisadores puros faziam "pesquisa pura em bicho aplicado". Por exemplo, o metabolismo dos insetos era estudado no mosquito da malária. Sempre causará controvérsia e consternação o evanescente conceito de "utilidade da pesquisa científica". Sendo assim, o critério inicial para avaliar as pesquisas é a avaliação dos seus méritos científicos. Se produzem resultados úteis é assunto para muito mais adiante.

Quando examinamos listas de pesquisas propostas ou realizadas, quem é do ramo não tem dificuldades de identificar algumas sem qualquer chance de trazer uma contribuição. Mas há dúvidas quanto a muitas outras. Einstein afirmou que jamais havia imaginado que houvesse qualquer aplicação para o seu artigo de 1905 que resultou nos artefatos atômicos. Katalin Karikó, bioquímica húngara, no seu laboratório, não imaginava que seu método para lidar com DNA-mensageiro pudesse salvar milhões de pessoas do Covid. E menos ainda seus chefes que, praticamente, a despediram pela falta de resultados.

A lição que tiramos: é bastante difícil antecipar as consequências de muito do que se faz em pesquisa científica. Quais pesquisas apoiar? Quais rejeitar? Não há e não haverá respostas simples.

Com ou sem usos práticos, desde os grandes pioneiros, crescem a pesquisa e a comunidade dos cientistas. Porém, é pertinente notar que a Revolução Industrial apenas perifericamente se beneficiou da Ciência. Alguma coisa ajudaram as teorias de termodinâmica. E, ao fim do século XIX, a química alemã se apoia mais firmemente na ciência que se formava. No resto, permaneceram dois mundos separados.

No entanto, isso são águas passadas. A partir do século XX, os grandes avanços tecnológicos passam a ser muito ou totalmente caudatários da expansão da ciência. Motores mais eficientes dependem de um substancial acúmulo de teorias mecânicas e termodinâmicas. O avião não poderia avançar sem estudos de aerodinâmica. Com a eletricidade e eletrônica, nem se fala. E, na área farmacêutica, a proximidade é total.

Grandes inovadores, entretanto, não costumam ficar lendo os periódicos científicos, à espreita de um avanço que possa gerar resultados práticos. Em geral, por outros caminhos, têm ideias do que percebem como tendo potencial de mercado. É nesse momento que vão pedir socorro à Ciência. Ou seja, não podemos nos prender a um modelo mecânico em que ciência leva à tecnologia. Melhor seria dizer que os avanços científicos permitem o avanço da tecnologia.

As academias de ciência e sociedades científicas tomam corpo, desde 1660, na Inglaterra, com a criação da Royal Scientific Society. Nelas se reuniam os cientistas para discutir seus trabalhos. Lá se faziam e se destruíam reputações. Mas não era de sua natureza produzir ciência, apenas serviam de caixa de ressonância.

Progressivamente, ser cientista deixa de ser uma atividade de diletantes, trabalhando cada um por sua conta, como fazia Charles Darwin. A Ciência se institucionaliza, pois, em muitos casos, requer laboratórios caros. E, cada vez menos, funciona o estilo do "lobo solitário".

Para conduzir as pesquisas, dois grandes caminhos se desenvolvem. Um deles são as universidades que, a partir do modelo proposto por Wilhelm von Humboldt, tiveram um crescimento vertiginoso. O outro são os institutos de pesquisa.

E, em ambos, consolida-se o aparato institucional. Por imperativas razões, as universidades e os institutos de pesquisa quase sempre são pagos por verbas públicas. Isso porque, não tendo utilidade previsível, a maioria das empresas não se dispõe a investir. Ademais, se aparecerem usos práticos, serão copiados pelos concorrentes.

É esteio central da ciência os seus controles de qualidade. Tudo que pretende ter valor científico é submetido a um dos muitos periódicos científicos existentes. Contam-se da ordem de 30 mil aqueles com critérios rígidos de seleção dos seus artigos. Neles, apenas uma fração dos "papers" submetidos são publicados. A cada ano, da ordem de 2 milhões de trabalhos aparecem nesse grupo de periódicos.

Ocasionalmente, há fraude, há má fé, há interesses não revelados. Mas há, também, mecanismos para coibir tais aventuras. Algo escapa; porém, não há outro ramo da atividade humana em que a busca de deslizes seja mais diligente e rígida. Por um único tropeço, cientistas já perderam seus empregos. Ou tiveram suas carreiras fortemente prejudicadas.

Nos meios universitários, há uma clara segmentação no financiamento da pesquisa. Em grande medida, os salários dos cientistas são pagos pelas universidades, quase todas públicas. No caso das privadas, como os pesquisadores são também professores, são financiados pelo que se cobra dos estudantes, o que limita, grandemente, o volume de pesquisas que pode ser gerado por esse mecanismo.

Quase tudo que ultrapassa o salário e a infraestrutura tende a ser financiado por agências externas, pela via de balcões competitivos.

Nos Estados Unidos, existem a National Science Foundation, o National Institute of Health e muitas outros. Na França, o Centre National de Recherche. No Brasil, Conselho Nacional de Desenvolvimento Científico e Tecnológico (CNPq), Financiadora de Estudos e Projetos (FINEP) e Fundação de Amparo à Pesquisa do Estado de São Paulo (FAPESP) são as principais agências de fomento. A sua lógica é simples. Pesquisadores submetem a elas os seus projetos e os melhores são aprovados e financiados.

Em paralelo ao seu trabalho regular, os pesquisadores participam, também, de conselhos e comitês. Neles, decide-se o que vai ser publicado nos periódicos acadêmicos e quem ganhará os financiamentos. É o chamado "julgamento pelos pares" (*peer review*). Onde a pesquisa é madura, há encarniçada competição entre cientistas. Em áreas concorridas, nos Estados Unidos, um cientista sênior não consegue aprovar senão uma entre duas propostas que apresenta.

Porém, tudo acontece intramuros. Mesmo os burocratas das agências de fomento têm um poder decisório muito limitado. Por essas razões, se haveria usos práticos ou se alguém poderá querer comprar os resultados não são critérios predominantes na lógica de financiar a ciência.

No todo, é um aparato institucional admirável. As universidades oferecem a infraestrutura e o ambiente. Os fundos competitivos impedem a ociosidade e desencorajam pesquisas consideradas frívolas. Os pesquisadores competem por meio de publicações e anseiam por promoções. Mas, obviamente, em um aparato tão gigante, há escorregões, escândalos e controvérsias. Entretanto, seu nível não compromete a integridade do sistema.

Os institutos de pesquisa, em certos aspectos, são muito semelhantes às universidades. Quando são financiados, projeto a projeto, por agências de fomento, não podem funcionar de forma diferente. Porém, quando têm fundos próprios, há um considerável risco de ineficiência e escolhas equivocadas. França, Alemanha e Rússia têm muito da sua pesquisa em respeitáveis institutos. Inglaterra e Estados Unidos têm menos. O Brasil tem um bom número de institutos de pesquisa. Alguns são exemplares, outros vegetam.

Como seria de se esperar, isso tudo funciona bem nos países mais respeitados. Mas, mesmo no Brasil, um novato na ciência, o crescimento das publicações sugere que funciona também dentre nós, embora com algumas imperfeições adicionais.

Uma grande interrogante nisso tudo é saber quem governa o sistema. Quem e como se decide o que financiar? Há certos consensos, como não financiar astrologia, magia negra ou parapsicologia. No entanto, persistem grandes dúvidas. Financiar pesquisa em literatura de cordel ou folclore? Ou em física do estado sólido? Quem decide? O governo e seus burocratas? Ou o gigantesco conjunto de cientistas que compõe os comitês consultivos dos periódicos e das agências de fomento? Obviamente, a resposta não está nos extremos. Trata-se de um equilíbrio mais do que delicado e contencioso entre os dois polos. E varia de país a país.

É obviamente equivocado o dirigismo excessivo, ficando a ciência à mercê de burocratas, nem sempre à altura da responsabilidade. Igualmente, queremos evitar uma pulverização excessiva dos temas, refletindo a multiplicidade de opiniões e as preferências dos pesquisadores e dos consultores. O Brasil parece sofrer mais da descontrolada multiplicação de temas, impedindo que se gere massa crítica em uns poucos. É o caso clássico do pesquisador escolher seu tema, inspirado no trabalho do seu orientador. O problema é que pode terminar com um tema com o qual quase ninguém se ocupa. Faltará massa crítica.

Em suma, a ciência é um estágio avançado da agenda de responder às curiosidades do homem. Opera com regras muito bem definidas pelo método científico e está organizada de forma bastante eficaz, com universidades e institutos de pesquisa, carteiras competitivas de financiamento e muito uso de "revisão pelos pares" nas suas decisões. O resultado é um volume muito impressionante de publicações e, como sabemos, muitas delas podem ter impactos nas nossas vidas cotidianas. Quase não é necessário adicionar, a ciência tem também suas limitações. O lado bom é que faz parte do método científico o permanente ceticismo e espírito crítico para identificá-las.

O nascimento da ciência no Brasil

A ciência brasileira é muito recente. Comparando com o substancial estoque de cientistas vivos, relativamente poucos os precederam. Para produzir futuros cientistas, um lugar precisa de ter uma vida universitária razoável. Mas, para que esses cientistas promissores possam produzir boa ciência, o ambiente carece de muito mais densidade intelectual e massa crítica de outras pessoas na mesma labuta. Faz muito que a ciência deixou de ser uma atividade de indivíduos isolados.

Sendo assim, no passado, poucos estados brasileiros produziram cientistas, pelo acanhado de seu mundo intelectual. E ainda menos criaram a infraestrutura e o ambiente necessários para frutificar a pesquisa. No caso, apenas o Rio de Janeiro e, mais adiante, São Paulo.

O Ministério de Ciência e Tecnologia publicou um folheto com os 38 mais destacados cientistas brasileiros, de todos os tempos. Tomemos as suas minibiografias como peças de um quebra-cabeças. Qual o quadro que emerge?

Os critérios de inclusão não foram explicitados, mas é imperativo morrer para entrar na lista. Pouquíssimos, como o cientista e político José Bonifácio, são do início do Império. Apesar de pescar cientistas em um intervalo de quatro séculos, a lista inclui 22 cientistas (58%), cuja carreira profissional ultrapassa 1950. Ou seja, o último meio século conviveu com mais da metade dos nossos maiores cientistas falecidos. Isso mostra a juventude da nossa ciência. Quase nada havia antes. Em contraste, hoje, o número dos vivos e listados na Plataforma Lattes é de 880 mil.

Dos 38 do folheto, nove nasceram no Rio de Janeiro. Portanto, vem de apenas um estado quase um quarto do total. Apenas cinco vêm de São Paulo, o estado hoje responsável por quase a metade das publicações científicas. Pernambuco, hoje um estado de menor fulgor, produziu também cinco. A Bahia e Minas Gerais, três cada um. Ou seja, 63% nasceram nos cinco estados "velhos" do país (RJ, SP, BA, MG e PE). Não por coincidência, era lá que estavam as universidades e a vida intelectual mais intensa.

Esta é a geografia da ciência: sem alguma riqueza e boas universidades, o Estado não gera cientistas ilustres.

É muito curiosa a ausência dos estados do Sul, cujo único cientista era alemão, criado e formado no seu país. Ou seja, estados que hoje lideram em qualidade de vida e veem desabrochar suas indústrias de base tecnológica não foram capazes de produzir um só cientista ilustre (e morto). Não bastou a maior cobertura de educação básica – como era o caso do Rio Grande do Sul. Seria a falta de boas universidades para nutrir os seus melhores talentos? Em contraste, os estados do Nordeste foram pujantes berços de cientistas, embora tenham recuado economicamente. Ou seja, o processo de produzir cientistas é muito inercial.

É interessante a semelhança com a Rússia Imperial, um país com grande pobreza e com uma elite intelectual ínfima, mas brilhante. Esta diminuta casta de privilegiados produziu um desproporcional número de cientistas de renome (além de artistas e escritores). O nosso Nordeste, em que pese sua pobreza e desigualdade, tinha também uma elite intelectual e produziu cientistas. Em contraste, os colonos europeus do Sul, menos pobres e mais escolarizados, não criaram uma elite intelectual capaz de nutrir futuros cientistas.

Parece que o futuro cientista necessita de um ambiente intelectualmente estimulante, para que revele a sua vocação e vingue a sua carreira. De fato, dois terços nasceram em algum dos estados, naquele momento, mais prósperos e com mais ebulição intelectual. Não obstante, os pobres eram muitos e seus padrões de vida aviltantes.

Quanto ao local em que os cientistas fizeram as suas carreiras, fica patente a predominância absoluta do Rio de Janeiro, com 24 cientistas radicados e mais dois que lá passaram boa parte de suas carreiras. Ou seja, foi no Rio que 68% dos pesquisadores produziram a sua ciência, pois lá estava a vida científica mais borbulhante, atraindo as melhores cabeças e dando a elas condições de trabalho. Pesou a influência da Corte e, mais adiante, a sobrevida de sua densidade cultural e educativa. Importou menos onde nasceram.

São conhecidos esses mecanismos de atração e repulsão. Algumas cidades atraem talentos, seja lá de onde venham. Assim foi com Florença, Edimburgo, Viena e muitas outras. Hoje, o magneto é o Silicon Valley.

Modestamente, São Paulo abrigou quatro cientistas e mais três cujas carreiras passam por lá. Somados aos que labutaram no Rio, são 33 do total de 38. Ou seja, apenas essas duas cidades ofereceram boas condições de trabalho para 86% dos cientistas.

Em São Paulo ocorre uma grande transição. Com a Universidade de São Paulo (USP) e, depois, a Universidade Estadual de Campinas (UNICAM), tornou-se o centro mais dinâmico da ciência brasileira. No entanto, por estar viva a maioria dos seus cientistas, não estão incluídos na lista.

Minas Gerais e Pernambuco, cada um, abrigaram um cientista. Ou seja, a sua vida intelectual permitiu gerar seis cientistas, mas não foi suficiente para oferecer condições de trabalho produtivo senão a dois. Nos outros 23 estados, apenas três cientistas desabrocharam. Certamente, as pessoas não nascem neles com menor potencial. Mas não tiveram o caldo de cultura que produz futuros cientistas.

A presença de faculdades, no caso, Medicina e Direito na Bahia, em Pernambuco e em Minas Gerais, revelou-se determinante na geração de cientistas, mas não havia a massa crítica para oferecer-lhes boas condições de trabalho. Apenas no Rio de Janeiro havia isso.

Ou seja, a presença de educação e cultura é um forte determinante na geração de boa "matéria-prima", ou seja, talentos científicos. Contudo, a precariedade dos laboratórios e a falta de tradição de pesquisa impediram que lá germinasse a ciência. Ou era o Rio ou nada.

Tais constatações mostram como é delicado e difícil nutrir talentos científicos e oferecer-lhes condições de trabalho produtivo. A formação de cientistas promissores requer instituições e valores muito favoráveis. A ciência é um frágil castelo de cartas. No Brasil de antanho, só meia dúzia de estados produziram talentos científicos. E só o Rio de Janeiro foi capaz de criar as condições em que os talentos frutificaram e a pesquisa séria fosse gerada.

O singelo folheto do MCT, por oferecer uma olhada no passado da nossa ciência, permite entender alguns mecanismos universais que determinam a produção científica.

Vejamos algumas conclusões:

(i) A ciência brasileira é muito recente. As estatísticas mostram poucos cientistas falecidos e um substancial exército de cientistas vivos, cujo nível facilmente se equipara aos anteriores.

(ii) Os cientistas ilustres vieram de estados onde havia vida cultural e universidades. Ou seja, uma universidade é essencial para nutrir inicialmente os jovens cientistas.

(iii) Para gerar ciência, as condições são ainda mais excludentes (praticamente, só havia no Rio de Janeiro). Não produziram cientistas estados que hoje são prósperos e exibem bons núcleos de pesquisas. Porém, quando viveram os cientistas da lista, ainda eram atrasados.

(iv) Produzir ciência leva tempo. Isso apenas ocorre quando as condições são favoráveis. Não se cria ciência por decreto ou por *fiat* governamental.

(v) A ciência brasileira respalda-se no trabalho e na tradição desses valorosos pesquisadores do passado. Foi preciso, porém, investir, pesadamente, em preparar novos cientistas e criar centros de pesquisa adequados para que a nossa ciência desse o salto ocorrido, a partir dos anos 60 para 70.

Nada disso é especulação diletante ou curiosidades históricas. De fato, sem uma ciência robusta, nosso desenvolvimento morre na praia.

As cenouras e os porretes na produção científica

As pessoas agem em função de incentivos. Se percebem vantagens em certas linhas de ação, engajam-se. Se encontram penalidades ou obstáculos, podem ser desencorajados e mudar de rumos. A produção científica não discrepa desse princípio. Se há prêmios, avança. E o que é penalizado trava. O substancial êxito da ciência brasileira resulta da existência de "cenouras" e "porretes", bastante bem sintonizados. As avaliações, as bolsas de estudo e os fundos competitivos de financiamento da pesquisa cumprem seu papel no Brasil. E essa não é uma realização menor, diante das dificuldades de se criar sistemas meritocráticos dentro das instituições públicas de ensino.

Para entender os avanços da ciência brasileira é preciso ter claro o que faz mover os cientistas. Tem incentivos para produzir e publicar? São penalizados quando não o fazem?

Acabaram-se os cientistas diletantes que dominavam a ciência no século XIX, movidos pela sua curiosidade. O Reverendo Malthus e Darwin eram pastores da igreja anglicana. Hoje, ciência é profissão e a pesquisa muito cara – ou até com custos extravagantes. Inevitavelmente, requer uma burocracia pesada, dentro e fora das universidades. E essas máquinas administrativas tanto podem ajudar quanto atrapalhar.

Para fixar o teor do assunto, intercalo, aqui, uma conversa entreouvida no intervalo de café, na Universidade de Yale. Comentava um professor que estava preocupadíssimo com a situação de um colega. Já haviam se passado quase três anos e nada havia publicado nesse período. Será que renovariam seu contrato? É fácil inferir a pressão para publicar pesquisas em uma das grandes universidades americanas. A um custo emocional que pode ser tirânico, o sistema americano premia quem publica e pune quem não o faz. É o império truculento do *publish or perish* (publique ou pereça).

Por traz disso tudo, há uma pergunta crucial. O que faz uma organização se mover? Simplificando: cenouras e porretes. Cenouras são incentivos, porretes dissuadem.

E pode ser danosa a ausência de tais acicates. Em Yale, estavam lá, de forma imperiosa. Como serão as coisas no solo pátrio?

Vejamos o caso do nosso ensino superior federal. Claramente, há uma clivagem enorme. Na graduação, o mais brilhante e dedicado professor nada recebe a mais, nem medalhas e nem encômios. E se der péssimas aulas ou faltar escandalosamente, ninguém vai puxar-lhe as orelhas. Como acontece, certas vezes, o único ente que tira professor é a polícia, por pecados que nada tem a ver com desempenho acadêmico. Em outras palavras, na graduação das universidades públicas, nem há porretes e nem cenouras.

Mas o foco desta seção são os mestrados e os doutorados, pois o assunto é pesquisa. E o contraste com a graduação não podia ser maior.

Na década de 70, começaram a voltar do exterior muitos mestres e doutores, formados nas melhores universidades. A

FINEP tinha dinheiro a rodo para financiar a criação dos nossos próprios programas. O resultado foi uma explosão no seu número. Até prédios foram construídos dentro dos campi, sem que o reitor soubesse!

Tal abundância trouxe para a CAPES um problema inesperado. Era antes uma agência bem modesta nos seus recursos e logística – bem menor do que o CNPq. Todavia, Darcy Closs, seu Diretor Geral, foi capaz de garimpar substanciais recursos. Subitamente, surgiram vários milhares de bolsas para os novos mestrados. E, obviamente, muito mais candidatos do que bolsas. E cadê o exército de funcionários para escolher a quem concedê-las? O que fazer?

Encontrou-se uma solução engenhosa. Em vez de selecionar candidatos, que os próprios programas o fizessem, pois têm igual interesse em escolher os melhores. E assim foi feito: cotas de bolsas para cada programa.

Esta solução resolveu um problema e criou outro. Como não faz sentido dar a mesma cota para os melhores e piores programas, era preciso identificar quem era quem. A CAPES convoca, então, ótimos figurantes do mundo acadêmico para examinar os programas e se pronunciar sobre sua excelência. Para evitar atritos, os resultados eram mantidos confidenciais. Seguindo os pareceres dos professores escolhidos, passaram a ser atribuídas as cotas de bolsas. Deu certo!

Muda o governo, saí o dinâmico Darcy e entro eu como Diretor Geral – sei lá por que fui convidado. Tentando entender o quadro geral, comecei a vislumbrar dois grandes problemas: uma escolha de cotas de bolsas ainda artesanal e embrionária e muitos mestrados fraquíssimos.

Examinando o primeiro enguiço, dei-me conta de que a CAPES havia concebido, nada mais, nada menos do que os alicerces de um programa de avaliação da pós-graduação. Contudo, faltava sua institucionalização, pois estava ainda improvisado. Por exemplo, não havia bases de dados informatizadas. Com essa arrumação me ocupei. Havia que explicitar regras para as escolhas dos comitês e dialogar com os consultores para definir excelência. Até fiz (com Glaucio A. D. Soares) um estudo econométrico, para ver se estavam refletidas nas notas as dimensões da qualidade explicitadas pelos consultores. Publicações e titulações dos professores saíram no topo, como esperávamos.

Em paralelo, iniciava-se um cauteloso processo de tornar públicos os resultados, começando por identificar quais eram os programas nível "A". Mas, surpresa, após minha saída, uma jornalista conseguiu o "Livro Negro" da avaliação – sabe-se lá como. Grande matéria no *Estadão,* entrevistando os coordenadores dos piores cursos da USP! Protestam os prejudicados. O tiro, entretanto, saiu pela culatra, pois o Pró-reitor de Pós-graduação da USP era, ele próprio, Presidente do comitê consultor de Química da CAPES. Declarou peremptoriamente: se ganhou nota ruim é porque mereceu. Além disso, mais de 200 dos consultores que deram notas vinham da mesma USP, reforçando a sua legitimidade. A jornalista precipitou o processo. Desde então, a avaliação tornou-se pública e respeitada.

De lá para cá, resistiu a todas as agressões. Não foi um ato premeditado, mas, ao permanecer "secreta" por vários anos, pôde ser burilada e corrigida, antes de se expor ao público. O mesmo não aconteceu com uma tentativa do CNPq na mesma direção. Ao serem imediatamente divulgados os resultados, foi bombardeada de todos os lados, em vista às pequenas arestas que tinha. Morreu no nascedouro.

O segundo pepino que herdei era a enorme heterogeneidade dos programas: muita coisa boa e muita improvisação tosca – afora alguma embromação. Acreditando que, nesse nível, excelência e meritocracia reinam soberanas, o grande tema da minha gestão foi denunciar, veementemente, os ruins. Perdi a conta dos desafetos conquistados e desconheço a eficácia das minhas pregações. Fui até chamado pelo Ministro para explicar por que havia chamado de "entulho" os mestrados de uma certa universidade sulina.

A avaliação, criada para resolver um problema administrativo, revelou-se um mecanismo poderoso – um cenourão enorme – para resolver o outro. Quem ganha boa nota recebe mais bolsas para distribuir aos seus alunos. E não receber bolsas é um sólido porrete. No Brasil, como alhures, sem bolsas, um mestrado vegeta. Ou seja, compensa o esforço de brigar pela excelência.

Vale mencionar que a avaliação não é a única cenoura. Cientistas fazem pesquisas e foi-se o tempo em que o custo de conduzir experimentos era modesto. Hoje, na maioria das áreas científicas, sem um financiamento externo não se viabiliza a pesquisa. Daí a corrida aos balcões de financiamento, concorrendo os projetos com os de outros cientistas. Quem não é competente e não se esforça muito, não consegue os fundos do CNPq, da FINEP e de outras agências. E, se não consegue, não faz a pesquisa e não tem o que mostrar. Também nesse aspecto, é um mundo competitivo, cheio de cenouras e porretes.

Recapitulando, a ciência brasileira é financiada de duas formas. De um lado, os salários dos professores pingam no fim do mês, façam eles pesquisas ou não. Nessa dimensão, não há incentivos ou desincentivos. Mas, como dito, isso é apenas a metade da questão. As pesquisas são financiadas competitivamente e a avaliação está atrelada às bolsas que são essenciais para atrair bons alunos. Esse outro lado está condicionado aos bons resultados da pesquisa e do ensino.

Como a produção científica é o mais forte determinante das notas, as publicações brasileiras, do zero, cresceram até colocar o Brasil como 13% ou 14º do mundo. A associação rígida entre avaliação e número de bolsas revelou-se um fator todo-poderoso: mais publicações, mais bolsas.

Diante de dois problemas, a solução de um resolveu o outro. Por causa dessa feliz combinação, a avaliação da CAPES prossegue, infensa a eventuais crises ou cortes de bolsas.

Tenho críticas à avaliação, sobretudo, nos casos dos mestrados profissionais e de uma crescente rigidez burocrática. No entanto, no todo, é um sistema como há poucos no mundo. E, ainda menos, no Terceiro Mundo.

O árduo desafio da tecnologia

Após uma excursão no campo das ciências, passamos a explorar os assuntos de tecnologia. Aqui, cobrimos sua história, sua lógica, suas proezas e suas dificuldades. Em contraste com a ciência, tecnologia apenas dá certo quando responde bem a múltiplas sinalizações vindo de mundos diferentes.

Falaremos dos grandes projetos tecnológicos e de uma tecnologia do cotidiano. Vale a pena mencionar, também, a infinidade de pequenas coisas que não funcionam no nosso dia a dia, implorando melhores tecnologias. É a pequena tecnologia – cujo somatório pode ser grande.

O *Homo* é ***sapiens*** porque desenvolveu tecnologia

A história da tecnologia é o caminho do tacape até o iphone. A evolução da tecnologia é, também, a evolução do homem, como uma espécie diferente dos outros primatas. Começa com o que encontrava à sua volta e ruma para o domínio dos metais. O resultado, estamos vendo, à nossa volta. O leque de avanços vai se abrindo cada vez mais.

Há tolos afirmando serem contra a tecnologia. Não entenderam a intimidade entre a evolução do *Homo sapiens* e a revolução tecnológica que ocorre simultaneamente. De fato, o homem é *sapiens* porque foi capaz de desenvolver maneiras criativas de lidar com o mundo material, ou seja, criar tecnologias. Ao construir ferramentas, armas e objetos utilitários, mudou a sua trajetória e a sua morfologia. Virou um bicho diferente. E, com certeza, mais sabido e longevo. O *Homo sapiens* é como é porque foi transformado pela tecnologia que ele próprio criou.

Simplificando dramaticamente, podemos começar com duas transformações físicas, de consequências transcendentes. O bipedismo, dentre outras vantagens, permitiu carregar os instrumentos que fabricava – o que os macacos não podiam fazer, tendo que abandonar o pau que lhe havia servido. Tendo o Homem mãos para levá-los, cria-se um enorme incentivo para seu aprimoramento. O segundo salto é a flexibilização da mão e o crescimento do polegar – que passa a ser opositor. Portanto, capaz de manualidades impensáveis para os outros primatas.

O uso criativo das mãos induz o desenvolvimento da inteligência. E, mais inteligente, é capaz de construções cada vez mais complexas e sofisticadas. Fecha-se um círculo virtuoso.

Sendo assim, a longa evolução desse primata pelado e desajeitado se dá ao longo do diálogo produtivo entre a cabeça e a mão. A tecnologia é da essência do homem, é o resultado de suas iniciativas e, também, um convite a novas proezas. Ao longo de muitos milênios, sua competência nesses misteres vai crescendo e seu corpo evoluindo, tornando-o mais apto para o mundo que criou. Mas é um processo muito lento, lentíssimo.

Ocorre, bem mais adiante, o que historiadores consideram como a primeira e maior revolução da história do homem (apenas rivalizada pela recente Revolução Industrial): É a sedentarização, começando há cerca de 12 mil anos (esta data e as outras que seguem são apenas ilustrativas, pois na Eurásia havia muitos povos, cada um, com sua cronologia).

Caçando e coletando, todos faziam de tudo, de resto, com pouquíssima eficácia. Mas, lá nas bandas do rios Tigre e Eufrates – e em outros lugares – começa-se a perceber que algumas plantas, nascendo aqui e ali, poderiam ser transplantadas e concentradas em alguns lugares. E, também, plantando as sementes dos exemplares mais interessantes para o seu consumo, lentamente, era possível modificar essas plantas. O mesmo acontece com os antepassados de cavalos, bois, ovelhas, galinhas e cachorros. Com tais avanços, em vez de sair catando e caçando, tudo se cultiva e se cria ao seu redor. Essas grandes inovações permitem e impulsionam a sedentarização.

Progressivamente, o homem escapava da sina do nomadismo. Podia parar em um lugar conveniente e ali criar seus bichos e suas plantas, de forma muito mais produtiva.

Com tais avanços, já não era mais necessário que todos dedicassem o tempo todo ao seu sustento. É o início da divisão de trabalho e da geração de um excedente de tempo. Algumas pessoas podem ser alimentadas por outras. É isso que permite o "lazer produtivo", responsável pela aceleração do processo de criar novas soluções para os desafios do cotidiano.

Nômades possuem o que podem transportar a pé. Os sedentários podem possuir mais objetos – úteis e especializados.

Podem acumulá-los. E, para guardá-los e melhor se abrigarem, vale a pena construir casas, cada vez mais perenes e confortáveis. Quando estão perto umas das outras, nascem então as cidades, consideradas um marco notável na vida do Homem. A interação humana permitida pela proximidade física é catalizadora de um avanço ainda mais rápido. Criam-se, então, novas formas de convivência e organização.

Essas mudanças dramáticas põem em marcha uma aceleração nas tecnologias que se tornam cada vez mais complexas. Uma lança não requer senão processos toscos para ser produzida. Arcos e flexas sobem o patamar de complexidade tecnológica, requerendo muitas técnicas delicadas e muitos materiais diferentes.

Em algum momento, a pedra é lascada. Mais adiante, é polida. São ferramentas ainda mais eficazes. Junto com fibras e madeira, enriquecem o repertório de materiais disponíveis. Com eles, o homem já se distanciara dramaticamente dos outros primatas.

Todavia, ainda patinava, ainda encontrava severas limitações para construir o que sua mente, cada vez mais poderosa, permitia conceber.

Como parênteses, seu cérebro mais desenvolvido leva à criação de registros físicos do que acontecia ao seu redor. Guardar conchinhas ajuda a lembrar-se de quantas ovelhas tinha. Porém, risquinhos em um tablete de barro são bem mais convenientes. E, assim, criam-se os números e a escrita. Forjam-se, então, os pilares de um mundo abstrato que, daí para frente, habitará sua cabeça.

Algo como 4 ou 5 mil anos atrás, começa a gestar uma novidade que, para sempre, aceleraria o seu avanço e suas tecnologias.

Era o domínio dos metais!

Os mais fáceis de trabalhar são explorados primeiro. No caso, ouro e prata. Mesmo a frio, podem ser martelados e transformados em chapas delgadas. Ou fundidos em uma temperatura, à época, dominada. Mas a sua escassez não permitiu que fossem muito mais do que ornamentos dos fortes e poderosos.

Entra, então, em cena o cobre. É mais abundante e, igualmente, fácil de ser trabalhado. Multiplicam-se os objetos utilitários que com ele podiam ser manufaturados. Segundo pesquisas, as pedras das pirâmides foram lavradas com ferramentas de cobre. Outro patamar é galgado. As civilizações andinas também dominaram bem esses metais.

No entanto, a docilidade do cobre, que era o seu primeiro e mais útil atributo, era, também, uma colossal desvantagem. Com ele, tudo se podia fazer, exceto lâminas competentes.

Passa o tempo. Outros metais são descobertos. O estanho foi um deles. Permitia uma fundição fácil, sendo usado para um sem-número de objetos utilitários. Mas, não se sabe como, algum ferreiro mais atrevido mistura estanho com o cobre, criando uma liga.

Aleluia! A tal liga era mais dura do que os metais que nela se mesclaram. Era o bronze. Foi um espetacular salto de patamar.

O bronze permitia lâminas razoavelmente cortantes e duráveis. Entre ferramentas e armas, tudo se fez com ele. Arqueólogos e historiadores passam a falar da Idade do Bronze. Esse período é longo, pois o próximo passo era muito mais difícil.

Entretanto, se pensamos na evolução do Homem, o avanço seguinte foi a maior de todas as alavancas para alterar as suas condições de vida – para melhor. Durante os últimos 4 mil anos de história da Europa, foi o vetor de um salto inimaginável (a China antecipou-se bastante e seus avanços beneficiaram o Ocidente).

Naturalmente, trata-se do ferro. Em que pese a presença no último século de novos materiais, os maiores saltos tecnológicos da humanidade ainda se devem a ele.

Comparado com os outros metais então conhecidos, pode ser o mais duro ou o mais resistente ou o mais flexível ou o que oferece uma lâmina mais durável e mais cortante. Em suas múltiplas manifestações, mostrou-se imbatível. Mudou a história do Homem.

Os sumérios foram os pioneiros ocidentais no seu desenvolvimento. De três milênios para cá, praticamente, todos os processos produtivos passam a depender do ferro. Lâminas de arados, pás e enxadas são o esteio da agricultura. A espada que perfura e a armadura que protege são do mesmo metal. Qualquer oficina, de fundo de quintal ou gigantesca, exibe suas ferramentas, raramente feitas com outro metal. Depois vêm as máquinas, as fábricas, os teares, as caldeiras, os motores. E as fábricas de fabricar fábricas. O carvão, o petróleo e a eletricidade exigem ferro para serem domesticados e utilizados. Os "caminhos de ferro" mudaram a paisagem econômica. Os automóveis mudaram a geografia humana.

Porém, o ferro tem um grande senão. Ouro e Prata são fáceis de ser trabalhados, mas são muito escassos. O minério de ferro é abundante, mas transformá-lo em um metal utilizável foi um desafio, desde sempre.

O minério tinha que ser aquecido a 1600 Cº, tarefa inatingível por largo tempo. Ainda assim, a tecnologia acaba sendo dominada. Os métodos originais são muito parecidos àqueles que foram usados no Quadrilátero Ferrífero de Minas Gerais, onde eram chamados de “fornos catalães”. Dentro de uma abóboda de barro, empilham-se minério e carvão. Foles, então, sopram ar naquela massa, progressivamente, levando à redução do minério. Derretido, transforma-se em uma bolota metálica. Aqueles primitivos forninhos, no entanto, eram acanhados. Ao cabo de um dia, não produziam senão uns poucos quilos.

Sendo assim, dada à combinação de utilidade universal e escassez, o preço do ferro era extravagante. Para ilustrar, o museu de Bled, na Eslovênia, mostra o que uma família escondeu, ao pressentir o perigo iminente de guerra e pilhagem. Enterraram o que tinham de mais precioso: um punhado de pregos de ferro!

Comunidades primitivas da Oceania, ao encontrarem um barco de madeira, como os que conhecemos, fazem dele uma fogueira, com o objetivo de recuperar os pregos. Aliás, como seria o mundo sem pregos?

A Revolução Industrial é o reinado do ferro e de tudo que se pode fazer com ele. Porém, para que que acontecesse, foi necessária uma longa evolução nos seus métodos de produção. Na verdade, não foi um avanço súbito, mas uma lenta evolução, começando 5 mil anos atrás, na China. Por volta de 1500, aparecem, na Europa, as primeiras instalações mais produtivas, que podem ser chamadas de altos fornos. Melhora, depois, o sistema de insuflar ar no cadinho. O ar quente substitui o frio. De carvão de madeira, evolui-se para o coque, de maior rendimento. À medida que mais aperfeiçoamentos são introduzidos, a produção dos fornos vai aumentando, dramaticamente. Na Revolução Industrial, o alto forno já era uma tecnologia madura e eficiente.

Em vez do grande sacrifício para produzir uma maçaroca de ferro de poucos quilos – ainda misturada com escória, – o alto forno produz toneladas e toneladas, continuamente, por meses ou até anos. Sem a dramática queda de preço do ferro, não haveria a Revolução Industrial, com todos os seus tropeços iniciais e todos os seus ganhos, a partir de certo momento.

Porém, sobra um gigantesco desafio. A mais reles ferradura e a mais exaltada espada de Toledo são feitas, rigorosamente, do mesmo metal. Porém, no esquenta e esfria, ao longo do seu tratamento e com o nível apropriado de carbono, ocorre uma mágica: o ferro vira aço, mais duro e mais flexível, permitindo lâminas cortantes e duradouras.

É um material extraordinário, imbatível. Mas apenas se tiver as qualidades sonhadas. Na guerra, essas são decisivas. Espada ruim se parte durante a batalha. E, quando se quebram muitas, é a vitória do inimigo. Países competentes na guerra tinham acesso a boas espadas. Portugal e Espanha teriam fracassado, não fora seus bons ferreiros.

Porém, a manufatura do aço era muito mais misteriosa do que a do ferro. Originalmente, era produzido esquentando múltiplas vezes a peça e malhando-a teimosamente na bigorna. Combinando-se com o carbono – na proporção correta –, sua estrutura metalográfica adquire as características desejadas. Mas não é só isso. Conforme a velocidade com que é esfriada, a peça muda as suas propriedades. Até hoje, esse método é empregado em oficinas artesanais no Japão, para produzir katanas (tradicional espada japonesa), como as dos samurais – vendidas a preços estravagantes. Mas, desde sempre, uma têmpera errada e a espada parte-se, como se fora de vidro. Ou entorta. Ou não tem a dureza para exibir um corte durável. As artes de Vulcano são elusivas e temperamentais.

Séculos depois de inventado o alto forno para produzir ferro, novos métodos de fazer aço vão sendo desenvolvidos. Tal como no caso do ferro, é uma evolução lenta e progressiva. Os custos permanecem altos; a produtividade, baixa e os resultados, incertos (análises metalográficas do casco do Titanic revelaram que seu aço era demasiado quebradiço). O segredo da produção de aço é bem guardado pela natureza.

Finalmente, lá para o fim do século XIX, há um salto definitivo. O que era um processo imprevisível e misterioso vira uma indústria como outra qualquer. Soprando oxigênio no ferro derretido, o convertedor Bessemer torna-se o responsável por esta façanha. Estima-se que, na década seguinte à sua invenção, o preço do aço caiu para um décimo do que era.

Recuperemos a trajetória da tecnologia. Se considerarmos a velocidade com que o Homem evoluiu em sua capacidade de dominar a natureza, ao longo de várias etapas, isso sempre aconteceu com uma aceleração crescente. Ao aprender a fazer ferramentas, não apenas dá um salto enorme nas suas artes de manufatura, mas, também, transforma-se fisicamente, incluindo o bipedismo e o formato de suas mãos. Porém, enquanto dependia da pedra, da madeira e das fibras, os avanços encontravam seus limites. São os metais que aceleram o ritmo de seu avanço. O cobre é um grande passo. O bronze, ainda maior.

São o ferro e o aço, entretanto, que impulsionam mais dramaticamente a capacidade do Homem de modificar o seu entorno. Não seria exagerado dizer que, na sua história, nunca houve um salto de maior impacto do que o trazido pelo domínio do ferro. A Revolução Industrial é a Revolução do Ferro. E foi o salto de produtividade trazido por ela que permitiu um dramático aumento na qualidade de vida do Homem. Pela primeira vez na história, passou a ser possível oferecer um padrão de vida digno para todos e não apenas para uns poucos privilegiados.

Nos últimos séculos, aparecem as ligas de aço, ajuntando-se a ele pequenas partes de titânio, nióbio, níquel, cromo, molibdênio e outros metais raros. Entra ano, sai ano, os graus de dureza e os de resistência são ultrapassados nos aços finos, além de melhor resistirem à corrosão (aço inoxidável).

Não podemos subestimar o impacto do que veio depois, mas insistimos que a grande alavanca foi o ferro. O resto veio no embalo.

Naturalmente, não é o único metal de sucesso. Desde cedo, as ligas combinando metais diferentes abrem um leque impressionante de possibilidades. Por exemplo, o latão (cobre e zinco) é muito mais conveniente para a manufatura de instrumentos de precisão e em tudo que requer acabamento perfeito. Com o ferro, isso era mais difícil.

Na segunda metade do século XX, o alumínio começa a ser mais difundido. Isso porque apenas com uma eletricidade bem mais barata a redução da bauxita se torna economicamente viável. Porém, suas vantagens são decisivas. É mais leve, não oxida de forma tão perniciosa e é fácil de ser usinado. De resto, não há aviões de ferro.

Em seguida, com os avanços na química do petróleo, entram em cena os plásticos. São cada vez mais variados e concebidos para diferentes usos. Uns, humildemente, carregam lixo. Outros, como o Kevlar, protegem de balas inimigas. É tanto plástico que já viraram uma praga ambiental.

Meras brincadeiras no século XIX, os experimentos com eletricidade e eletrônica acabam por virar coisa séria. Elementos misteriosos, como o galena e o germânio, permitem que uma corrente elétrica flua, apenas, em um único sentido. Essas propriedades retificadoras abrem as portas para as maravilhas da eletrônica do estado sólido. Porém, com o tempo, a mesma substância da areia da praia se revela um semicondutor imbatível. Vivemos na era do silício. Não mais do que o equivalente a alguns grãozinhos de areia põem em marcha um celular, capaz das mais assombrosas proezas.

Como os combustíveis fósseis provocaram a maior crise ambiental criada pelo homem, há uma busca incessante de alternativas aos motores de combustão interna. Antes, o lítio era um desses nomes misteriosos, a serem decorados para a prova de química. Hoje, vira herói mundial. Nada melhor foi ainda achado para fazer as baterias que movem os carros elétricos.

E, como já mencionado, a partir do século XX, o avanço da tecnologia se torna, em grande medida, caudatário dos avanços da ciência. A ciência, o grande prodígio da inteligência humana, passa a ser o grande parceiro e inspirador dos saltos da tecnologia.

Assim chegamos ao presente, inundados pelos produtos da tecnologia. Em sua maioria, ajudam-nos, e não é pouco. Mas não é surpresa, há outros de impacto negativo e aqueles inventados para causarem mal, como armas e gases venenosos, para citar apenas dois.

Antes de terminar, vale a pena explorar a "contramão" do processo usual de ciência desaguando na tecnologia. Não nos esqueçamos, os avanços tecnológicos podem abrir as portas para novos caminhos para a ciência. Ou seja, é a tecnologia permitindo o crescimento da ciência.

Os exemplos mais rematados vêm dos produtores de lentes para a ótica. Grandes progressos foram obtidos na sua manufatura e no seu polimento. Quando aplicados aos microscópios, confirmaram a existência de micróbios, até então uma controvérsia exasperada. Nos telescópios, multiplicaram os corpos celestes conhecidos.

A tecnologia obedece a outro senhor, o mercado

Aqui, exploramos um pouco mais a lógica sob a qual se produz tecnologia nos dias de hoje. É bem diferente do que aconteceu ao longo de milênios, pela sua imbricação com a ciência. Em tecnologia, não se trata, apenas, de inventar; não é, apenas, ter ideias criativas. É dar o passo seguinte, é levar à frente o que foi pensado. E logo vêm os testes fatais: alguém usou, alguém fabricou, alguém comprou? Se apenas uma das respostas for negativa, nada feito. A essência do desafio do desenvolvimento tecnológico é que muita coisa tem que acontecer ao mesmo tempo, não dá para esperar.

Hoje, ainda há muita tecnologia que não está bebendo na fonte da última ciência publicada. São pequenos e grandes inventos que pipocam. São inventores ou gente comum buscando e encontrando soluções para problemas com que toparam no seu cotidiano. Pode ser um novo canivete ou trinco de porta. Não podemos subestimar a importância do somatório desses pequenos avanços – na seção 389, voltaremos a eles.

Porém, nosso tema, aqui, é a situação usual, quando a tecnologia está a jusante da ciência e deriva-se dos seus resultados. Essa é a tecnologia que traz os grandes saltos de uma nação. É cara e complicada. E, como já sugerido, requer que muitas condições sejam atendidas, em uma cronologia bem definida.

O problema mais comum é ser tratada com a mesma lógica de circuito fechado da ciência. Alguém tem uma ideia e se apaixona por ela. Vai em frente e a desenvolve. Raramente dá certo. Apenas produz a chamada "tecnologia de prateleira". Alguém faz e ninguém compra ou usa. Jogada em algum canto do laboratório, vai acumulando poeira. Isso aconteceu, muitas vezes, no Brasil. Laboratórios de empresas bilionárias podem se dar ao luxo de permitir um pouquinho disso. Mas, certamente, é a exceção que confirma a norma.

O real desenvolvimento tecnológico tem que partir da existência palpável de quem queira comprar e usar o que se sonha desenvolver. Essa é a condição *sine qua non*. No entanto, a maioria dos países, mais para pobres, não faz senão "tecnologia de prateleira". É o equívoco contumaz de quase todos. Há dúzias de países capazes de produzir ciência. Mas, contam-se nos dedos aqueles que, regularmente, produzem tecnologia, no sentido de que é comprada e usada. O

Brasil já produziu muita tecnologia que não deu em nada. Porém, já teve alguns sucessos.

São muitas condições a serem simultaneamente atendidas para dar certo. Diante de todas essas dificuldades, revela-se mais difícil produzir tecnologia do que ciência.

O desenvolvimento tecnológico requer um aparato complexo de financiamento, infraestrutura, laboratórios e capital humano. Os erros de pontaria custam muito caro e minam a credibilidade das políticas de investimento em tecnologia. Independente de mercado para o produto, há, também, a necessidade de um ambiente favorável a tais iniciativas.

Para entender a lógica do desenvolvimento tecnológico, a primeira pergunta é quais instituições costumam estar a cargo da sua produção.

Tipicamente, temos as universidades que fazem, também, pesquisa científica. Temos institutos de pesquisa independentes. E várias empresas podem estar interessadas na tecnologia, para o seu uso. A rigor, poderiam desenvolvê-las elas mesmas.

Muitas universidades têm a experiência de conduzir pesquisa e têm laboratórios. Seus pesquisadores têm o hábito de manejar projetos e uma formação acadêmica minimamente apropriada para as tarefas. Até aí, é território comum.

Mas, em geral, falta-lhes a capacidade e a vocação de auscultar o mercado. Falta-lhes, também, o gosto e a competência requerida para vender o resultado. Igualmente, não estão habituadas aos rígidos cronogramas, requeridos para ter o resultado pronto no momento oportuno. De fato, quem pode comprar o produto opera em mercados competitivos, nos quais os atrasos são fatais.

Ademais, nas universidades públicas, falta a flexibilidade legal para a complexidade operacional de conduzir os projetos. Comprar um mero reagente é um pesadelo. Daí a necessidade de criar fundações de direito privado, com todas as objeções ideológicas à sua operação.

Entretanto, há um outro fator, talvez até mais ubíquo e poderoso. O que levou a um pesquisador a se dedicar à ciência é a curiosidade intelectual, é a aventura de lidar com ideias. Em contraste, a tecnologia é movida por gente ávida de resultados práticos e de recompensas monetárias. Poucos cientistas são atraídos pelo lado comercial do que fazem. Portanto, não lhes interessa lidar com tecnologia.

Falando de minhas próprias motivações, como pesquisador, sou atraído pelo prazer intelectual de desvendar os segredos da natureza. Minha motivação não é ficar rico por fabricar alguma tralha.

A tecnologia se desenvolve, também, nos institutos de pesquisa. Estes têm algumas das limitações da universidade. Em geral, são públicos, em alguns casos, operando com poucos incentivos para o sucesso na empreitada. E não é incomum o envelhecimento das equipes ou a intromissão danosa do Estado no seu funcionamento. Nesse sentido, podem ser mais vulneráveis.

Em Belo Horizonte, o instituto de pesquisas estadual, CENTEC, foi envelhecendo. Daí a decisão de transferi-lo para o Serviço Nacional de Aprendizagem Industrial (SENAI). Lá, recebeu as instruções que vêm prevalecendo nos seus próprios institutos de inovação. Como aprenderam com a Fraunhoffer alemã, primeiro vende e depois executa o projeto. Jamais inverter a ordem.

Com certeza, essa regra tão simples vacina os laboratórios de inovação tecnológica das inefáveis tecnologias de prateleira.

As empresas têm uma vantagem imbatível: são potenciais consumidoras das tecnologias produzidas. Se resolverem produzir elas mesmas, o mercado e os cronogramas estão assegurados. E essas são as condições mais delicadas de serem atendidas. Porém, esse não é o seu produto principal e, em poucos casos, têm departamentos especializados em desenvolvimento tecnológico. Ainda mais grave, em certo tipo de projeto, não querem investir e ver seus produtos pirateados pela concorrência.

Na história dos países de nível intermediário, como o Brasil, diante da passividade das empresas, a opção é, quase sempre, entregar a missão às universidades. A tarefa é hercúlea e com muitos fracassos, aliás, alguns previsíveis. Mas outros, não. Por exemplo, na década de 80, um projeto financiado pela FINEP produziria impressoras a jato de tinta. As cabeças das impressoras seriam fornecidas por uma pequena empresa da Inglaterra. Mas a IBM, uma concorrente nesse produto, no último momento, comprou a fábrica inglesa! Falência da empresa brasileira!

Some-se a isso tudo a necessidade frequente de etapas intermediárias, entre a pesquisa e a geração de um produto comercial e escalável. Por exemplo, muitos produtos novos requerem plantas piloto, antes de serem produzidos em escala industrial. E estas tendem a ser grandes e caras demais para o porte de um laboratório universitário.

As diferenças entre as estatísticas de produção de ciência e as de tecnologia dão um eloquente testemunho da maior dificuldade de ter sucesso nesse segundo campo. O Brasil, hoje, publica dez vezes mais artigos em periódicos científicos do que registra patentes.

Entretanto, para colocar em perspectiva essa comparação, considere-se que esse modesto número de patentes ainda é superior ao de todos os nossos vizinhos no Hemisfério. Ou seja, a transição da ciência para a tecnologia é a parte mais árdua do caminho. Poucos conseguem vencê-la de forma satisfatória. O Brasil tem vários casos de sucesso, até mais que os outros países em seu estágio de desenvolvimento. Ainda assim, persiste o enorme fosso entre a relativa abundância de publicações e os minguados avanços na tecnologia.

Mais adiante, mostraremos os nossos sucessos na geração de tecnologia. Considerando as dificuldades, não nos saímos tão mal.

Tecnologia *made in Brazil*: Existe?

Acabamos de explorar a lógica do desenvolvimento tecnológico. Aqui, passamos ao exame da experiência brasileira nessa área. A despeito de muitas dificuldades e desencontros, tivemos, também, um número considerável de sucessos. Mas, enfim, temos tecnologia brasileira? Esse permanece um assunto altamente controvertido.

Antes do século XVIII, fosse no Afeganistão ou em Londres, as mesmas coisas eram produzidas, por métodos parecidos. Vem a Revolução Industrial. Com o carvão, o aço e a divisão de trabalho, mecanizam-se os processos, aumentando a escala de produção e reduzindo-se os custos. Muda tudo. As tecnologias modernas permitiram saltos extraordinários na produtividade. E, portanto, nos níveis de bem-estar da humanidade. Antes, qualidade de vida era um privilégio de poucos. Hoje, pode ser oferecida para quase todos nos países industrializados.

Passamos do forno catalão para o forno com injeção de oxigênio, do tear manual para a lançadeira a jato de ar, da produção artesanal à linha de montagem robotizada. A tecnologia permite fazer quase tudo melhor e mais barato.

Ninguém duvida, a Revolução Industrial transformou o mundo. Porém, iniciou-se nos poucos países que já eram tecnologicamente mais avançados, como Inglaterra, França, Alemanha e Estados Unidos. Quem visitou uma catedral gótica, do período medieval? Quem já examinou de perto o acabamento de uma armadura, do mesmo período? Quem o fez, não pode deixar de extasiar-se diante das proezas tecnológicas nelas contidas. E ambos os feitos já têm quase um milênio de idade.

E o resto do mundo? Alguns continuam produzindo como antes. Todavia, em países ainda pobres, houve surtos de industrialização e apareceram enclaves de ciência e de tecnologia. É o caso do Brasil. Além de sua indústria, possui um razoável núcleo de ciência e alguma experiência em desenvolver tecnologia. Acertamos e erramos. Mas foram avanços significativos.

Queremos crescer. Queremos eliminar a pobreza. Visando a atingir nossos objetivos, para onde devemos direcionar a nossa capacidade científica e tecnológica? Onde estão nossas vantagens comparativas?

Enquanto eram muito baixos os nossos salários, as indústrias intensivas em mão de obra podiam oferecer um caminho. No entanto, o Brasil não consegue mais competir com a mão de obra barata do Oriente ou da América Central. Por isso, precisa identificar outros nichos.

No campo da ciência aplicada, o país avança no tratamento de doenças tropicais – que não atraem as grandes farmacêuticas, pelo reduzido poder de compra dos potenciais clientes. O mesmo com certas vacinas.

Produtos mais simples, como têxteis e sapatos, continuam sendo produzidos, porém já não mostram a mesma promessa de competitividade. Portanto, é preciso buscar outros nichos que permitam aproveitar a capacidade de pesquisa e o grande tamanho dos nossos mercados.

A evitar sempre são os mercados onde os ricos despejam sua competência e amplos capitais. São áreas em que seremos massacrados pela concorrência, se ousarmos entrar. Seria o caso da produção de chips sofisticados – que nem a Rússia consegue produzir.

O que vemos é que o leque de alternativas interessantes está decrescendo de forma assustadora, com as transformações que ocorrem no resto do mundo. Europa e Estados Unidos dominam o mercado das altas tecnologias. Curiosamente, dominam, também, nichos tradicionais, altamente refinados, como perfumes, vinhos, queijos e outros.

A China é imbatível em tudo que pode ser produzido em altíssima escala. Compete, diretamente, com a indústria brasileira, cujo mercado interno é grande, mas não tão grande quanto o deles. E, rapidamente, está galgando o nível de refinamento e complexidade na sua linha de produtos.

Ainda assim, temos, no Brasil, alguns exemplos clássicos de sucesso. Na manufatura, vêm à mente os ônibus. Isso porque sua escala de produção é relativamente modesta, comparada com automóveis. É apropriada para o nosso parque industrial.

Avanços na tecnologia de produção de bens primários (minérios, por exemplo) também continuam sendo boas apostas. O uso do eucalipto para a produção de papel tem a marca registrada do Brasil. Igualmente, louvem-se nossas façanhas em tecnologia de petróleo em águas profundas.

A experiência brasileira com a reserva de mercado para a informática foi um caso curioso e pessimamente interpretado. Era mais do que óbvio, o país necessitaria computadores *mainframe* e os novos minis que estavam fazendo bonito. Nem pensar em restringir sua importação. Todavia, apareceu um brinquedo interessante: os microcomputadores. A própria IBM achava que não passavam disso. Criar uma reserva para eles seria dar aos nossos engenheiros um campo de prática que não lesaria nossa produtividade. E assim foi feito. Inaugurou-se uma grande festa, com centenas de empresas sendo criadas e muita experimentação para todos os lados. Pareceria um plano impecável, não fora o fato de que os PCs começaram a invadir o espaço dos outros computadores, eventualmente, vindo a dominar a cena.

A reserva deixou de ser uma boa ideia. No entanto, dada a nossa dificuldade em tomar decisões penosas, sobreviveu muito mais do que deveria. Ou seja, uma ideia interessante foi atropelada pelas surpresas da história.

A urna eletrônica, em grande parte desenvolvida localmente, é resistida nos países habituados às contagens tradicionais de votos. Aqui, foi adotada e ninguém conseguiu demonstrar que não são confiáveis. Até agora, resistiram a todas as denúncias.

Sobre a EMBRAER, há pouco a se dizer de novo ou diferente. É a terceira maior produtora de aviões comerciais e os novos lançamentos continuam mostrando promessa. Quando pensamos onde poderiam estar as vantagens comparativas do Brasil, não pareceria uma boa aposta. Contudo, deu certo.

No fundo, a agricultura tropical é o mais conspícuo sucesso de junção de pesquisa com aplicação. Resulta da constatação de que pouco se interessaram os países ricos em criar espécies comerciais e métodos concebidos para climas tropicais.

Por séculos, nossa agricultura foi apenas a mímica do que faziam os imigrantes vindo da Europa. Por exemplo, arar a terra vem de países onde era preciso descongelar o solo, ao início da primavera. Quantos séculos até que se inventasse o "plantio direto"?

A combinação da EMBRAPA com as nossas universidades agrárias permitiu uma revolução no campo. É um caso notável de bom acoplamento da ciência com a tecnologia. De produtor mambembe e insuficiente de alimentos, estamos nos convertendo no país com as maiores produtividades por hectare em um número crescente de produtos.

O êxito inicial do Brasil com a soja e com muitos outros produtos que se seguiram são exemplos clássicos. Já somos os primeiros exportadores de três produtos agrícolas.

Importávamos maçãs. Hoje exportamos. O ciclo das oliveiras está apenas começando. O mesmo com as nozes pecan e macadâmia. Nada disso dá certo, se alguém embolsa algumas sementes no exterior e traz para o sítio de fim de semana. Todo o processo tem que passar pelos processos de aclimatação e desenvolvimento de variedades voltadas para os nossos biomas. No passado, isso era conseguido após longos anos de experimentação. Hoje, a tecnologia acelerou dramaticamente esse processo.

Nesse campo das proezas na agricultura, note-se uma curiosidade: no paralelo 8º (no caso, Petrolina), nenhum outro país no mundo conseguiu produzir um vinho de qualidade aceitável. E a técnica do vinho de inverno é uma surpresa. Regiões que jamais fizeram vinhos estão ganhando medalhas com os seus.

Aprendemos com os imigrantes europeus. Seguindo o ciclo das estações, colhe-se uma safra por ano. Certo lá, errado aqui. Com a insolação maior e com os avanços tecnológicos, podemos colher duas, e até três.

Temos, também, a possibilidade de nos converter em uma grande potência florestal. Apesar da falta de juízo no corte irrefletido de florestas nativas e das queimadas, temos grande potencial. Há imensas áreas de solo degradado, candidatas a reflorestamento. Com a nossa insolação, os eucaliptos crescem quatro vezes mais rápido do que as árvores nórdicas. Outras espécies estão sendo plantadas, com resultados iniciais promissores. Nesse campo, há cenários otimistas à frente.

Na Educação, temos pouquíssimo a mostrar. Continuamos com um desempenho fraco em quase todos os níveis. Contudo, nos mestrados e doutorados, saímo-nos bastante bem. De fato, a taxa de crescimento das publicações científicas brasileiras, nos periódicos indexados, foi das mais altas observadas em todo o mundo.

O Brasil é líder na TV educativa. Esta não poderia florescer nos países ricos, amplamente atendidos por uma pletora de professores de nível, pelo menos, aceitável. Mas, para nós, fez sentido usar a experiência das telenovelas para criar aulas atraentes e que chegam a todos os grotões. O Telecurso 2000, junto com a Telesecundaria do México, são exemplos para o mundo. Não há nada de qualidade e eficácia comparável. Nos países ricos, não são necessários. Nos outros, não há a mesma competência na dramaturgia televisiva.

Uma inovação brasileira são os chamados "Sistemas de Ensino". São instituições privadas voltadas para o apoio a escolas individuais. Estruturam mais as rotinas escolares, editam coleções de livros, produzem guias de aula passo a passo, preparam os professores e oferecem sistemas de avaliação. Com isso, aumentam, de forma significativa, o desempenho das escolas que os adotam.

Já mencionamos o nosso Sistema S de formação profissional. Nele, o SENAI mostra desempenho de primeiro mundo.

Os exemplos citados mostram as oportunidades que soubemos aproveitar. Capitalizamos em alguns sólidos enclaves de desenvolvimento científico e tecnológico. Fizemos bonito ou foram sucessos menores? Poderíamos haver feito muito mais? Ou seria melhor não perder tempo e dinheiro com tais assuntos?

Melhor comprar a tecnologia já pronta e testada? A cada um oferecer seu *veredictum*.

Com certeza, haverá outras linhas promissoras. Mas precisamos de inteligência e pragmatismo para encontrar esses nichos. Entusiasmo não basta.

Rodeados de burrice: a falta de inovações na tecnologia do cotidiano.

A ciência nasce da inspiração. A tecnologia nasce da percepção de um problema real não resolvido. Aqui, ilustramos a existência de muitíssimas falhas, até dentro das nossas próprias casas. Estão à espera de quem as identifique e as resolva. Isso também é desenvolvimento tecnológico, ainda que simples e em escala diminuta. Por que sonhamos com viagens espaciais e não melhoramos os canos das nossas casas?

Impelido pela sua curiosidade, inteligência, criatividade e iniciativa, o *Homo* virou *Sapiens*. Isso porque não para de fuçar e inventar. Criamos a roda e, hoje, temos o BMW. Domesticamos o fogo e, hoje, temos os micro-ondas.

Esse assombro leva à impressão de que o engenho humano se volta para todos os problemas e sempre encontra boas soluções. Tolo engano.

Convivemos no cotidiano com burrices e problemas triviais não resolvidos ou cujas soluções são adotadas a conta gotas.

Poucos se dão ao trabalho de olhar em volta e verificar que sofrem com problemas simples. De fato, promiscuamente, convive a inteligência fulgurante com a burrice mais exaltada.

Entrando em um avião, há um momento em que temos um pé na inteligência e outro na burrice. Um avião moderno é uma das maiores concentrações dos frutos da genialidade humana. Tudo foi pensado e muito pensado. Um aeroporto é um estacionamento de burrices superpostas. Por sua ineficiência, passamos mais tempo e desconforto neles do que sentados no avião.

Por todos os lados, os desacertos estão aí e poucos notam, protestam ou consertam. Para demonstrar essa tese, convido os leitores para dar uma volta dentro de suas próprias casas, onde passam, pelo menos, a metade das suas vidas.

Comecemos com os calores e frios. Conforto térmico é essencial, mas a arquitetura não parece tomar conhecimento disso. Nos trópicos, construímos seguindo a receita dos países frios, com vidro abundante, como requer uma estufa. Diante do calorão, colocamos ar-condicionado. No entanto, o isolamento é tão ruim que, segundos após desligado, já volta o calor. Parentes dos desconfortos térmicos estão os acústicos, seja no isolamento inadequado do exterior, seja no excesso de superfícies lisas e paralelas, criando reverberações desagradáveis.

Uma janela chamada de "maxim-air", prometia abrir-se completamente. Mas apenas uma nesga é permitida. Já a de correr, como a do meu quarto, produz uivos lancinantes ao abrir, acordando quem dorme. Isso porque não pode ser desmontada, para lubrificar os rodízios.

Vejam a incompatibilidade de gênios. Pedreiros descobriram que sinuosidades no reboco e ângulos que não chegam a ser retos não são visíveis para quem paga a conta. Porém, móveis de embutir, pela técnica de fabricação, têm superfícies rigorosamente planas e ângulos retíssimos. Sendo assim, nada se encaixa. Os "móveis planejados", ou sob medida, apenas existem porque as dimensões das cozinhas, banheiros e quartos não são modulares.

Sentemo-nos na sala, para pensar no assunto. O desenho de algumas cadeiras reflete uma época vitoriana em que conforto era confundido com fraqueza de caráter. Sofrem a coluna e a bunda. Os sofás e as poltronas tendem a ser mais confortáveis. Mas por que poucos têm uma capa que possa ser retirada e jogada na máquina de lavar?

O verniz tradicional da janela está pelando, terá que ser, pacientemente, raspado e lixado, antes de receber a nova demão. Se fosse usado óleo, bastaria pincelar por cima.

Os móveis de madeira laminada são baratos e podem ser bonitos. As quinas, por sua vez, sujeitas a abrasão e golpes, ficam horrorosas. Isso porque não foram reforçadas com lâminas mais espessas (como se faz na Escandinávia).

Passemos ao escritório, depois de notar um quadro caríssimo na sala. O computador é uma catástrofe de desenho industrial (exceto se for Apple). Estando ligado, a interface é outro desastre estético. Muitos de nós passamos mais de 8 horas em frente à sua tela e, apenas de relance, contemplamos o quadro caro da sala. A beleza não deveria estar onde nosso olhar repousa mais tempo?

O capítulo da iluminação é lúgubre. A luz do escritório não é suficiente para a boa leitura. Na iluminação da mesa de jantar falta charme. E a do quarto mais parece sala de espera de serviço público. Em clara regressão tecnológica, substituímos uma base de tomada que aceitava dois tipos de pinos (chato e redondo) por outra que só aceita um. Aliás, por que em raros quartos se pode acender a luz, tanto da porta quanto da cama?

Soa o alarme do meu relógio digital. Não sei desligar, pois as instruções vieram erradas da fábrica e os controles são diferentes em todos os relógios que possuí. Quando começo a decorar, enguiça e tenho que comprar outro diferente.

Que tal uma olhada na cozinha? É páreo árduo para o banheiro, na competição por mais burrices por metro quadrado – bem como risco de acidentes.

O queimador do fogão, na regulagem mínima, é forte demais para manter uma leve fervura. E, na máxima, é insuficiente para uma boa fritura.

Com certeza, quem pilota a cozinha sabe que louça molhada seca sozinha, mas prefere esfregar nela o pano de prato. E não sabe que ferver água sem tampa na panela gasta o dobro do gás. Entendeu, erradamente, que faca cega e pequena é mais segura. Na verdade, quanto maior e mais afiada, menor o risco de acidentes, pois exige menos esforço e não resvala.

Foi estimado: quem cozinha todos os dias caminha 250 km por ano, somente nessa faina. Se a localização do fogão, pia, geladeira e despensa for repensada, a andança e o tempo se reduzem em um terço.

Há uma lei da natureza estabelecendo que, em alguma hora, o cano vai vazar e a água vai se infiltrar pelas paredes. Diz também a lei que isso acontece pouco depois de sair de linha o modelo de azulejo usado. Por que insistimos em construir paredes que duram séculos e nelas embutimos canos que duram poucos anos? Ou seja, fazemos casas inconsertáveis.

Construímos uma laje horizontal e a revestimos com o mais caro mármore. Facilmente, pode durar um século. Para que seja impermeável, instalamos uma manta de borracha, cujo fabricante proclama que sua garantia é de cinco anos. Faz sentido?

Meus amigos engenheiros civis já não aguentam minhas reclamações contra telhados que vazam. Mas, passeando em Londres, sob chuva inclemente, noto que as casas de meio século são poucas e as de meio milênio são muitas. E, em ambas, os telhados não vazam. Chego à casa de meu amigo, em Dijon, sob chuva copiosa. Como não via vazamentos, pergunto quando foi construída sua casa. Segundo ele, havia dúvidas, parece que entre 1300 e 1400.

E as embalagens? Abrir docinhos, geleias e outras guloseimas desafia as competências manuais dos glutões. Na prática, acaba-se conseguindo, mas jamais sem lambuzar os dedos. Já propus uma lei, na qual os presidentes das empresas deveriam ser obrigados a abrir, em programa de televisão, as embalagens de todos os seus produtos. Suas Excelências do Legislativo, se criassem uma tal norma, estariam prestando mais serviços à sociedade do que aprovando leis sobre o "Dia da Feijoada".

Visitemos outro epicentro da burrice, o banheiro. A água do boiler é mantida quente demais, desperdiçando energia, pela maior dissipação de calor. Sem falar no risco de queimaduras.

Como abrir, com a mão ensaboada, a maçaneta lisa do chuveiro?

Ou a tampa esférica e igualmente lisa do xampu? (E, se for xampu de hotel, é preciso sair do chuveiro e ir procurar os óculos, para ver se não é creme hidratante ou condicionador.)

Dá trabalho regular as maçanetas da água fria e quente. Logo, por preguiça, ensaboamos com o chuveiro aberto. Só agora começam a se difundir os misturadores monocomando. Ficando fixa a temperatura escolhida, é mais cômodo economizar água.

Se fosse mostrada uma banheira para um marciano e ele tivesse que adivinhar como seria um humano, apenas estudando o formato da cuba, provavelmente, desenharia o corcunda de Notre Dame.

E o risco de escorregar nas superfícies lisas do banheiro? Por que apenas os banheiros de pessoas desvalidas têm onde segurar?

Se há no banheiro uma balança portátil, é preciso um binóculo para ler o peso, ou, então, chamar um ajudante, pois os números não são para nossas idades.

Tratemos de aspectos prosaicos. Desde os romanos, o banho pode ser um prazer sensual, além de suas funções mais óbvias. Mas a proximidade de uma latrina destoa do clima almejado. Por que não despachar para local mais recatado esse aparato conveniente, mas pouco inspirador?

Aliás, o sanitário comum é uma tecnologia atrasada e glutona em água. É quase certo que a latrina de um Boeing foi objeto de mais gastos de pesquisa e desenvolvimento do que todas as latrinas do mundo reunidas.

No meu antigo escritório, o chuveirinho sanitário vazou, provocando uma inundação nos arquivos do andar de baixo. Como é possível que um objeto simples e de tecnologia centenária seja tão pouco confiável?

Essa ladainha de pequenas e grandes burrices leva às seguintes reflexões:

Em primeiro lugar, precisamos abrir os olhos para a existência dessas falhas e burrices.

Em segundo lugar, por que tolerar desconfortos, custos mais altos e inconveniências resultantes do mero fato de que ninguém se deu ao trabalho de identificar, pensar e resolver as centenas de deficiências no mundo que nos cerca? Aliás, todos os exemplos oferecidos têm soluções baratas ou que permitem economizar dinheiro. Mas antes que o capitalismo seja acusado de mais uma vilania, em minhas múltiplas idas ao mundo soviético, vi que lá a situação era infinitamente pior.

Em terceiro lugar, por que não sermos engenheiros desse fascinante desafio de encontrar saídas para os problemas do cotidiano? É parte dos prazeres e realizações da vida decifrar esses pequenos enigmas e encontrar soluções para eles. É porque muitos fizeram isso que nossa espécie chegou tão longe e vivemos tão confortavelmente. Ouçamos o designer canadense Bruce Mau: *"O prazer é o motor do crescimento. Explore a liberdade de lançar-se com seu trabalho em um experimento maravilhoso, com suas iterações, tentativas e erros. Repita-se. Se você gostou, faça de novo. Se não gostou, faça de novo. Erre muito."*.

A índole desta seção é mostrar o gigantesco espaço que existe para a pequena e para a micro inovação tecnológica. Como tecnologia começa na identificação de um problema não resolvido, dentro da nossa casa já podemos identificar muitos, à espera de uma pequena modificação ou uma reinvenção.

O *habitat* da inovação: Por que tantos inventores na Suíça?

Nesta seção, interrompemos nossos comentários sobre o Brasil e damos uma voltinha pela Suíça. Trata-se de descrever o caso de um jovem que constrói um anemômetro e vende para os amigos. Acaba como sólido fabricante desses aparelhos. Como e por que isso acontece na Suíça e não em países como o Brasil? O que é diferente lá?

Quando morava em Genebra, ia sempre ao Mont Salève, para voar de asa delta ou parapente. Certo dia, comprei de meu jovem colega de clube um anemômetro (medidor de velocidade do vento), muito útil para não decolar na hora errada.

Quem fez esse aparelho? Responder a essa pergunta ajuda a decifrar o processo de inovação. De quebra, poderemos melhor entender o nosso mundinho aqui.

O aparelho foi desenvolvido e construído pelo próprio piloto, um jovem criativo. Chama-se Jean-Claude Carrard e sua fábrica, criada após o sucesso inicial com colegas de voo, tornou-se a maior produtora mundial de anemômetros desse tipo.

Invenção é uma descoberta, uma ideia nova. Inovação é combinar – pode ser o velho ou o novo – e vender o resultado. No caso, ele nada inventou, apenas juntou, com criatividade, o que existia, fazendo um aparelho leve, elegante, confiável e barato. Como os concorrentes eram pesados e caros, sua inovação era vendável.

Aliás, a Suíça é o país com maior número de patentes per capita. Será seu povo mais criativo? Não creio. As diferenças são outras.

A inovação resulta de gente curiosa e perguntadeira: Por que isso não funciona direito? Será que poderia criar uma versão melhor ou mais barata? F.W. Taylor, o celebrado pai da administração científica, resolveu aprender tênis. Antes de adquirir competência com a raquete, registrou duas patentes de dispositivos para esticar a rede. Tinha o olho clínico para identificar situações mal resolvidas ou capengas e propor alternativas.

Para que um país seja criativo, é preciso que muitos tenham essa combinação de espírito crítico, criatividade e crença de que vale a pena buscar uma nova resposta. Por sua vez, para que isso aconteça, a sociedade precisa valorizar e estimular essas atitudes. Assim acontece nas sociedades onde há muita inovação.

E não é só isso, inovadores isolados são raros. A inovação borbulha quando há um bando de gente trocando ideias e interagindo. Ou seja, nos lugares onde se cultiva o avanço tecnológico, há uma massa crítica de gente, com os mesmos valores e o mesmo entusiasmo pelo desafio de dar luz a alguma coisa nova.

No passado, a Itália produzia muitos cantores de ópera. O Brasil é um celeiro de jogadores de futebol. Quênia produz maratonistas. E, não por acaso, as pessoas desabrocham naquilo que é endeusado pela sociedade. Assim é a inovação na Suíça. E, óbvio, o Estado oferece facilidades e estímulos para premiar os criativos. O nosso construtor de anemômetros nem engenheiro era. Fez, apenas, um curso técnico de excelente qualidade.

Em uma feira anual de invenções em Genebra, na década de 80, a China enviou uns 100 inventores. O país ainda cambaleava, os participantes não falavam inglês e seus inventos eram para lá de bobocas. No entanto, o Estado sinalizava o seu compromisso com a inovação. Quantos inventores brasileiros estavam lá? Nenhum.

Uma sociedade como a nossa, carente de inovações, precisa estimular e não penalizar os inventores e as iniciativas que podem desembocar nelas. Sabidamente, o Estado é o último lugar onde poderemos encontrar inovações. Mas, espera-se, pelo menos, que não atrapalhe os poucos a se aventurarem nessas direções.

Registrar uma patente é um pesadelo. Anos! Os financiamentos públicos não vão para quem tem as melhores ideias, mas para quem já está consolidado e oferece menores riscos. Pagar impostos é um sofrimento. As notas fiscais encalham nos computadores das prefeituras. Alvarás? Certidões? Trogloditas ambientais à espreita?

Faz parte do folclore do Silicon Valley a ideia de que falir é parte do aprendizado. Porém, no Brasil, se criar uma empresa já é difícil, liquidar uma empresa falida é uma *via crucis* ainda mais penosa.

Meu irmão tinha uma pequena fábrica de persianas. Era franqueado de uma multinacional, com uma filial no Brasil. Em dado momento, o Presidente da matriz, nos Estados Unidos, convocou o chefe da operação brasileira. Queria saber como era possível que ele, presidindo uma multinacional milionária, tinha apenas cinco pessoas encarregadas de pagar os impostos da empresa, enquanto a filial brasileira tinha 25 pessoas cuidando dessa mesma função.

Nossas *startups* borbulham, não lhes falta criatividade. Mas não é por acaso que se ajuntam todos para cultivar e proteger um microambiente de empreendedorismo. Quem sabe, um dia, poderão vicejar fora dessa redoma?

Tecnologia nem sempre ajuda, às vezes pode atrapalhar

Esta seção traz um contraponto e uma singela advertência. Mais tecnologia não significa que as coisas andem melhor. Exemplifica, citando uma tecnologia promissora, mas inacabada. Revelou-se, amplamente, pior do que os métodos tradicionais.

A cada dia que passa, os computadores devoram mais tarefas. No início, folha de pagamento, contabilidade e estatística. Sucesso estrondoso, o resultado é mais perfeito, mais barato e elimina trabalho monótono. No entanto, certas tarefas permanecem inatingíveis: devo me casar com a Mariquinha? No meio do caminho, a Inteligência Artificial (IA) avança, mas com os trambolhões inevitáveis.

Para achar imóveis, a Internet é imbatível. Abrimos o site e lá está a casa, com todas as fotos possíveis. Porém, buscando um apartamento para alugar, vivi as agruras de uma imobiliária que migrou sua burocracia para orgulhosos computadores.

No meu caso, atrapalhou. São três empresas encadeadas e ninguém sabe onde estão as portas de entrada. Metade é em

São Paulo; o resto, em Belo Horizonte. O e-mail entra na fila para ser respondido, levando dias. O algoritmo de avaliação de cadastros é impenetrável e monossilábico. Não diz se ajuda incluir o rendimento de parentes? Ou estará certa a titularidade do pedido? Ou se aceitou a certidão? Incluo rendas no exterior? Meu contador não entendeu nada. O corretor escafedeu-se, parece que que também não entende dos mistérios da informática imobiliária. Com humanos, não se fala, nem ao telefone. Levei bomba sem saber por quê.

Foram muitas semanas e mais de 50 e-mails, esgrimindo com uma informática misteriosa e tripulada por humanos que nem usam o dom da voz e nem possuem o da inteligência. E, ainda menos, o da cortesia. O veredicto foi sumariado pela lapidar frase (via e-mail): "O seu cadastro não foi aprovado, tá?".

Para que saiba o leitor, minha renda é amplamente superior à exigida para o cadastro e minha ficha no SERASA (órgão de proteção ao crédito) é virgem. O que aconteceu? Ao reclamar, um "humano" da própria empresa acabou por reconhecer que o algoritmo se atrapalha com pessoa jurídica, não sabe lidar com múltiplas fontes de renda e nem diz como toma suas decisões. Mas não confessa que tropeçou. Tudo é segredo insondável. É a volta da Santa Inquisição, em que o réu era julgado sem saber de que estava sendo acusado. Condenado, sem conhecer o seu crime!

Em simples palavras, os rendimentos do meu trabalho são auferidos via pessoa jurídica. E o algoritmo da imobiliária nem sabe o que é isso. Como praticamente não tenho renda na pessoa física, concluiu que não daria conta de pagar o aluguel. Como os humanos não palpitam, ficaram todos no escuro.

Inovadores pagam o preço dos erros. Mas será que eu também os tenho que pagar? Fui vitimado pela combinação de informática velha – o de sempre, sites que travam e labirintos misteriosos – e mais um algoritmo novo que se perdeu na complexidade do meu caso – que não é tanta. Ao reduzir o papel dos humanos, o computador fica à mercê de algum programador simplório, perdido por aí.

Pobres das cobaias que sofrem com os titubeios dos computadores. Aliás, não saiu até hoje o Censo brasileiro de 1970, o primeiro a ser informatizado! Engasgou-se o computador e faleceu o Censo.

Imagino que esta empresa imobiliária consegue manejar situações simples e lidará no futuro com as suas falhas humanas e informáticas – que se atrapalham entre si. A Inteligência Artificial avança, pela via de uma longa curva de aprendizado com os humanos. Mas se os operadores humanos são burros ou bobões, leva mais tempo.

Perdido nos desvãos da informática, fugi para as velhas e reconfortantes soluções. Um bom corretor sabe com quem está lidando e procede de acordo. Diante da humilhante derrota, corri para uma empresa tradicional. Recebi um caloroso telefonema: Claudio, vem cá que resolvemos tudo!

Em conclusão, lembremo-nos, o *Homo sapiens* é fruto da tecnologia que ele próprio concebeu. Todavia, ao longo do tempo, até acertar, errou muito. E, mesmo nos dias de hoje, o processo é prenhe de erros e desencontros. A máquina vem substituindo o homem por milênios. Mas, como no caso da agência imobiliária citada, nem sempre consegue.

Capítulo 9

A alquimia da mudança

"Não há nada mais difícil para se enfrentar, mais perigoso para se conduzir ou mais incerto no sucesso do que liderar a introdução de uma nova ordem das coisas."
(Niccolo Machiavelli)

Neste capítulo final, começamos com a hipótese muito plausível de que educação promove o crescimento econômico e, portanto, a qualidade de vida das gentes. Sendo assim, faz todo sentido tentar melhorá-la, apesar de todas as dificuldades.

Conseguimos avançar na expansão da matrícula. Porém, a qualidade permanece muito precária.

Passamos em revista dois fatores que, cronicamente, bloqueiam os desejados ganhos em qualidade. Trata-se de descontinuidades administrativas e sindicatos docentes.

O capítulo termina com uma tentativa de entender a dinâmica das mudanças na educação – ou não mudanças. Com certeza, no centro do problema, está o pouco caso da sociedade brasileira para com ela. Como, equivocadamente, muitos acham que estamos bem, não se materializa uma vigilância severa. E ela é necessária para assegurar que se enfrentem os custos políticos e os conflitos inevitáveis.

Vale a pena brigar por uma educação de qualidade?

Está amplamente confirmado que avanços na educação trazem avanços na economia. E, com o crescimento, aumenta a qualidade de vida das pessoas. Daí ser bastante consensual dentre os pesquisadores a ideia de que vale a pena fazer um grande esforço para que cresça e melhore de qualidade a nossa educação.

Uma vasta coleção de estudos torna claro que a educação tem um impacto decisivo no progresso das nações. De muitas formas, isso foi estudado, seja com estatísticas de salários, seja com modelos econométricos – alguns até complicadíssimos. Em todos, a forte associação sempre se confirma.

Comparando países, podemos ver que todos aqueles hoje prósperos são também os mais destacados em educação. Nas Américas, os melhores em educação estão, também, à frente da economia.

Isso é verdade tanto para os níveis de escolaridade, quanto para a qualidade da educação. Os estudos quantitativos consideram o nível de escolaridade da população e mostram uma relação bastante estreita com sucesso econômico. Testes internacionais, como o Programa Internacional de Avaliação de Estudantes (PISA), igualmente, revelam forte correlação de renda per capita do país com os escores nos testes – medindo a qualidade da educação adquirida.

Claro, há exceções. Educação não é garantia, pois nações como Argentina e Rússia derraparam na política e pouco lhes serve hoje a educação. E há os países do petróleo, com ele também se fica rico.

Poderia também ser que educação é um produto de luxo, os ricos a consomem prodigamente. Ou seja, seria efeito e não causa do crescimento. Algo há nessa direção, porém a evidência é insuficiente para confirmar essa hipótese. De fato, alguns estudos históricos mostram que a educação aconteceu antes da prosperidade. Os Estados Unidos são um caso extremo, pois era a religião que impulsionava a expansão das escolas, antes do país enriquecer.

Nas últimas décadas, apareceram estudos sugerindo que o efeito da educação seria, apenas, de sinalizar ou identificar quem seria mais competente. É a tese do Credenciaismo. Tais pessoas, com mais inteligência, ganhariam mais, com ou sem os anos de escola. Aventou-se, também, que os benefícios advêm dos diplomas e não da educação em si. Isso porque criam-se reservas legais para eles.

São ideias persuasivas e parecem conter um fundo de verdade. Não obstante, a pletora de estudos subsequentes subtrai do respaldo que poderiam ter.

E, para os mais céticos, propomos um exercício hipotético. (i) Acreditamos no credencialismo e abandonamos a educação. No entanto, se estivermos errados, o prejuízo será enorme. Perderemos o bonde da história. (ii) Ou, então, suponhamos que não acreditamos no credencialismo e investimos fortemente em educação. Neste caso, o credencialismo seria a tese verdadeira. Gastaremos recursos e energia em uma quimera. Não é tão grave.

Pela Teoria dos Jogos (estratégia minimax), a melhor alternativa é a que minimiza a perda máxima. No caso, é ficar para trás por deixar de lado a educação. Portanto, investir em educação é a alternativa vencedora.

No que segue, examinamos a evolução do nosso ensino e os obstáculos encontrados. Não são poucos e não são fáceis. Porém, não parece haver boas alternativas.

Avançamos, aceleramos, mas com pouca qualidade

Esta seção mapeia os nossos consideráveis avanços na matrícula. Em seguida, registra um quase estancamento na evolução da qualidade do ensino oferecido.

Custamos muito a levar a educação a sério. Escoaram-se quatro séculos de letárgico progresso! Adiante, pisamos no acelerador, tentando compensar o tempo perdido. Avançamos bastante. Porém, nas últimas décadas, o ritmo vem sendo moroso. Ainda assim continua avançando.

Não há como discordar, nosso desempenho em educação sempre foi lastimável. No século XVIII, ao que parece, da ordem de 3% da sociedade sabia ler. Entramos no século XX com pouco mais de 10% de leitores. Lá pelo meio do século, conseguimos meter na escola a metade da coorte. Já foi um belo avanço.

Porém, a matrícula deu um grande salto ao fim do século XX. Desde então, praticamente todas as crianças frequentam as escolas. Hoje, temos um quarto da população total do país frequentando algum ciclo acadêmico. Ir para a escola virou moda. Depois de quase quatro séculos de ínfima matrícula, é um tremendo avanço.

Antes, o pai escolhia o filho mais sabidinho (não a filha) para ir à escola. Depois, passou a mandar todos, torcendo para que se saíssem bem. Um ou outro dava certo. Com o tempo, aleluia!, quase todos passaram a permanecer nela por vários anos. Conseguir algum diploma passou a ser a meta dourada, atingida por cada vez mais alunos. Não foi pouca a proeza, considerando a velocidade do avanço nas últimas décadas.

Da ordem de 96% da coorte frequentam o fundamental, mas apenas 76% completam esse ciclo. Da ordem de 92% estão cursando o ensino médio. As conclusões desse nível andam por volta de 63%.

Faz poucas décadas, países como Paraguai e Peru tinham taxas de matrículas superiores às do Brasil. Não foi pouco ultrapassá-los em um período bastante estreito de tempo.

No ensino superior, os dados de crescimento são ainda mais dramáticos. De acordo com as estatísticas oficiais, em 1946, havia apenas 28 mil alunos matriculados nesse nível. Hoje, o estado do

Acre tem matrícula nessa ordem de magnitude. No total, os alunos ultrapassam o oitavo milhão.

Como ficamos nas matrículas per capita, pois esse número é sempre comparado com outros países? Curiosamente, a resposta é resvaladiça.

Quando consideramos a proporção de formados no superior, comparada com a população, encontramos 24% em 2019. Comparados com outros países, mesmo os latino-americanos, não ficamos bem. Por exemplo, a Argentina tinha 45%; o Chile, 37% e a Colômbia, 33%.

Porém, esse número apenas conta a metade da história. Como a nossa expansão é muito recente, dentre os mais velhos, são muito poucos os diplomados. Daí ser um número que não reflete o nosso grande esforço recente de expandir as matrículas. É uma estatística pesadamente afetada pelas coortes de mais idade. Se queremos aprender com as comparações, estas têm que refletir o esforço presente, não as desventuras do passado.

E há mais ambiguidades. Quando consideramos a proporção de matrícula na faixa em que se daria esta educação, entre 18 e 25, o número atualmente é 26%. Mas tampouco os resultados são de interpretação fácil. Isso porque a proporção dos matriculados com mais de 25 anos é gigantesca. De fato, 35% ultrapassaram essa idade, o que não acontece com os outros países. Se incluímos esses retardatários, a proporção matriculada no superior sobe para 35%. Trata-se de uma proporção respeitável, ainda que desalinhada com as estatísticas convencionais. Porém, como educação se justifica pelo seu impacto subsequente, todos esses alunos mais velhos irão somar ao capital humano do país – ainda que com retardo.

Diante dessas ambiguidades, não se trata de ser leniente ou crítico, mas de entender que as comparações devem ser cautelosas.

Considere-se, também, que, no Brasil, há cursos profissionais de quase tudo. Uns bem estruturados, outros informais ou precários. Estimativas algo groseiras sugerem que os números de matriculados nesses programas podem ser da mesma ordem de magnitude que no ensino formal. Ou seja, não muito longe de 50 milhões. Apenas no SENAI e SESI, são 2,7 milhões de alunos matriculados a cada ano.

Além disso, há uma miríade de cursos, presenciais e a distância. Uns bons, outros não. São incontáveis os cursos oferecidos na Internet, longos ou curtos. As empresas treinam seus funcionários, pelos milhões. Nem tudo é bom e nem tudo é sério. Ainda assim, esse volume enorme não deixa de ser uma injeção maciça de capital humano na economia.

É uma proeza. Com as devidas ressalvas, pela precariedade das estatísticas, são números próximos daqueles observados na Escandinávia.

Passemos, agora, ao reverso da medalha: a falta de qualidade. Não se aprende plenamente na escola o que se requer para uma vida produtiva e satisfatória. Infelizmente, essa é a realidade. Mostram os testes: do que deveriam saber, ao fim do médio, os alunos aprendem 10% em Matemática e 30% em Português. Ou seja, muitíssimos se formam como analfabetos funcionais.

É instrutivo saber que nossos testes são bastante confiáveis, pelo menos, para esse tipo de análise. De fato, são calibrados pelo PISA. Portanto, não surpreende que a prova da OECD mostre resultados equivalentes. Dentre os 81 países participantes, no último teste divulgado (2022), saímos 65º, 52º e 62º lugar, respectivamente em Matemática, Leitura e Ciências.

O resumo do que está acontecendo na educação é muito claro e pouco controvertido. Levamos muito tempo para alargar a matrícula – em todos os níveis. Depois, pisamos no acelerador e tiramos boa parte do atraso quantitativo. Contudo, no que diz respeito à qualidade, embora não se observe qualquer queda nos seus níveis, permanece sendo inadequada.

As barreiras de sempre: descontinuidade, sindicatos e a máquina pública

Desde muito, observamos três fatores militando contra os avanços na educação. O primeiro é a falta de continuidade das políticas. Um governante começa, outro interrompe e toma outra direção – ou nenhuma direção. O segundo são os sindicatos, classicamente em oposição à implementação de políticas que trazem mais eficiência e qualidade. O terceiro é o Ministério da Educação (MEC) – e suas contrapartes nos estados e municípios – operando sob lógicas e regras que mais atrapalham do que ajudam.

A maldição da descontinuidade

Ocupando posições administrativas, alguns guerreiros empenham todas as suas forças para fazer avançar a educação. Há os que conseguem grandes saltos. Porém, quatro anos é pouco prazo para consertar e consolidar a obra. E vai tudo por água abaixo se o sucessor não der continuidade.

"Estava tudo errado, tive que trocar as equipes e consertar!" Essa é a frase típica dos novos incumbentes. E é, também, a sentença de morte da boa educação. Nesta seção, sugerimos a importância da continuidade administrativa na gestão do MEC, das escolas e das secretarias. Boas coisas acontecem quando há continuidade nas pessoas e nas políticas. Infelizmente, isso não ocorre com tanta frequência e o mau exemplo pode vir de cima.

É bem fácil criar uma escola. Constrói-se o prédio, compram-se carteiras e contratam-se professores. Alguma coisa os alunos aprendem nela. Porém, é muito árduo passar desse início para uma escola excelente. As aulas medíocres precisam evoluir para versões eficazes. Os objetivos têm que ser lúcidos, claros e estáveis, além de compartilhados por todos. E não é só isso. Centenas de detalhes fazem a diferença e resultam do esforço obsessivo de muita gente. Portanto, qualidade nasce de um somatório de pequenas e grandes providências. E leva tempo para se materializar.

Como sabemos, nossa educação está longe da excelência, por muitas razões. Há escolhos por todos os lados. Entender esse emaranhado de causas ocupa a vida profissional de muitos de nós.

Fixemo-nos, aqui, em apenas um parâmetro crítico, mas que se revela suficiente para travar os avanços. A melhor palavra para ele é continuidade. Não adianta jogar-se de corpo e alma na reforma disso ou daquilo, se, poucos anos depois, muda tudo, antes que a incensada melhoria produza seus frutos e se consolide.

Uma escola de qualidade é como um corpo vivo, tem seu metabolismo, seus humores, sua alma. E, por isso, é muito vulnerável. Um simples peteleco de algum líder desastrado faz ruir o castelo de cartas, penosamente erguido.

Essas ideias nos conduzem a uma das chagas mais egrégias da nossa educação. Trata-se das mudanças de liderança no MEC, nas secretarias e nas escolas. Sai o Secretário (ou o Diretor) e vem um novo, cheio de ideias. Ou, sem nenhuma.

As eleições, trazem outros nomes. É natural. Mas, ao chegarem, com ideias salvadoras, trocam os rumos e os escalões mais baixos.

Vai para o lixo o que estava sendo construído pacientemente. E, como tudo vai mudar de novo em quatro anos, pode-se prever um novo desmonte, outra vez destruindo o que havia começado.

É aí que se bifurcam os estados (e municípios). Há os mais desconjuntados, onde as mudanças de equipe se sucedem até no meio do mandato e sabe-se lá quantas vezes. Aliás, o MEC não escapa dessa sina.

E há os outros que conseguem mais estabilidade. Pode resultar da reeleição. Ou ganhou o mesmo partido, mantendo o rumo anterior. Mais admiráveis são os casos de mudança de partido e a sobrevivência das mesmas linhas de ação.

A tese aqui proposta é simples: nos municípios ou nos estados onde se observa continuidade nas políticas, crescem mais os indicadores de qualidade da educação. Em contraste, a volatilidade de rumos ou pessoas leva a resultados medíocres (ou negativos). Temos alguma evidência para validar essa hipótese.

Antes de falar do Brasil, mencionemos o Chile, país que lidera a América Latina no PISA. Na transição do regime de Pinochet para a democratização e, também, nas gestões subsequentes, pouco mudaram as equipes. Igualmente, todos os ministros da educação persistiram na mesma política educativa.

No Brasil, de muitos anos para cá, o maior salto do MEC ocorreu durante os oito anos em que Paulo Renato de Souza foi Ministro da Educação. Na sua longa gestão, garantiu-se a continuidade de pessoas e de rumos.

Nos estados, um dos saltos mais especulares foi em Minas Gerais. Em dois mandatos do mesmo partido, a educação passou da décima para a primeira posição.

Instrutiva é a experiência do Instituto Unibanco, apoiando Secretarias Estaduais. Os avanços no IDEB capengam quando as mudanças de gestão trazem descontinuidade nos programas. Em contraste, é admirável que o governo do Espírito Santo tenha mudado de partido e mantido as mesmas políticas. Congruente com nossa tese, apresentou fortes avanços.

Uma outra fonte de informações é oferecida por um grupo de 20 municípios em torno de Florianópolis. O projeto do Instituto Positivo – que criou uma rede de colaboração entre eles – foi registrando os números, ao longo de quatro anos. Foi incluído um indicador de engajamento da equipe, em três níveis: desorganizada, baixo protagonismo e alto protagonismo.

Os resultados são muito eloquentes. Os municípios com alto protagonismo das lideranças tendem a registrar taxas de crescimento superiores à média. Por exemplo, teve o maior crescimento Águas Mornas, um município pequeno e que não chama a atenção. Reportado por quem esteve lá, o Secretário tem forte liderança e transborda entusiasmo. Já nos municípios com gestores vacilantes, as avaliações pioraram.

Em suma, a evidência sugere: a continuidade contribui para uma boa educação e a descontinuidade é fatal.

Há providências caríssimas para melhorar a educação. Em contraste, reduzir a descontinuidade pode ter custo zero. Basta marcar a cruzinha do voto no lugar certo.

Os estados e os municípios brasileiros têm uma longa história de funcionamento, balizado pelos princípios da democracia representativa. Afora os poucos acidentes de fraude e suborno, as regras são cumpridas. Ainda assim, o funcionamento é claudicante. Aqui, examinamos uma causa poderosa: descontinuidade.

Que a sociedade brasileira não haja descoberto a importância crítica de uma educação de qualidade é talvez o tema mais aflitivo. Se faltar luz, água ou gasolina, os eleitores aceitariam isso resignadamente, como o fazem com a educação ruim? Continuaremos marcando passo enquanto o povo não cobrar furiosamente melhorias no ensino. Continuidade é mais uma cobrança na lista, aliás uma providência de baixo custo monetário.

Sindicatos: o freio de mão da mudança

Infelizmente, os sindicatos de professores tendem a ser grandes opositores às mudanças necessárias no ensino. Dentro e fora do Brasil, tem sido observado que, se há reformas à vista, são contra. Tal como em vários países, incorporam o receituário da esquerda, opondo-se à avaliação, à meritocracia, à eficiência e a outros "vícios" neoliberais. Seu peso político não pode ser ignorado, apesar de sua representatividade junto aos professores ser muito limitada.

Algumas lições são aprendidas docemente. Outras, de forma truculenta. Recentemente, entendi melhor a natureza das representações sindicais dos nossos professores, mas foi pelo método mais traumático.

Fazia pouco, escrevera um ensaio sobre o salário dos professores no Brasil. Nele, perguntava se os mestres ganham pouco ou muito, embora o Estado gaste muito. Na exploração do tema, examinei números e fatos. Finalmente, questionei se os professores estariam satisfeitos com sua representação sindical.

Ao saber que eu viria para uma conferência, ameaçando vaias, o sindicato dos professores de um certo estado exigiu que me desconvidassem. Nem os organizadores nem eu próprio admitimos um recuo.

No auditório, placidamente se sentavam uns 500 participantes, quase todos professores. Subitamente, irrompe um bando de sindicalistas e toma lugar, de pé, em um lado da plateia. Enfurecidos e brandindo cartazes, vaiam demoradamente este que vos escreve. É óbvio, não gostei nada daquele momento. Meu instinto animal sugeria usar as competências que me trouxe uma faixa roxa de caratê. A razão prevaleceu, fiquei imóvel, de pé. Entra a polícia e arma-se a confusão. Finalmente, um negociador hábil permite ao líder um discursinho de cinco minutos, em troca da debandada de sua tropa. A plateia permaneceu silenciosa, só urravam aqueles que se dizem seus representantes.

O conteúdo do discurso, se corretamente decifrado, é uma radiografia do sindicalismo dos professores de lá. Como disse ao final da palestra, se fosse professor de Português, não aceitaria um dirigente que erra na concordância dos verbos, em particular, na presença das máximas autoridades educacionais daquele estado. Afinal, não é o sindicato dos catadores de papel. É o daqueles cuja missão é educar nossa juventude. E tanto quanto sei, ainda é papel dos professores ensinar a conjugar verbos.

O mais revelador é que, em momento algum, foi discutido o que escrevi no ensaio. Desde Platão, com seus diálogos, sabemos que é na troca de argumentos logicamente bem construídos que evolui o nosso pensamento. É missão da escola ensinar a ler com rigor um texto e contrapor a ele os argumentos cabíveis, com igual rigor. Portanto, não se pode esperar menos do sindicato. Todavia, nada, nada foi dito sobre minhas críticas ou mesmo sobre o ensaio. Nem um só contra-argumento, só insultos: "Fora Castro! Fora Veja.".

O texto do ensaio para a Veja é complexo, pleno de números e interpretações. Contém estimativas, hipóteses simplificadoras e conjecturas. Portanto, não é difícil de ser contestado. Será que os loquazes sindicalistas não são capazes destes duelos lógicos? Ou acham insultar mais fácil ou mais eficaz? Seja como for, se são professores, sua missão não é ensinar a dizer impropérios, mas ensinar a pensar de forma escorreita e competente.

Faltou tocar no aspecto mais delicado do ensaio, no caso daquele estado. Mencionei ser o segundo que mais paga aos professores e um dos últimos nas avaliações do MEC. A liderança sindical tinha duas alternativas diante de si. Ou fingir que não leu aquele parágrafo ou escancarar o assunto. A primeira alternativa é confortável para todos. A segunda machuca, confronta, traumatiza.

Mas e as consequências? Escancarar o desastre traz um grande mal-estar, crises e mudanças, incertas e penosas. Esconder o problema, por sua vez, é assegurar que não será resolvido no futuro. Os sindicalistas escolheram o silêncio.

Ao aparecerem os resultados do PISA, a Alemanha levou um susto, pois saiu-se muito pior do que esperava. Boca no trombone, crise, ranger de dentes, brigalhadas, infindas conferências e atos de contrição. O resultado foi um conserto sério e um grande salto nas avaliações dos anos seguintes.

É a Alemanha que nos ensina a boa lição: a coragem para enfrentar o problema de peito aberto e buscar um conserto. Os sindicalistas preferiram fingir que não é grave estar no topo dos gastos e na lanterninha dos resultados.

É pena que uma classe sofrida e vital para o futuro do país esteja tão mal representada. Interessante notar que fui corretamente aplaudido ao final da minha conferência. Ademais, não houve um só murmúrio de solidariedade aos sindicalistas, durante a sua algazarra. Isso sugere que representantes e representados vivem em mundos estanques e diferentes.

É inevitável a conclusão de que, naquele estado, sindicalistas e professores pertencem a mundos separados. Será igual nos outros? Seja como for, se falamos neste capítulo de mudanças, o precedente histórico sugere que os sindicatos serão um fator impeditivo.

A equação do MEC não fecha

"Todas as organizações foram perfeitamente desenhadas para obter os resultados que estão obtendo. Se queremos resultados diferentes, é preciso mudar a maneira de fazer as coisas."

(Tom Northup)

Historicamente, mesmo nos países hoje mais avançados, como a Inglaterra, o trato com o dinheiros público e com as contratações era claudicante. Essa fase foi superada. Mais adiante, o mesmo aconteceu em nações mais jovens. O Brasil e o MEC acompanham esse movimento. Os critérios para gastar tornam-se mais rígidos e o mesmo para as contratações. Todavia, um procedimento honesto pode ser inócuo para a educação. Em boa medida, é isso que se observa no MEC.

Embora não opere em um caos administrativo, o MEC tende a reger uma sinfonia de desencontros. Deveria cuidar do ensino básico e das suas escolas superiores. Mas não tem instrumentos para tal. Pior, não cumpre seu papel de liderar e pensar nos destinos da educação.

Como quase todas as burocracias brasileiras do passado, o MEC era um mundo de compadresco e pouco controle nos gastos. Reinava o nepotismo e o uso privado do dinheiro público. Para ilustrar como era, embarco em uma breve excursão nos meandros remotos do nosso passado.

Foi achada uma carta para um senador, escrita por um fazendeiro rico. Reclamava na missiva, dos tempos imperiais. Estava indignado de haver pedido a ele para fazer entrar seu filho na Faculdade de Direito, o que não aconteceu.

Quando virei Diretor da Coordenação de Aperfeiçoamento de Pessoal de Nível Superior (CAPES), o Secretário Geral do MEC revelou-me seu desapontamento com a instituição. Imagine, havia sido negado o pedido de uma bolsa de estudos para o filho de um magistrado, uma pessoa que merecia todo respeito!

No período em que passei lá, ganhei alguns presentes de pais, agradecidos por seus filhos haverem recebido bolsas (mais especificamente, uma rede, um pote de geleia de jabuticaba e uma panela). Esses mimos sugerem a dúvida de que o mérito do pimpolho poderia não ter sido o critério usado.

É a cultura do atraso. Vem de longe e sobrevive. É o Particularismo do sociólogo americano Talcott Parsons. Contrasta com o Universalismo dos critérios em que domina o mérito.

Alvíssaras, o Brasil se modernizou. Perderam espaço os favores. Emerge uma crescente fiscalização na lisura dos critérios e na progressiva instalação de novas formas de operar.

Em particular, duas marcas da modernidade se instalaram de forma sólida. São os concursos para selecionar pessoal e as licitações para o uso do dinheiro público. São avanços consideráveis e, é quase certo, irreversíveis. As portas das contratações levianas, se não foram fechadas, foram severamente estreitadas. Um bom avanço.

Além disso, há os tribunais de conta, fiscalizando cada detalhe de cada pequeno gasto – até com exageros. Não são poucos os dirigentes honestos e sérios que se enrascaram por ínfimas irregularidades cometidas por seus subordinados.

Basta uma diária não comprovada ou um canhoto de passagem de avião não retornado. Eu próprio, como consultor independente, não posso mais receber uma passagem para ir a Brasília, pois se perdeu um destes canhotos, após alguma viagem. Dado o largo tempo transcorrido, a companhia aérea jogou fora os arquivos, a secretária do MEC se foi e ninguém se lembra de nada. Uma senhora, em posição de comando no MEC, penou com o mesmo problema.

De fato, o exagero é parte do movimento pendular, tentando afastar cada vez mais a burocracia da pecha de corrupta e dada a favoritismos. No entanto, em aras de moralizar, inferniza-se a vida de muitos.

Nessas frondosas burocracias, há sempre quem consiga tirar vantagens ou contornar as regras. Os jornais se ocupam diuturnamente de denunciar aventuras dessa natureza. E a se notar, a mídia é cada vez mais competente para descobrir tais deslizes. Obviamente, não descobre todos.

Contemplando-se de longe a evolução das nossas burocracias, o avanço foi notável. Complicaram-se os procedimentos coibindo gastos ou contratações ao arrepio do bom funcionamento da máquina. Até demais, pois se intimidam os dirigentes mais dinâmicos. Sentem-se em uma camisa de força administrativa, temendo cada ato. O MEC deixou de ser uma burocracia dominada pelo compadresco e sistematicamente pilhada. Chegou bem mais próximo de premiar o mérito e reduzir os deslizes. Mas, nem por isso, virou o MEC dos meus sonhos.

Espoca uma guerra. Imaginemos um general que, teoricamente, teria 27 divisões e 5 mil batalhões. Sua missão, porém, será inglória, caso ele não comande o seu exército, não mande na tropa, não financie e não escolha os coronéis e majores. Todos esses batalhões seriam independentes e operariam com vontade e regras próprias. Esse general não vai vencer a guerra.

O Ministro da Educação, oficialmente, é responsável pelo ensino no país. No entanto, não opera nenhuma das 200 mil escolas públicas, nos 27 estados. E, tampouco, tem instrumentos legais para mandar nelas, sejam estaduais, sejam municipais. De fato, não tem ferramentas para exercer seu comando. Tem a mesma eficácia do hipotético general.

É verdade, é dono de 68 Universidades Federais e 38 Institutos de Tecnologia, onde gasta dois terços do seu orçamento. Teoricamente, mandaria neles. Porém, prevalece a doutrina da liberdade de cátedra e da autonomia das universidades. Se o país precisa de mais engenheiros de Inteligência Artificial (IA) e a universidade cria um curso de berimbau, o Ministro nada pode fazer.

Vejam a contradição. A sociedade confiou ao MEC o rumo e a gestão das suas universidades, pois são públicas. Mas são autônomas para inúmeras decisões, inclusive definir seus rumos! E os orçamentos, de tão travados, pouco importa onde são gestados.

Algumas decisões ganham ao serem decentralizadas, outras perdem. O MEC centraliza quase tudo e não monitora os rumos das universidades. Melhor seria decentralizar todos os dinheiros e a operação. Em contrapartida, caberia a ele acertar rumos, definir orçamentos e cobrar resultados.

O assunto, entretanto, é delicado. O Ministro Paulo Renato tentou isso. Havia feito o mesmo no sistema paulista, trazendo ganhos muito significativos. Ao tentar igual proeza no MEC, quase perdeu o emprego. Os reitores não queriam a responsabilidade e sabotaram suas tratativas.

Falta clareza nas políticas para o superior privado. E, nesse assunto, os processos internos do MEC são discretamente controlados por uma velha burocracia, competente para fazer impor a sua vontade soberana. Lá viceja um pequeno tráfico de influências. Nos "porões" do MEC, Ministro e secretários mandam pouco.

O MEC tem também órgãos vinculados como o Conselho Nacional de Educação (CNE), CAPES e o INEP. Em que pese serem importantes, são mais entidades em que seu poder é relativo. E tem o rico Fundo Nacional de Desenvolvimento da Educação (FNDE), de decisões opacas. Difícil saber o quanto manda nele o Ministro. A formação de professores está desgovernada e as normas do MEC só fizeram piorar.

Em uma ocasião, eu disse a Paulo Renato Souza que Ministro da Educação não mandava. Coçou a cabeça, titubeou, mas prevaleceu a honestidade, admitindo que era verdade.

O MEC, porém, teria alternativas para exercer seu poder.

Minimamente, cumpre a ele assegurar boas estatísticas, incluindo-se, aí, a avaliação. Avanços nessa linha foram feitos.

No entanto, poderiam ter mais impacto no ensino se fossem mais bem usadas.

Antes de tudo, o MEC deveria ser um *think-tank* da educação. Da sua liderança intelectual deveriam nascer boas ideias e boas políticas. Lá se reuniriam as melhores cabeças, não importa de que orientações, para debaterem e mapearem o futuro da educação. Lastimavelmente, vem fazendo o oposto, delegando a feitura dos seus planos a sindicatos docentes, infimamente preparados para a tarefa e transbordando de conflitos de interesse.

A jusante dessa vocação de liderança, um dos grandes papéis do Ministro seria convencer a sociedade de que uma boa educação é essencial. Deveria assumir a tarefa de indutor, não de um gerente usurpado de suas funções. O MEC tem as armas. Pesquisas mostraram que é, de longe, o maior abastecedor de notícias para os jornais. O que disser, sai na mídia – inclusive as idiotices.

O MEC não banca financeiramente as escolas públicas do país, mas faz transferências substanciais (transporte escolar, merenda, livro didático, dinheiro direto nas escolas, bolsas etc.). Um uso inteligente dessas rubricas permitiria criar incentivos para que as escolas caminhassem nas boas direções. Costuma-se dizer que o dinheiro move montanhas. Se os substanciais fundos transferidos para as escolas forem condicionados, por exemplo, a avanços no aprendizado dos alunos, esse é um incentivo poderoso. É uma forma indireta de mandar. Algo começou nessa linha, porém ainda tropeça.

Todo orçamento contém, embutido, incentivos e desincentivos. No ensino superior, se não ganha mais quem matricula mais, há zero incentivos à expansão. E se a evasão não penaliza o orçamento, por que contê-la? Se não premia a qualidade, o que será dela? Pelo mundo afora, os ministérios se esgrimam com fórmulas complexas e imaginativas para embutir os estímulos certos nas regras orçamentárias. Aqui, passamos batido. Na prática, o orçamento deste ano está ancorado no do ano anterior e na inércia da gigantesca folha de pessoal. Os outros fundos são também inerciais.

É pena que o desempenho do MEC esteja abaixo do seu potencial, não cumprindo seu papel a contento. Como o general imaginário, está perdendo a sua guerra. Por essas razões, não se vem revelando um instrumento eficaz para melhorar a educação brasileira.

O que trava o nosso avanço?

Nesta parte final, discutimos as dificuldades de consertar a educação brasileira. Aceleramos, atingimos níveis razoáveis de escolaridade. Contudo, a qualidade travou em um nível muito baixo, totalmente inaceitável.

Há um conjunto interligado de barreiras aos avanços na qualidade. Esse será o nosso tema principal.

A sociedade brasileira não briga por qualidade

Em boa medida, vencemos a meta da quantidade. Uma conquista tardia, mesmo diante dos nossos vizinhos latino-americanos. Diante dessa vitória, a qualidade tornou-se o grande gargalo da nossa educação.

A pergunta é simples e direta: por que se revela tão árdua a meta de criar uma escola de qualidade?

A causas são até fáceis de serem entendidas. Para botar a meninada na escola, é construir prédios, comprar carteiras e livros. E contratar professores. É tudo alegria. Os construtores ficam mais ricos; os livreiros, mais contentes, e os professores ganham empregos para a vida toda.

O enguiço é que, depois de tudo arrumado e funcionando, vem um penoso processo de transformar aquela escola em um local em que os alunos aprendem de verdade. A escola tem tudo que está na lista. No papel, é igual a uma escola excelente. O problema é que ainda não aprendeu a fazer com que os alunos aprendam.

Ensinar seriamente é um desafio em outra ordem de magnitude. Tudo se torna rombudo. Mesmo dispondo de pouco poder, o diretor precisa de liderança para manejar uma instituição complicada. Cabe a ele cobrar de todos, goste ou não de agir como um feitor. O aluno tem que estudar muito mais horas por dia. Os professores precisam melhorar suas aulas e exigir mais dedicação dos estudantes. Precisam mostrar aos pais que seu pimpolho ganhou nota ruim porque malandrou. Além de muito mais, os pais devem desligar a televisão, para que os filhos possam estudar.

Enfim, melhorar o ensino passa a requerer "maldades" em todos os azimutes. Todos têm que sair de sua zona de conforto e enfrentar situações trabalhosas, espinhosas ou desagradáveis. Isso sem falar nas dificuldades de eliminação de erros crassos no funcionamento da escola.

Pareceria uma tarefa inglória e uma guerra perdida. Mas, alto lá! Como é que muitos países se saíram bem, defrontando um cenário semelhante? Isso aconteceu, mesmo em países de modestas riquezas.

A explicação é bem simples. A sociedade tem que acreditar em uma educação de qualidade e exigir aquilo que leva a ela, doa a quem doer. Ou seja, tem que pressionar, de muitas maneiras, para que todos operem em um nível de muito maior esforço, dedicação e compromisso com bons resultados. Tão árduo quanto, tem que exigir as mudanças de regras e de modelos, requeridos pela qualidade almejada. Dito de outra forma, tem que consertar os erros que aí estão.

Em regimes ditatoriais, o chefão pode desdenhar da educação e nada fazer. Porém, se acha essencial, usará seu poder supremo para pôr em marcha as reformas necessárias.

Há um exemplo histórico que, de tão dramático, vale como ilustração. Stalin queria todos na escola. No Quirguistão, isso se revelou mais difícil, pois era um país de pastores nômades. Matricular as crianças requeria sedentarizar gente que, desde séculos, tinha seu estilo de vida, percorrendo as gigantescas planícies semiáridas da Ásia Central. Era um conflito anunciado. E assim foi. Estatísticas soviéticas nunca foram muito confiáveis, mas o número de mortos nos confrontos com o exército russo, ao que consta, ultrapassou 100 mil. É bem mais do que morreram no Brasil, vítimas de todas as guerras e revoluções que tivemos, ao longo da história.

Ao contrário do Quirguistão, o Brasil nunca teve um governo tão poderoso e disposto a ir a todas as consequências para materializar seus desígnios. Mesmo o governo militar foi sempre bastante cauteloso. E, faz décadas, vivemos em uma democracia. Pode não ser a mais perfeita, mas impoe fortes limites ao que pode fazer o governo. Sendo assim, os métodos usados no Quirguistão não oferecem uma boa fórmula para nós.

No nosso país, o governo não pode distanciar-se muito das crenças e das percepções da sociedade. Então, se o nosso ensino é fraco, isso acontece porque a sociedade está contente com ele. De fato, pesquisas mostram que da ordem de 70% dos professores, alunos e pais acham boa a educação oferecida.

É fácil entender, brigar com veemência para impor as "maldades" requeridas não é uma ideia atraente para os nossos políticos. De fato, há apenas 30% descontentes. E, dentre eles, estão muitos pais que migraram seus filhos para o sistema privado. Sendo assim, há pouca gente para aplaudir as maldades e muitos indiferentes, diante delas.

Na Coréia, para não incomodar os alunos, no dia do vestibular unificado, bloqueia-se o trânsito nas ruas próximas e desvia-se a rota dos aviões. Não é que esses atos extremos melhorem a sua educação. Mas demonstram como é levada a sério.

E, aqui, que exemplos temos de compromisso com a qualidade? Que pais saem à rua para protestar? Que sindicatos docentes se mobilizam pela qualidade? Que políticos arriscariam suas carreiras por essa meta quixotesca?

No entender do presente autor, esse é o maior tema da educação brasileira. Chegamos a um nível de desenvolvimento e maturidade científica e tecnológica que nos permite realizar qualquer façanha educacional que desejarmos. No entanto, pela razão mencionada, tais proezas não aconteceram ainda na educação básica.

A inércia espontânea das gentes e das instituições

Diante de propostas de mudanças, muitos percebem que, se implementadas, serão perdedores. Porém, há uma maioria de pessoas que são contra, por pura inércia. Temem as quebras de rotina, resistem à ameaça de terem que se ajustar. Mudar pode tirá-las da sua zona de conforto. Sendo assim, sem muito pensar, são contra. Iniciamos nossa exploração das barreiras a uma educação de qualidade falando dessa inércia espontânea das sociedades.

Podemos identificar os inimigos de uma educação de qualidade. Há os que temem uma sociedade mais bem educada, pois ameaçaria os seus privilégios. Outros temem perder os empregos. Seria o caso de professores ruins ou malandros. Há as barreiras ideológicas daqueles que se opõem às regras meritocráticas associadas ao funcionamento mais exigente e competitivo das escolas. E por aí afora.

Comecemos, porém, com uma razão muito mais banal e discreta. Ela não provoca revoltas heroicas nem movimentos de massa, com passeatas e até violência. Nada disso.

É apenas a inércia espontânea de uma proporção gigantesca da humanidade. As pessoas criam barreiras protetoras em volta delas. Não são convencidas por quaisquer argumentos. Não aceitam muito o que ouvem, se parecer uma ameaça à vidinha que desfrutam. O *status quo* é uma âncora pesada e lhes traz conforto.

E o mais sagrado que têm a proteger são suas crenças e seus valores. Se questionadas sobre um engano de datas ou de eventos, podem protestar e se sentir incomodadas. E não passa disto. Porém, se forem ameaçados os seus valores ou as suas posições políticas, fecham-se na sua carapaça e não se engajam em uma discussão racional.

A priori, são contra tudo que possa alterar o seu mundinho. Mudar rotinas e alterar as regras do jogo são vistas como ameaças ao seu bem-estar, sejam verazes ou não.

E para defender o seu *status quo*, criam camadas de proteção em torno delas. Obviamente, muitas são proteções psicológicas. São trincheiras protegendo seus valores, suas crenças e a organização de suas vidas. E, se são muitos com os mesmos temores, acabará havendo uma lei protegendo esses direitos adquiridos.

No caso, o que é válido para o indivíduo repete-se com as instituições. Erigem-se barreiras protegendo seus direitos, suas tradições, seus espaços e seus interesses – reais ou imaginados, legítimos ou não.

Assim sendo, as mudanças são sempre resistidas pela maioria das pessoas e das instituições. Transições costumam gerar perdedores que resistem a elas. Mas há, também, a pura inércia, o temor, o trabalho que dá para ajustar-se ao novo. Daí uma espontânea disposição para resistir às novas propostas que surgem. Nem são ameaças de perdas tangíveis. É a mudança em si que é resistida. Trata-se de uma disposição inata da maioria das pessoas.

Os consertos requeridos pela nossa educação envolvem mudanças substanciais no sistema. Sendo assim, encontrarão sempre os dois tipos de resistência mencionados. Em primeiro, a dos perdedores ou que creem ser perdedores no novo cenário. Em segundo, a inércia da sociedade. É uma inércia difusa, sem plataformas ideológicas ou colidindo com ideias ou ideários. Individualmente, tais reações não seriam obstáculos. Porém, há sempre muitos temendo mudanças.

Em suma, além das ameaças concretas de perdas para esse ou aquele grupo, observa-se uma resistência espontânea a tudo que possa abalar as rotinas e os confortos das pessoas. Daí que a mudança requer forças, não apenas para contrapor-se aos perdedores, mas, também, para vencer a uma inércia amorfa das sociedades.

A equação dos custos e dos benefícios de quem manda

Diante de uma sociedade pouco convencida de que educação de qualidade é fundamental, os governantes agem de forma racional. Podem até falar e prometer, mas não vão gastar o seu capital político pisando nos calos necessários para implementar as reformas necessárias. A classe dirigente afina-se com a sociedade, conduzindo, o mais suavemente possível, os assuntos da educação.

Em um intervalo de tempo bem curto, criamos muitos programas de doutoramento. Não poucos exibem padrões de primeiro mundo. Como é possível, então, que não conseguimos operar uma rede escolar em que todos aprendam a ler e a escrever na idade certa?

Como insistimos nesse livro, o que falta é o compromisso férreo da sociedade. Sem o seu respaldo e veemência, que interesse terão os dirigentes para tomar as providências devidas, com todo o custo político?

No capítulo inicial, passamos rapidamente em revista as mudanças requeridas para dar o salto de qualidade na nossa escola. As listas apresentadas estão bem próximas daquelas defendidas pelos nossos melhores pensadores voltados para a educação. Ou seja, originalidade nesse diagnóstico não é virtude.

Entre ministros, secretários de educação e membros do legislativo, quem se interessar logo encontrará boas indicações acerca do que precisa ser feito para consertar a educação. Apenas para fixar ideias, qualquer análise fria mostrará erros crassos na carreira do magistério e na formação dos professores.

Porém, dirigentes e políticos se deparam com uma equação de custos e benefícios muito clara. Esta sugere não ser boa ideia meter-se no vespeiro inevitável para conduzir as mudanças necessárias. Os custos políticos são elevados e os benefícios são valorizados por poucos.

Ou seja, não é boa ideia agir onde o custo político é alto, pois o reconhecimento obtido não justifica as perdas inevitáveis. E, no nível de maturidade educativa que atingimos, sem essas "maldades", relativamente, pouco se pode conseguir.

É ilustrativo registrar o que aconteceu durante o regime militar. Embora bem menos truculento do que os dos nossos vizinhos, as autoridades que operavam nesta época tinham considerável força para executar o que fosse decidido.

A reforma do ensino superior e a construção do marco legal para a pós-graduação foram competentemente formuladas e implementadas nesse período. É difícil imaginar que a mesma reforma pudesse ser aceita em um regime plenamente democrático. Havia que contrariar interesses e vantagens de certos grupos. Por exemplo, acabar com a cátedra vitalícia de muitos professores. Ou seja, neste caso, o poder dos dirigentes militares foi usado para arrostar as previsíveis resistências.

O governo tinha uma visão muito clara acerca da importância de ciência e tecnologia no desenvolvimento do país. Daí o empenho em criar as condições para que bons avanços pudessem ser obtidos nessa área. Nesse assunto, usou seu peso. E, bem sabemos, teve sucesso.

Afora isso, fielmente, os militares compartilhavam o pouco caso da sociedade brasileira diante do atraso da educação. De fato, não fizeram nem mais e nem menos pela educação básica do que os governos civis anteriores e posteriores.

Antes, durante e depois do regime militar, o governo e a sociedade permaneceram afinados no seu escasso compromisso com uma boa educação. Naturalmente, discursos grandiloquentes jamais faltaram. E, na equação de custos e benefícios, discursos e promessas têm custos baixos. É pisar nos calos alheios que tem altos custos e baixos benefícios.

Com base em evidência quase nula, podemos fazer um exercício hipotético. A pergunta é muito simples: quanto tempo presidentes, governadores e prefeitos gastam com assuntos de educação?

Se há greves, dedicam-se integralmente ao assunto. Isso, no entanto, é política, não é educação.

Quanto tempo dos novos presidentes é usado para escolher seus ministros da educação? O presidente anterior nem escolheu, delegou o assunto a um ideólogo direitista que nem no país vivia. As trocas subsequentes não foram mais meditadas – ou felizes.

Os presidentes anteriores, tampouco, buscaram exaustivamente, considerar méritos pessoais dos candidatos ou escolheram pessoas do ramo ou com liderança. Na maioria das vezes, fechar os acertos políticos revela-se o critério mais oportuno. O próprio Paulo Renato ganhou o MEC como prêmio de consolação, pois estava à espera do

Planejamento. O mesmo exercício se pode fazer para governadores e prefeitos.

Quanto tempo do presidente é consumido trocando ideias com seu Ministro da Educação? No livro do Renato Janine, sobre sua passagem pelo MEC, fica claro que recebeu ínfima atenção do presidente. Ao que parece, seu caso é bastante típico. Assim é com quase todos.

O pouco tempo gasto pelos governantes lidando com educação é uma medida da sua importância na agenda deles. Isso parece reforçar a hipótese da pouca importância que tem na sociedade.

Pena, ainda precisamos de estadistas carismáticos

> "Liderança é a arte de ir mais longe do que a ciência da gestão diz ser possível."
> (Colin Powell)

Em um sistema de educação consolidado e de qualidade, pouco importa quem dirige a educação. A máquina anda quase sozinha. Porém, em sociedades precariamente servidas pelas suas escolas, os avanços ficam à mercê de lideranças carismáticas, cuja ocorrência é imprevisível.

O bom político tem seus radares sempre ligados. Ele lê os humores e as preferências da sociedade. E responde a eles com iniciativas que agradam ao público e, ao mesmo tempo, trazem benefícios para a sua carreira. Aliás, se há um traço comum dentre os políticos, é o agir de forma a aumentar as suas chances de permanecer no poder.

Porém, dentre os políticos, aparecem aqueles que costumamos chamar de estadistas. Podemos sugerir que não deixam de lidar bem com o momento presente, mas captam tendências futuras que escapam dos demais ou sonham com projetos mais ambiciosos. Sendo assim, tomam caminhos ousados e com recompensas distantes do cotidiano.

Um estadista da educação é alguém que percebeu as consequências de longo prazo, por exemplo, de uma educação de qualidade. Ou seja, é alguém que tenta conciliar a sua sobrevivência política – assunto de curto prazo – com a promoção do bem-estar futuro da sociedade. Os que se esquecem das equações políticas do presente não se revelarão eficazes para cuidar do longo prazo, pois perdem seus empregos.

Infelizmente, tivemos poucos estadistas na educação.

O Ministro Paulo Renato Souza beneficiou-se do compromisso da presidência com a educação e foi capaz de liderar um MEC ativo e modernizante. Foi um de nossos mais destacados Ministros da Educação.

No nível estadual, Walfrido Mares Guia conduziu com maestria a reforma da educação de Minas Gerais. Com isso, ao cabo de dois mandatos, o desempenho mineiro atingiu o topo dos níveis nacionais. Quem veio depois, zelou para evitar um afundamento do sistema público, mas não conseguiu manter a mesma posição no cenário nacional.

Por caminhos diferentes, o Ceará está liderando as reformas do ensino brasileiro, capitalizando no sucesso de Sobral, um caso evidente de sucesso. É notável registrar que os educadores brasileiros estão descobrindo os feitos de uma cidade pobre do Ceará.

O empresário Marco Antônio Magalhães conseguiu a proeza de reformar o decadente Ginásio Pernambucano de forma arrojada e exemplar. O modelo deu certo e foi imitado no próprio estado de Pernambuco e em outros.

No estado do Tocantins, a professora Dorinha Seabra foi capaz de aproveitar o vácuo burocrático em um estado de recente criação. Montou uma rede de escolas de excelente nível. Chegou a mostrar resultados superiores aos do Rio de Janeiro. Porém, ao deixar a pasta e tornar-se membro do Senado, seus sucessores não foram capazes de capitalizar nos avanços iniciais e manter o nível obtido.

Com mais de 5 mil secretarias municipais de educação, a própria lei dos grandes números explica o aparecimento de vários prefeitos e secretários municipais promovendo espetaculares casos de sucesso. Foz do Iguaçu deu um grande salto. Teresina também. E há vários outros.

Esses casos de fortes lideranças na educação nos deixam algumas lições. Paradoxalmente, a marca do atraso é depender de lideranças carismáticas para consertar a educação. Nos sistemas consolidados, pouco importa quem é o dirigente. Será que os finlandeses conhecem o nome de seu Ministro da Educação?

Dentre nós, Paraná e Santa Catarina vão bem, obrigado, e parecem estáveis, variando pouco com a alternância de poder.

A se considerar, a máquina que produz educação de qualidade requer bom tempo para se tornar mais robusta e resistir às crises. Antes disso, pode desabar, diante das oscilações das políticas e dos dirigentes. Foi o caso de Tocantins.

Lembremo-nos também, vivemos em uma sociedade de poucas crenças no poder de uma educação de qualidade. Sendo assim, são precisos grandes líderes para pensar mais no futuro e arrostar as resistências previsíveis às mudanças necessárias.

É justamente por sermos atrasados que precisamos de grandes líderes. E, infelizmente, temos tido poucos.

Uma sacudida pode mudar a história da educação?

"Os conflitos podem ser uma fonte de derrotas, vidas perdidas e impor limites nas nossas potencialidades. Mas eles também levam a uma vida mais profunda e ao nascimento de articulações mais abrangentes, que florescem sob a tensão que os engendram."
(Karl Jaspers)

Diante de um quadro morno, onde as perspectivas de mudanças são bem limitadas, não há como esperar muita coisa. Paradoxalmente, uma catástrofe poderia trazer mudanças bem-vindas na educação.

O naufrágio do Titanic promoveu a venda dos telégrafos sem fio de Marconi. De fato, as catástrofes podem romper barreiras e permitir mudanças antes impensáveis. Na educação, do dia para a noite, o Covid trouxe uma revolução no uso da informática escolar. Diante do quadro letárgico dos nossos processos de reformas na educação, será que poderia ocorrer mais algum um choque traumático, para vencer as resistências e consertar a educação?

Comecemos com uma história trágica e de fim inesperado.

Na noite de 14 de abril de 1912, navegava no Atlântico Norte um navio novíssimo, luxuosíssimo e trombeteado como "inafundável". Mas um iceberg deu cabo dele. Afundou o Titanic, causando a morte de 1.514 pessoas. Uma tragédia. Mas que, paradoxalmente, trouxe também benefícios.

Impulsionados pelo vexame e pela quantidade de gente importante a bordo, aconteceram terremotos em toda a legislação mercante, bem como sérias cutucadas nos projetistas navais. A engenharia foi sacudida e a legislação marítima drasticamente reescrita. Foram benefícios significativos.

Mais curioso foi o seu impacto na vida de um inventor italiano. Havia inventado e começado a produzir um telégrafo sem fio para navios. Mas o trambolho de Marconi não convencia muito e as vendas eram letárgicas. Porém, como havia um aparelho no Titanic, foi possível alertar um navio que passava perto – e que também tinha o seu. Isso salvou 710 náufragos. Nenhum gênio de marketing venderia mais telégrafos do que o iceberg. Todos os navios ganharam o seu.

Tudo que sacode muito e traumatiza afrouxa as defesas do *status quo*. Assim sendo, um acidente nefasto pode ter o seu lado bom. A Segunda Guerra Mundial, com seus milhões de cadáveres, não deixou de trazer grandes inovações. Quase todo acidente aeronáutico resulta em *retrofits* instalados em todos os aviões da categoria, para que nunca mais aconteça algo igual.

Esse é o mote da presente seção sobre o impacto do Covid. Trouxe, também, consequências positivas. A Telemedicina estava proibida, logo foi liberada. Comprar pela Internet veio para ficar. O home office foi um ganho irreversível.

Catastróficos como podem ser esses desastres, permitem quebrar resistências, criar pressões formidáveis ou mudar o equilíbrio de forças políticas. O que era impossível, materializa-se de uma hora para outra.

E assim, também, na Educação. A informatização que os otimistas pensavam que ia levar dez anos, em alguns casos, tomou dez dias para entrar em cena.

Como dito, não há por que minimizar a magnitude da tragédia, seja a do Titanic, seja a do Covid. Nos dois casos, no entanto, houve também consequências positivas.

Espoca o Covid! Em poucas semanas, estão diante dos monitores os mais teimosos inimigos da informática. Com certeza, com a má vontade que se pode imaginar. Mas tiveram que mudar. Aconteceu, subitamente, o que os pessimistas pensavam ser impossível.

Ocorreu uma súbita revolução digital nas escolas. Superada a pandemia, não é razoável imaginar que voltará tudo a ser como antes. O cenário mais provável é que, pelo menos, nas boas escolas, muitas práticas não voltarão ao que eram. A tecnologia terá sido solidamente embarcada.

Houve várias outras lições pedagógicas do experimento. São mais sutis, mas não menos importantes.

Pensemos, o remoto emergencial é uma caricatura do presencial. Exagera suas mazelas. O que estava disfarçado no presencial fica escancarado nele. Põe a descoberto a falta de contato da escola com os alunos. As desigualdades ficam mais evidentes. Mostra as consequências de um ensino abstrato, distante do mundo real e de suas aplicações. Mostra as falhas dos materiais de ensino e de seu uso na sala de aula. O aluno, antes obrigado a assistir a uma aula chata, agora, tem muitas maneiras de escapar.

O salto em segurança, trazido pelo telégrafo sem fio do Titanic não pode ser trocado pelas 1.514 mortes. As duas coisas convivem em paralelo. Pela mesma forma, os ganhos trazidos pelo Covid tampouco atenuam a gravidade das perdas educacionais.

Seja como for, o remoto pode ensinar lições preciosas para o presencial, por exibir os seus erros de forma amplificada. E, como não podemos repor os prejuízos educativos, pelo menos, temos que aproveitar o momento para acelerar as mudanças que foram conquistas recentes.

Tirar lições do passado é o mínimo que se pode fazer, diante de uma tragédia. E não é pouco.

Foi preciso uma pandemia de proporções diabólicas para sacudir a educação e obrigá-la a adotar tecnologias que desdenhava, desde décadas atrás.

Será que teremos que aguardar um próximo cataclisma para romper as resistências que impedem o avanço da nossa educação?

QUALITYMARK

Entre em sintonia com o conhecimento.

Qualitymark Editora Ltda.

(21) 98198-9089

(21) 98198-9843

sac@qualitymark.com.br

DADOS TÉCNICOS

Formato:	16 x 23 cm
Mancha:	12,5 x 19 cm
Fonte:	Garamond
Corpo:	14
Entrelinhas	18
Total de Páginas:	452
1ª Edição	2025